新电商精英系列教程

网店推广

第2版

阿里巴巴商学院　编著

电子工业出版社

Publishing House of Electronics Industry

北京·BEIJING

内 容 简 介

"电商精英系列教程"自从 2011 年问世以来,随着电子商务大潮在国内的兴起,成为全国范围内颇具影响力的电子商务系列教程,是几代电商人和院校学生学习的"绿色记忆"。2016 年,电子工业出版社推出升级版丛书——"新电商精英系列教程"。这两套系列丛书,累计销售 100 多万册,并且两次荣获电子工业出版社最佳品牌奖。

2019 年,"新电商精英系列教程"新品问世!本套丛书均配有 PPT 课件,由阿里巴巴商学院召集多位优秀电商讲师和电商领域的专家学者编写,吸取了旧版丛书的经验,对于主流电子商务知识进行了更加细致、合理的规划设计,更符合新时期读者的知识需求。此次除了升级原有的《网店客服》《网店美工》《网店推广》《数据化营销》《电商运营》五本书,还新增了《内容营销:图文、短视频与直播运营》《跨境电商运营实务:跨境营销、物流与多平台实践》两本书。

《网店推广》(第 2 版)内容涵盖网店的推广之路、直通车、智钻、淘宝客、自媒体、淘宝官方营销活动与经典案例解析。本书可作为各类院校电子商务及相关专业的教材,也可作为网络创业者和电子商务从业人员的参考用书。

未经许可,不得以任何方式复制或抄袭本书之部分或全部内容。
版权所有,侵权必究。

图书在版编目(CIP)数据

网店推广 / 阿里巴巴商学院编著. —2 版. —北京:电子工业出版社,2019.9
新电商精英系列教程
ISBN 978-7-121-36617-8

Ⅰ. ①网… Ⅱ. ①阿… Ⅲ. ①网店-商业经营-教材 Ⅳ. ①F713.365.2

中国版本图书馆 CIP 数据核字(2019)第 095540 号

责任编辑:张彦红　　　　特约编辑:田学清
印　　刷:北京雁林吉兆印刷有限公司
装　　订:北京雁林吉兆印刷有限公司
出版发行:电子工业出版社
　　　　　北京市海淀区万寿路 173 信箱　　邮编:100036
开　　本:787×980　1/16　印张:17.75　字数:370 千字
版　　次:2016 年 10 月第 1 版
　　　　　2019 年 9 月第 2 版
印　　次:2022 年 8 月第 13 次印刷
定　　价:69.00 元

凡所购买电子工业出版社图书有缺损问题,请向购书店调换。若书店售缺,请与本社发行部联系,联系及邮购电话:(010)88254888,88258888。
质量投诉请发邮件至 zlts@phei.com.cn,盗版侵权举报请发邮件至 dbqq@phei.com.cn。
本书咨询联系方式:010-51260888-819,faq@phei.com.cn。

"新电商精英系列教程"编写委员会

组织单位：阿里巴巴商学院

主　　任：章剑林　阿里巴巴商学院　执行院长、教授

副 主 任：范志刚　阿里巴巴商学院　博士、副教授

委　　员：刘　闯　阿里巴巴商学院　博士、副教授
　　　　　沈千里　阿里巴巴商学院　博士、讲师
　　　　　项杨雪　阿里巴巴商学院　博士、讲师
　　　　　潘洪刚　阿里巴巴商学院　博士、讲师
　　　　　赵子溢　阿里巴巴商学院　博士、讲师
　　　　　章仲乐　阿里巴巴商学院　实验师

企业专家组成员：

陈林、李文渊、王鹏、辛嘉波、许途量、徐云、俞琦斌、叶正课

序

电子商务是一个充满魅力、不断演化扩张的行业。随着消费者购买力的增强、社交媒体用户的激增、信息基础设施和技术的不断进步,过去20余年中国电子商务经历了从"工具"(点)、"渠道"(线)、"基础设施"(面)到"电商经济体"不断扩展和深化的发展阶段,并取得了举世瞩目的成就。根据商务部的数据,2018年全国网上零售额突破9万亿元,对社会消费品零售总额增长的贡献率达到45.2%,直接或间接带动就业超过4000万人,毋庸置疑,电子商务已成为中国经济社会转型发展的重要行业。

以互联网技术为核心的电子商务是一个发展迅速、创新层出不穷的行业。新技术变革、新模式涌现、新市场创造带来了巨大的商业机会和无穷的想象空间。从技术的角度来看,大数据、云计算、人工智能、虚拟现实等数字技术快速发展,为电子商务创造了丰富的应用场景;而新技术的应用催生营销模式不断创新,从而驱动新一轮电子商务产业创新。以创新O2O、新零售为典型的新商业模式应运而生,数据驱动、网络协同、客户体验等成为电子商务2.0时代的核心要素,智能商业时代俨然已经开启。从区域的角度来看,各大电商争夺的"主战场"已悄然从一二线城市延伸到三四线城市,从国内市场逐渐向东南亚、非洲、中东等新兴电商市场转移,县域电商、跨境电商成为新的风口。诚然,这些新变化发生的同时,对覆盖全球经济的电商生态体系各类参与方也提出了更高的要求。

其中,最为突出的是电商人才如何支撑匹配行业发展的问题,这个问题已经成为各地发展电子商务的瓶颈。从需求端来看,电商行业发展相对落后地区的电商转型都面临着电子商务人才严重匮乏的窘境。在校电子商务专业的学生虽然掌握了一定的电子商务理论知识，但在实际操作和应用层面并无足够的解决问题的实际能力。而从业人员在实践当中积累的知识往往过于零散化和片段化，缺乏系统性和前瞻性，限制了其能力的进一步提升。从供给端来看，国内现有电商相关专业学生及电商从业者的学习内容难以与时俱进，以工业时代理念、模式、机制和体制培养人才的一整套传统的教育体系，也越来越不能适应新经济时代下对人才的巨大且崭新的知识要求。

阿里巴巴商学院对创新创业型电子商务人才培养的探索与实践从未停止，教育部高等学校电子商务专业类教学指导委员会在过去的数年中更是开展了大量有意义的工作，在电商人才培养的总体目标、专业素质构成、培训体系设置、产教融合拓展等方面提出了诸多宝贵建议。本人作为教育部高等学校电子商务专业类教学指导委员会的一员，参与和见证了国内电子商务人才培养的改革与创新，深知要在互联网发展日新月异的情境下保持相应电子商务知识内容体系的先进性是一个非常艰巨的挑战。

多年来，阿里巴巴商学院为适应不断变化和升级的新经济时代需求，在创新型人才尤其是电子商务领域人才的教育、培训和教材建设方面做了大量卓有成效的工作，为行业和社会各界输送了成千上万的高素质电子商务人才。此次聚焦了数十位国内著名的实践派专家，面向数字经济时代发生的新变化、新需求，升级了"新电商精英系列教程"，这是对电子商务人才培育实践工作的有益探索。同时，本丛书也是杭州市重点哲社基地"电子商务与网络经济研究中心"的专题成果，亦能从理论层面为促进电子商务行业发展发挥积极的作用。

章剑林
阿里巴巴商学院执行院长
教育部高等学校电子商务类专业教学指导委员会副主任
2019年4月于杭州

前　言

"电商精英系列教程"自从 2011 年问世以来，伴随电子商务大潮在国内的兴起，成为全国范围内颇具影响力的电子商务系列教程，是几代电商人和院校学员学习的"绿色记忆"。2016 年，电子工业出版社推出丛书升级版本："新电商精英系列教程"。这两套系列丛书，累计销售 100 多万册，并且两次荣获电子工业出版社最佳品牌奖。2019 年，"新电商精英系列教程"升级版问世！

实践总是超前于理论的发展，系统地学习时必须要对来自实践的知识进行梳理与总结。阿里巴巴商学院发起此轮修订工作，召集多位活跃在电商一线的资深创业者、优秀卖家及电子商务领域的专家、学者共同参与编写。本套丛书立足于"帮助打造一批能适应新技术和新模式快速涌现的电商实操性人才"，吸取了旧版丛书的经验，对主流电子商务知识进行了更加细致、合理的规划设计，更符合新时期读者的知识需求。除了升级原有的《网店客服》《网店美工》《网店推广》《数据化营销》《电商运营》五本书，还新增了《内容营销：图文、短视频与直播运营》《跨境电商运营实务：跨境营销、物流与多平台实践》两本书，各书均配有 PPT 课件。

本轮修订体现了以下几个新的特点。

第一，知识体系更契合前沿，更加符合移动互联网时代及全球化电商运营的现实场景，能为电商从业人员提供更系统化的基础知识。

第二，产教融合更加突出。丛书邀请在实操层面有丰富经验的电商企业家和创业者作为写作团队，同时邀请来自教育部高等学校电子商务类专业教学指导委员会的专家、高等院校的一线教师参与到图书内容的创作与完善当中，既保证了图书内容的切实指导性和可操作性，也保证了图书内容的逻辑性和条理性。

第三，学习使用更加便利。编写团队在创作初期便充分考虑如何让升级版教材既适合市场零售读者阅读，又能够更广泛地应用到高等院校中。因此，本套丛书根据对高校学生培养的特点做了相关设计，如在大部分章节安排有练习题，每本书都配有PPT课件等。

《网店推广》是本轮升级版教材的重要组成部分，全书共分7章，其中第1章由陈林编写，整体阐述了网店推广的概念、作用及主流付费流量来源与趋势；第2章由包克诚编写，介绍了直通车后台及推广实操、数据分析及操作优化；第3章由郑海峰编写，主要内容是智钻全店计划搭建及智钻单品计划搭建；第4章由周勇编写，主要内容是淘宝客的基本操作及进阶技巧；第5章由周勇编写，主要内容是自媒体推广，包括站内自媒体、短视频及直播应用；第6章由包克诚编写，主要内容是淘宝官方营销活动，阐述了活动的策划及实施；第7章由陈林编写，主要内容是网店推广的经典案例，涵盖了如何打造单品爆款、淘宝客案例和内容运营打造店铺等。此外，张智鹏等人也为本书做出了贡献。

如何获取流量是网店经营的核心要素，在竞争激烈的电商运营中，单纯指望平台的免费流量远远满足不了发展的需求，商家不仅要通过付费或者分佣模式采购流量（直通车、钻石展位、淘宝客），还需要通过自运营模式运营客户资源，甚至要从其他渠道吸引流量。通过对本书的学习，网店经营者可以较为全面地掌握各类流量获取的工具和方法，快速、有效地提升个人工作技能，最终提升店铺销售额。

本书凝聚了诸多优秀电商商家的智慧与心血，编写工作得到了教育部高等学校电子商务类专业教学指导委员会的多位领导和专家的关心和支持，部分素材、数据参考了阿里巴巴商学院等机构的相关网站信息，在此一并表示感谢！

由于电商行业发展日新月异，加上编写组水平有限，书中难免有不当之处，敬请广大读者批评指正。

"新电商精英系列教程"编写委员会

目 录

第 1 章 网店的推广之路 1

    1.1 网店推广的概念和作用 2

    1.2 付费流量和免费流量的联系与区别 2

    1.3 公域流量和私域流量的思考 4

    1.4 主流付费流量来源及新趋势 8

        1.4.1 直通车 8

        1.4.2 钻石展位 10

        1.4.3 淘宝客 11

    1.5 活动流量来源 12

        1.5.1 聚划算 12

        1.5.2 淘抢购 13

    本章习题 14

第 2 章 直通车 15

    2.1 直通车概况 16

2.1.1	什么是直通车	16
2.1.2	直通车的排名和扣费机制	19
2.1.3	直通车的优势	21

2.2 直通车后台 22
    2.2.1 后台简介 22
    2.2.2 主要名词解析 31

2.3 直通车推广实操 32
    2.3.1 推广策略及选款 32
    2.3.2 直通车标准计划 34
    2.3.3 提高质量得分 53
    2.3.4 直通车智能推广计划 57
    2.3.5 直通车定向推广计划 61

2.4 直通车数据分析及操作优化 68
    2.4.1 直通车数据分析 68
    2.4.2 核心指标的优化 69

本章总结 72

本章习题 72

第3章 智钻 74

3.1 智钻概况 75

3.2 智钻构成要素介绍 75
    3.2.1 智钻基础结构 75
    3.2.2 智钻结构的参数设置 76
    3.2.3 智钻结构的定向原理 78

        3.2.4　智钻结构的资源位 95

        3.2.5　智钻结构的创意 107

        3.2.6　智钻结构的落地页 119

    3.3　智钻全店计划搭建 124

        3.3.1　智钻全店拉新计划 125

        3.3.2　智钻全店认知转化计划 128

        3.3.3　智钻全店老客户召回计划 131

    3.4　智钻单品计划搭建 134

        3.4.1　智钻单品拉新计划 134

        3.4.2　智钻单品认知转化计划 138

        3.4.3　智钻单品老客户召回计划 142

    3.5　智钻内容计划搭建 146

        3.5.1　智钻内容拉新计划 147

        3.5.2　智钻内容维老计划 151

    本章总结 154

    本章习题 154

第 4 章　淘宝客 155

    4.1　淘宝客概况 156

        4.1.1　付费模式 156

        4.1.2　淘宝客计划 157

        4.1.3　淘宝客的优势 163

    4.2　淘宝客的基本操作 164

        4.2.1　佣金率的设置 164

    4.2.2 推广计划的建立 169
    4.2.3 各种计划应用场景 182
  4.3 淘宝客进阶技巧 183
    4.3.1 找到淘宝客资源的方法 184
    4.3.2 提高淘宝客效果的方法 190
  本章总结 193
  本章习题 193

第 5 章 自媒体 195
  5.1 自媒体推广介绍 196
  5.2 站内自媒体的应用 197
  5.3 短视频的应用 199
    5.3.1 短视频在站内的应用 200
    5.3.2 短视频在其他平台的应用 208
  5.4 直播的应用 212
    5.4.1 店铺直播 212
    5.4.2 达人直播与机构直播 215
  本章总结 216
  本章习题 216

第 6 章 淘宝官方营销活动 217
  6.1 淘宝营销活动平台概述 218
    6.1.1 淘宝营销活动平台简介 218
    6.1.2 营销活动平台流量分配机制 221

  6.1.3 活动报名入口 222
  6.1.4 熟悉营销平台规则 226
  6.1.5 报名活动小技巧 229
 6.2 淘宝活动策划 231
  6.2.1 明确活动目的 231
  6.2.2 确定活动选品 235
  6.2.3 确定活动方案 237
  6.2.4 落实库存与人员分配 239
 6.3 活动实施 243
  6.3.1 活动预热 243
  6.3.2 活动中 245
 6.4 活动复盘 246
  6.4.1 整体活动效果评估 246
  6.4.2 流量复盘与销售复盘 247
  6.4.3 执行人员工作总结 248
 本章总结 249
 本章习题 249

第 7 章 经典案例解析 251

 7.1 打造单品爆款案例 252
  7.1.1 公司基本状况 252
  7.1.2 打造单品爆款阶段 252
  7.1.3 总结与启发 256
 7.2 直通车打造小爆款案例 256

- 7.2.1 卖家基本情况 ... 256
- 7.2.2 选品及推广节奏 ... 256
- 7.2.3 前期准备阶段 ... 258
- 7.2.4 日常优化 ... 262
- 7.2.5 智能推广 ... 262
- 7.2.6 总结与启发 ... 263

7.3 淘宝客案例 ... 263
- 7.3.1 背景交代 ... 263
- 7.3.2 推广思路总体规划 ... 264
- 7.3.3 实操步骤 ... 264
- 7.3.4 总结与启发 ... 268

7.4 内容运营打造店铺案例 ... 269
- 7.4.1 零售店铺项目状况 ... 269
- 7.4.2 零售店铺选品推广策略 ... 269
- 7.4.3 总结与启发 ... 270

第1章

网店的推广之路

1.1 网店推广的概念和作用

销售额=访客数×转化率×客单价，这是较早出现的销售公式。其实，无论是线上生意还是线下生意，这都是一个颠扑不破的真理，在此基础上，又衍生出了毛利润公式（毛利润=访客数×转化率×客单价×利润率-成本）、净利润公式（净利润=访客数×转化率×客单价×利润率-成本-所得税）、人均效率公式（人均销售额=访客数×转化率×客单价/在职人数）等非常多的计算模型。

其实，这些模型并不新，在传统的商业零售中也是在长期使用的，但是电商对访客数的统计有一定的技术优势，所以在电商领域这个公式也就更加清晰，指导意义也更大。

大量消费者基于对电商平台的信任和习惯，会选择自己喜欢的电商平台进行商品选择；电商平台将访客分配给商家，通过商家的销售实现自身平台交易体量的增大，进而实现自身的商业价值和市场影响力。平台会利用自身的技术优势，尽可能将优势的资源通过免费或者收费的形式匹配给优秀的商家，帮助商家实现销售额最大化。商家最在意的应该是利润，充分利用平台资源实现利润最大化应该是平台商家最在意的事情。商家只有通过高效率、低成本地从平台中获取流量，有效地控制自己的运营成本，才能实现利润最大化。在激烈竞争的电商运营中，单纯指望平台的免费流量远远满足不了发展的需求，商家不仅要通过付费或者分佣模式采购流量（直通车、钻石展位、淘宝客），还需要通过自运营的模式运营客户资源，甚至能够从其他渠道自带流量（微淘、直播、淘宝群）。

1.2 付费流量和免费流量的联系与区别

无论是平台还是商家，付费流量与免费流量都是相辅相成的，商家喜欢免费流量，但是如果平台不通过收广告费的形式盈利，那么就难以为继；平台喜欢付费流量，但是付费流量太高会削弱平台的吸引力。

在流量增长的网络时代，付费推广的效率非常高，消费者增长的速度远远高于商家增长的速度，平台可以有充分的流量资源进行分配，少量精明的商家勇敢地选择付费流量就能以较低的代价撬动平台的流量分配体系，不仅可以获得更多的推广流量，还可以获得平台额外的"青睐"，获取良好的收益。随着商家的增多，流量变成了相对稀缺的资源，推广手段的重点从直接成交逐渐变为直接成交与间接成交并重，如图1-1所示。

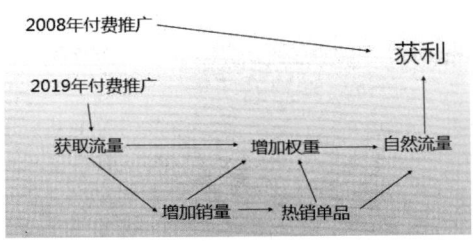

图 1-1　付费推广的获利模式变化

2008年，大部分商家对付费推广没有概念，由于访客具有强烈的"头部特征"，即70%～80%的搜索流量存在于搜索结果的前几页上，在很多商家尚在纠结如何通过优化，抢先进入"豆腐块"（指在PC端搜索结果页排序前三名的位置）的时候，一部分聪明的商家开始尝试使用直通车等工具进行推广，通过较少的金额花费，即可将自己的商品排在页面前部直通车的位置上，瓜分流量红利，实现了较高的投入产出比。

随着市场竞争的加剧，越来越多的商家开始研究付费流量，付费领域竞争变得激烈。在资源有限的情况下，推广成本也在快速攀升中，付费流量能够带来成交，但是利润却越来越难覆盖推广的成本，这时，在付费流量方面产生了新的玩法。

第一，直通车与钻展测试。对于很多非标品来说，商品的款式是影响商品销售的重要因素，流行的趋势、商品的色彩、拍摄的角度、同业的竞争、营销的手段都需要大量的测试。商家通过直通车与钻展，在短时间内采购大量流量，可以通过图片、地域、营销、人群、关键词等诸多要素，帮助商家分析用户对商品的喜好特征，做到尽可能的优化。

第二，付费流量打造爆款。单品的销量、销售额、转化率等要素是影响单品搜索排序的重要的指标，付费流量能够迅速让商品的排名靠前，吸引较大的流量来到店铺中，相对来说更容易成交，成交量的提升促进了商品在自然搜索端排名的提升，从直接获利变成提升单品和店铺权重，提升单品在免费流量的权重，实现获利。

第三，提升整体权重。近几年，内容达人、直播网红风起云涌，他们主要的分佣模式是使用了淘宝客的渠道。商家的关注点也从单一的商品销量逐渐转化到商品介绍、内容分享、"粉丝种草"等。当这些达人和网红从淘宝站外引流进来的时候，增加了淘宝平台的访客数量，对于商家来说，也许没有成交，未必是精准流量，但是对于淘宝平台来说，不在这一家成交，有可能在另外一家成交，就成为淘宝平台精准流量，平台也给引流的商家增加了新的权重，推动了自然搜索效率的上升。

1.3 公域流量和私域流量的思考

  对于早期从事网店的人来说，他们对经济、商业、零售业的影响，不见得比摆地摊的人懂得多。自从有网店之后，人们在运营流量层面的选择从来就不止一种。但是由于早期运营网店的更多人群没有丰富的从商经验，哪怕是有一点儿从商经验的人在互联网方面也缺乏技术与营销经验，所以大家就"莫名其妙"地达成共识，把工作重点都放在了"引流"和"消化流量"层面，并且"引流"的所有核心工作都依附于平台规则，而与消费者毫无关系。"消化流量"的工作重点大多数在促销、折扣层面，也完全与"商品""体验"无关。好像这样做是理所当然的，"运营网店"的各种技能、技巧、工具也都按照这个逻辑在运作。当互联网红利时代结束时，人们便开始高喊："互联网流量红利终结了，私域运营的新思路是我们突围的办法"。这句话的重点是带有"先后""因果"关系的，看似顺理成章的事情，但是笔者觉得在下这个定义之前，要冷静地思考一下："事情真的是这样吗？""'私域运营'真的是因为'互联网流量红利时代'终结而诞生的吗？""私域""粉丝"并不是互联网的特殊产物，它们早就是零售商业的一部分，互联网在科技层面的确非常先进，但是在零售商业层面还是"原始""落后"的。"私域运营"并不是新鲜的话题，也不是新挑战，市场上有足够的经验让人们去考察、借鉴、学习和体会。在这个层面人们并不需要太多的创新，只需要把这些成熟的经验结合一下就行，把互联网在科技层面的优势融入这些成熟经验中去，那么人们的"私域运营"就解决了。因此摆在人们面前的这条路并不是迷雾重重的，人们也不需要为未来而担忧、迷茫和恐慌。当然，保留一些"困惑"是必须的。

  "点击率""转化率""独立访客（UV）""访问量（PV）"等指标伴随着网店运营深入人心，当人们发现要围绕这些指标去运营的时候，不断地加大广告费投入、降价变成了常态；当人们希望提高客单价时，"关联营销"好像是唯一的选择，最多在 SKU 层面做一些文章；当人们希望控制投入产出比的时候，往往都着手于降低广告费，与此同时"复购率"指标一直被当作"客服"的指标，与运营并没有太大关系。好不容易见到一个"运营"背负着"复购率"指标，往往也直接转嫁给"客服部门"，好像这个事情并不是运营的一部分。当人们不经意间把"老客户"的各项指标从运营数据中剥离出来之后，发现这组被独立拿出来的数据优异性让无数"运营高手""推广高手"叹为观止。这样看来即使在"互联网红利时代"选择"私域运营"的方式更加合理，那么为什么当时大多数人都没选择"私域运营"？如果是因为当时大多数人都没有足够的从商经验，那么为什么传统大品牌在进入这个业态之后也没有做出准确的选择呢？其实这样的错误一直不断地重蹈覆辙，因为人们无法真正了解各种决定最后的结果。大多数人都没有"绝对理性"的能力，所以判断"对与错"太难了，人们只能凭借"相对理性"来选择"好与坏"。"好与坏"是建立在主观意识的判断基础上的，由于外接因素、周遭环境会直接影响"主管意识"，从而影响"好与坏"的判断。当身处一个相对陌生的环境，最佳选择就是"跟着前面的人走"。当发现之前赚钱的人都是"引流"+"消化流量"的模式，那么自然而然就会放弃"对错"判断，趋利避害的本能做出"好坏"选择。

庞大的推广费是一个沉重的负担，随着流量红利时代的终结，获取流量的成本越来越大，导致推广费用也越来越高。在以前的流量红利时代，推广费一般要占据整个网店销售费用的 15%～20%，随着广告费用的迅速增长，推广费的占比越来越大，而随着市场的进一步激烈竞争商品毛利率普遍在下滑。因为推广费占比逐年增加，所以导致大多数商家都不得不把用于商品质量优化、供应链优化、管理优化的投入费用节省出来，从而进入了恶性循环：由于商品质量不过硬、供应链有缺陷、管理跟不上，所以整体竞争实力越来越弱，价格战变得越来越重要，价格越来越低，毛利率也越来越低，进一步使整个链条恶化。人们现在所掌握的"网店运营技巧""网店运营思路"真的是对的吗？人们会发现这些所谓的"技巧""思路"其实都是结果，并不是因为"这样做"所以"网络零售"才腾飞，而是因为"平台"的规则、特点决定了"这样做有效"，那么人们不得不反思"我们究竟应该怎么做"。当圈子里面的人都在聊"私域运营"，却连"私域运营"是什么都没有办法达成共识的时候，那么人们是不是应该冷静地思考一下"各路大咖"所倡导的"私域运营技巧"的实际有效性和可操作性？虽然我不反对"大胆假设"，毕竟近 300 年人类的科学、科技发展是完全依赖于该基础思维模式的，但是在大胆假设的基础上人们要增加一些"小心求证"的心态，是不是更加安全呢？对于"私域运营"而言，在集合互联网技术之后产生了专业技能，这些专业技能需要专业的人员、专业的团队、专业的公司去完成，"网店"需要"私域运营"的核心目的是"用户"而不是这些技能，所以用户能为己所用就达到了目的。因此，对于大多数销售实物商品的网店而言，这些用户只要能"为己所用"就行。"私域运营"本身并不难，关键是人们是否具备了这样的意识，人们是否相对准确地理解了这个概念，人们是否愿意通过协作来解决问题。

最初的电商流量集中在淘宝搜索页面，被称为搜索红利时代，商家通过简单的商品发布即可获取搜索流量，而且平台匹配了各种商家推荐渠道，商家通过简单的促销即可获得销售额的增长。

随着社区电商化、移动互联网、大数据、云计算、O2O等新技术和新模式的广泛应用，加之国内网购用户增速放缓，在平台流量需要增值的前提下，平台必定要在流量分配规则上做出频繁的迭代，电商流量获取成本越来越高。

面对电商平台流量红利期的终结，电商企业需要快速适应，没有快速跟上变化的企业已经在平台迭代的过程中消失或在同质化竞争中失败了。跟上节奏的企业迅速反应，适应了用户需求的匹配，从商品的精准定位到流量的精细化运营，这些企业受到平台的关注，得到资源的支持，业绩迅速提升，迈入了良性的发展轨道，从过去的促销竞争转变为服务竞争，从过去的商品竞争转变为品牌竞争。

在精细化流量推广时代，粗犷的"烧钱买流量"已经不能最大化地拉动电商企业的成交业绩和经营利润了。企业需要根据用户特征匹配精准的推广流量引入，为店铺带来精准的消费群体流量，为商品销售转化率的提升打好流量基础。互联网时代是用户数据分析的竞争时代，用户需求分析更准确，流量引入更精准，成交效果更好，企业可以将有限的推广费用在刀刃上，得到最大的利润。

近几年，人们可以发现在手机淘宝（简称"手淘"）上已经出现了许多与"内容"相关的信息。在图1-2中，淘抢购和聚划算等都是与新闻、商品、直播、店铺相关的内容。淘宝平台从流量的分发者正逐渐向内容的生产者过渡，通过内容，用户在淘宝端不仅能够购物，还可以有更多的互动和交流，增加了停留时间。

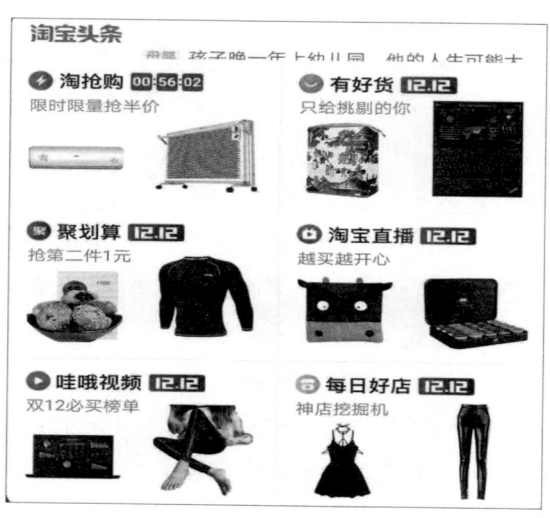

图1-2 手淘第二屏显示的内容

在店铺中，有一个指标叫作停留时间。用户在店铺里停留的时间越长，意味着可以成交的概率就越大。从商业逻辑上分析，如果店铺能用自己的商品、内容去吸引用户停留更长的时间，就意味着用户在此时此刻不可能去别的店铺，不可能其他的电商平台。从这个角度来分析，即使这些用户没有成交，也为平台的整体流量做了贡献。A 店和 B 店都是经营茶具的店铺，两家店铺的商品比较类似，A 店有较强的私域流量的运营能力，通过客户帮助其分享商品，也会定期开展店铺直播。B 店在直通车和钻石展位方面有一定的经验，但是私域流量的运营能力很弱。为了与 A 店竞争，B 店有意识地在直通车推广中加大了类似店铺的直通车推广溢价；同时，根据自身优势，有意识地针对 A 店的顾客进行钻石展位投放。

通过上述做法可以发现，A、B 两家店铺都充分发挥了自身的优势。A 店实现了相对低成本的引流，并且有效地实现了"种草"；B 店通过灵活运用直通车和钻展功能，有效地挖掘了 A 店引流客户，但是支付的推广费较高。

内容化是电商竞争到达后半程的竞争的结果，在流量相对稀缺的时候，店铺要增强从公域流量中"挖矿"的能力，同时也要有从私域流量中"掘金"的方法，两者是相辅相成的。商家通过直通车、钻石展位、淘宝客等推广工具吸引流量，能够更有效地实现转化；而微淘、直播、有好货等内容的培育，增加了商品的收藏量和加购量，提升了权重，即使没有立刻成交，用户也在店铺留下了浏览的痕迹，店铺可以结合直通车和钻石展位工具进行针对性的推广触达。

对于大部分店铺来说，获取私域流量意味着操作模式的变革，很多店铺由于商品、运营能力的问题，做起来非常吃力。面对这样的问题，一方面要积极地实现自身的改变，另一方面可以紧盯同行，私域流量的访客决策周期相对较长，可以充分利用自身推广工具进行有效的触达。

不可否认的是，互联网的普及以及应用技术不断地提升的确推动和演化了"粉丝经济"，相应的"私域运营"也被赋予了更加有内涵和新意的内容。但是万物相生相克，没有事物是可以排他而独立发展或者泯灭的。在"私域"这个问题上除了互联网技术的革新，浪漫主义和消费主义在中国爆发。这两种主义并不是新鲜行为，也不是中国特有的，它们早就在世界开展，并且一旦时机成熟就会迅速传播。浪漫主义告诉人们，必须体会不同的情感、尝试不同的关系、品尝不同的美食，还必须学会欣赏不同风格的音乐，亲身"体验"不同的文化、气味、美食和规范。消费主义告诉人们，想要快乐就去购买更多的商品和服务，如果觉得缺少些什么，有什么不够舒服的地方，那么是不是应该去买点什么商品或者服务。

两种主义撞到一起，催生了"体验市场"和"个性化消费"，互联网提供了"碎片化"的基础。"人们再也没有办法用一个商品去迎合众多消费者"，留给人们的只有"为一小群粉丝提供他们所需要的体验"。"私域运营"被放到核心、重点而不可忽视的位置，并不是"高瞻远瞩"，更不是"水到渠成"，完全就是一个"迫在眉睫""不做就被淘汰"的事情。因此，无论人们如何看待"私域"或者争论到底什么是"私域"，都不会影响"私域"已经成为当今的主流。

1.4 主流付费流量来源及新趋势

随着互联网的不断发展，依托互联网所发展起来的电子商务也有着日新月异的变化，尤其是碎片化时代的到来，用户的碎片化时间变得越来越有利用价值，网店的推广方式也变得越来越多种多样，流量来源也变得越来越复杂和系统。就淘宝与天猫平台而言，付费推广的工具仍旧以直通车、钻石展位、淘宝客为核心。除此之外，平台也不断产生了很多符合互联网趋势的推广工具和流量来源，如有好货、每日好店、淘宝直播、达人分享等。同时，也有很多以促销折扣为核心引流手段的渠道，如聚划算、淘抢购等。

1.4.1 直通车

淘宝与天猫直通车是一款以点击付费为收费依据的推广工具，主要功能是为商家提供推广商品和店铺的机会。其原则是通过对搜索关键词在淘宝站内和站外相应的展现位置上出价，将商品或店铺展现在流量较高的位置上，商家也可以通过多种买家标签决定在哪些买家面前展现，让商品在众多商家中脱颖而出。

1. 直通车关键词搜索推广

关键词搜索是淘宝与天猫的重要流量聚集地，以搜索结果页为主要阵地。直通车关键词搜索功能，是提供给商家一个在搜索流量聚集地获取流量的推广功能。商家可以通过付费购买相关的关键词来获取商品展现和点击的机会。平台按照实际点击次数为依据收取广告费。商家在加入直通车之后，关键词搜索营销功能默认状态是开通，如图1-3和图1-4所示。

第 1 章 网店的推广之路 | 9

图 1-3 关键词搜索结果页（右侧）掌柜热卖 12 个

图 1-4 关键词搜索结果页（底部）掌柜热卖 5 个

2. 直通车定向推广

直通车定向推广是直通车系统根据庞大的阿里巴巴数据库构建出来的一个买家行为分析和兴趣模型。商家能从各个细分类目中获取用户行为特征及买家兴趣点来匹配商品的推广。直通车定向推广可以实现更加精准的营销，同时使得商家更容易锁定潜在买家和目标市场。

展现原理：直通车定向推广会依据买家浏览、收藏、添加购物车、购买等一系列行为习惯和喜好，由系统自动匹配出相关度较高的商品，同时结合商家的出价和推广带来的买家反馈信息进行展现。通常，出价高、买家反馈信息良好，被定向推广抓取、展现的机会就越大。与此同时，系统会根据商品属性特征、标题、关键词匹配商品，因此，商品属性填写得越详细、越准确，被匹配到的概率就越大。

3. 直通车智能推广

直通车智能推广是一个相对智能的直通车推广辅助工具，具有简单、便捷、高效的操作，以及自动优化能力，有效地缓解了广大商家因直通车操作技巧、能力和精力不足带来的推广效果较差的矛盾。

1.4.2 钻石展位

钻石展位（简称"钻展"）是一种按照展现付费（CPM）的推广方式，以精准定向为核心为商家提供精准定向、创意策略、效果监测、数据分析等一站式全网推广投放解决方案。

根据消费者的各种行为数据得出分析模型，运用大数据寻找、追踪、分析、判断消费者在每个店铺中的关键路径，并且根据最终关键路径将消费者分为以下几个层级。

① 触达人群：最近7天看过店铺投放的钻石展位广告的消费者。

② 兴趣人群：最近7天点击过店铺投放的钻石展位广告的消费者。

③ 意向人群：最近15天通过搜索店铺关键词到达店铺，并且浏览了店铺多个页面的消费者。

④ 行动人群：最近90天收藏过店铺或者商品的消费者；最近90天将店铺中的商品添

加到购物车中的消费者；最近180天在店铺内下单未支付的消费者。

⑤ 成交人群：最近180天在店铺内产生实际成交行为的消费者。

这五层消费者的数量呈现漏斗形，大致结构如图1-5所示。

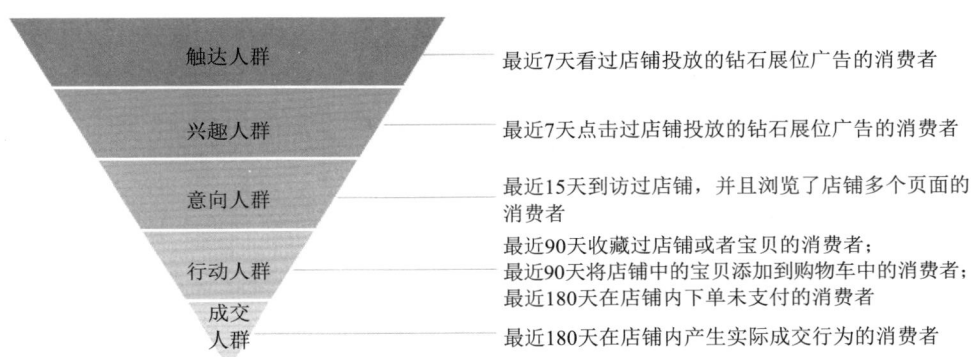

图1-5　精准营销场景定向的五层消费者

1.4.3　淘宝客

淘宝客推广是一种按成交计费的推广模式，商家通过预设推广佣金，然后由淘宝客获取商品代码进行推广，成交后系统会根据预设的佣金自动结算推广费用。

（1）淘宝客"如意投"

淘宝客"如意投"是为商家量身定制，帮助商家快速提升流量，按成交付费的精准推广营销服务。"如意投"推广按成交计费，不成交不计费，商家没有任何推广风险。商家只需要通过启用"如意投"推广，并且设置相应的类目佣金即可完成操作。系统会自动根据商家推广的商品做出功能分析结果，根据用户的网络购物行为进行自动化的精准投放。"如意投"的优势是解决了商家寻找合适的淘宝客合作的麻烦以及海量数据分析的麻烦。佣金设置会直接影响推广效果，如何设置一个合理且有效的推广佣金成为"如意投"的核心技巧。

（2）淘宝客"鹊桥"互动招商平台

"鹊桥"意在搭建淘宝客与商家沟通推广的桥梁。商家可以通过"鹊桥"与淘宝客直接联系，双方也都可以通过系统进行定向的招商。通过"鹊桥"系统，淘宝客可以设置一个或者多个推广活动，同时也可以设置招商条件，商家自主报名，淘宝客进行审核。同时，商家也可以自主发起活动，淘宝客申请推广活动，由商家审核。

（3）淘宝客通用计划

通用计划并不是针对某个商品设置佣金率，而是针对类目设置佣金率。并且开通淘宝客后，在默认状态下，通用计划处于打开状态。由于该计划是针对整个店铺所有商品的，所以一般不建议把佣金率设置太高。

（4）淘宝客定向计划

定向计划作为所有淘宝客后台的推广计划中最私密的一种计划，只针对商家选择好的淘宝客开放，并不是面向所有淘宝客的。总之，定向计划指的是商家可以定向招募、邀约或者满足计划设置要求的淘宝客才能申请参与定向计划的推广，对于不满足要求的淘宝客，商家可以主动拒绝其申请。

1.5　活动流量来源

电商流量争夺激烈，商家需要从多种渠道寻找适合自己的精准流量。而付费推广的成本日趋增大，从单笔订单和单个流量的获取成本来讲，活动流量已经成为时间短、见效快的不二选择。

1.5.1　聚划算

聚划算是中国大型的购物网站之一，时至今日，每天都有1200万个消费者发起品质团购，从在线商品到地域性生活服务，聚划算帮助千万网友节省超过110亿元，已经成为互联网消费者首选团购平台。聚划算是一个定位精准、以小搏大、以C2B驱动的营销平台，除了主打的商品团和本地化服务，更有品牌团、量贩团、聚名品、生活汇、旅游团等多样化频道供商家选择，如图1-6所示。

第 1 章 网店的推广之路 | 13

图 1-6 聚划算活动频道

1.5.2 淘抢购

淘抢购是淘宝无线端的重要营销商品，是淘宝无线端最具特色的限时、限量闪购平台，全天 12 个场次推送优质商品给消费者。淘抢购可以使买家限时、限量得到优质好货，降低购物决策成本。淘抢购也是商家理想的无线端流量渠道，可以快速规模化获取新用户，提升无线实战运营能力。淘抢购匹配了手淘客户端优质的流量资源和展示位置，是淘宝、天猫平台商家在无线端主要的活动流量推广方式，如图 1-7 所示。

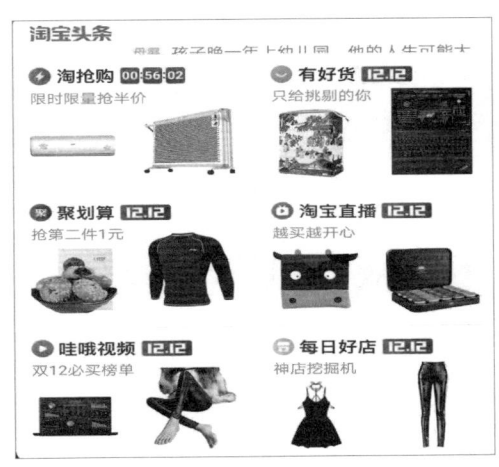 

图 1-7 淘抢购活动频道

本章习题

1. 流量红利期终结，向_____流量运营转型，全网流量_____加剧。

2. 淘宝和天猫平台付费推广的三大工具主要包括_____、_____、_____。对应的付费方式分别是_____付费、_____付费、_____付费。

3. 在流量坑位付费的平台活动中，_____、_____为重要渠道。

4. 钻石展位精准营销场景定向的五层消费者分别是_____、_____、_____、_____、_____。

5. 网店销售额产生的公式：销售额=_____。

6. 无论使用哪种推广工具，在付费推广阶段，成本最大的都是_____流量的引入，在_____和流量获取的同时，店铺运营中更重要的是维持_____的回头率和复购率，所以针对_____的推广就显得尤为重要。

第2章 直通车

2.1 直通车概况

2.1.1 什么是直通车

直通车是一款按点击次数付费的推广工具，是由阿里巴巴旗下的阿里妈妈平台对流量进行资源整合后推出的一种全新的搜索竞价排名系统。通过直通车，商家可以将产品投放到淘宝、天猫等站内频道及站外平台获得流量。商家可根据产品配置关键词、创意、定向人群等，使产品在淘宝站外和淘宝站内抢占优势推广位置。

在一般情况下，淘宝网店开通 24 小时之后，近 30 天交易额大于 0 元，就可以开通直通车推广。

1. 关键词搜索直通车

关键词搜索直通车推广是商家设置并推广与产品相关的关键词、出价，在买家搜索相应关键词时，推广产品获得展现和流量，实现精准营销，商家按所获流量（点击次数）付费。商家加入淘宝、天猫直通车，即默认开通搜索营销。

（1）PC 端关键词搜索直通车展位

搜索页面右侧带有掌柜热卖字样下的展位及左侧搜索结果中的第 1 个带有掌柜热卖字样的展位，均是关键词搜索直通车展位，如图 2-1 所示。

搜索页面底部掌柜热卖中的 5 个展位也是关键词搜索直通车展位，如图 2-2 所示。

（2）无线端关键词搜索直通车展位

在手机无线端搜索页面里，左上角展位带有 HOT 标签的就是关键词搜索直通车展位，如图 2-3 所示。目前无线端第 1、7、13 个展位是关键词搜索直通车展位，在第 13 个展位后，每隔 10 个展位，出现一个关键词搜索直通车展位。

2. 定向直通车

定向推广是根据买家的购买习惯和浏览对应的网页内容，由系统自动匹配出相关度较高的宝贝，并结合出价和宝贝推广带来的买家反馈信息进行展现；出价高、买家反馈信息好，定向推广展现概率大。

第 2 章 直通车 | 17

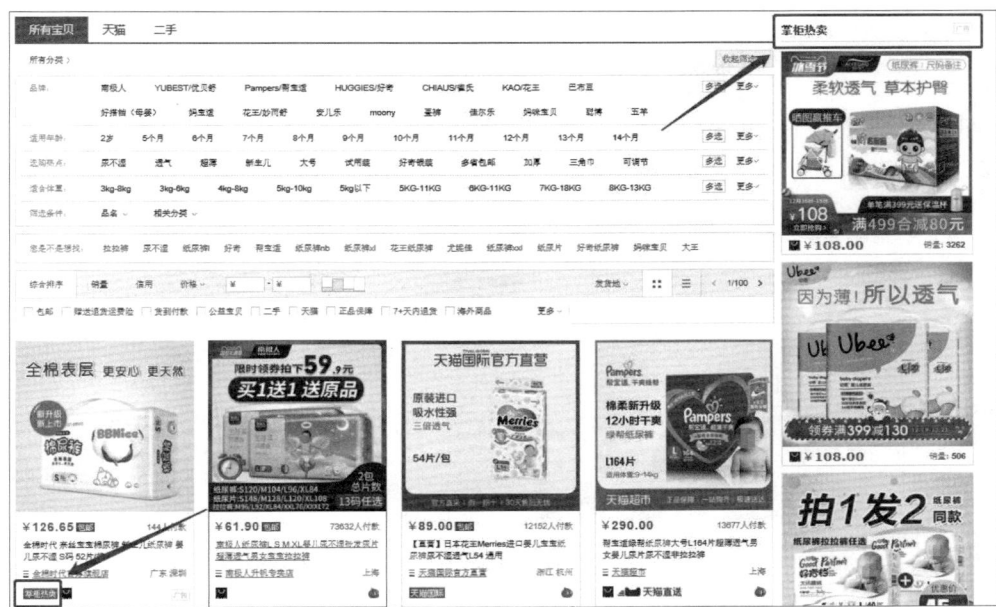

图 2-1　PC 端搜索页首位关键词搜索直通车展位

图 2-2　PC 端底部关键词搜索直通车展位

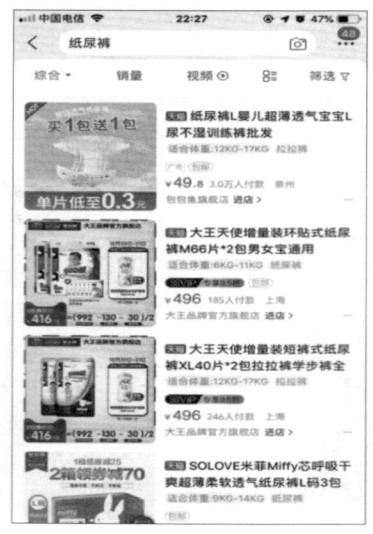

图 2-3　无线端关键词搜索直通车展位

（1）PC 端定向直通车展位

已买到的产品、收藏夹、购物车等页面底部的热卖单品，均为定向直通车展位，如图 2-4 所示。

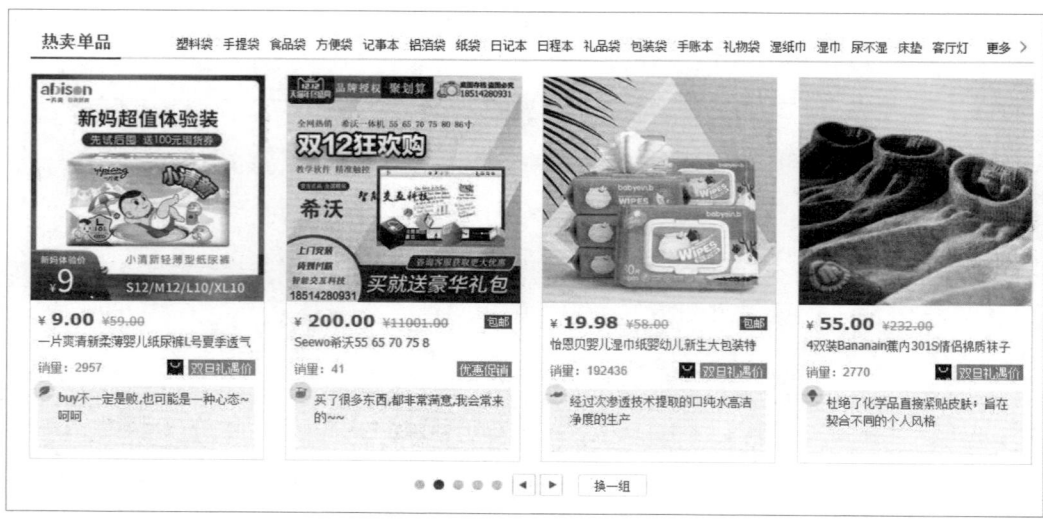

图 2-4　PC 端定向直通车展位

（2）无线端定向直通车展位

手淘中有众多定向直通车展位，如手淘首页—猜你喜欢及其他页面中猜你喜欢模块中带 HOT 标识的展位，都是定向直通车展位，如图 2-5 所示。

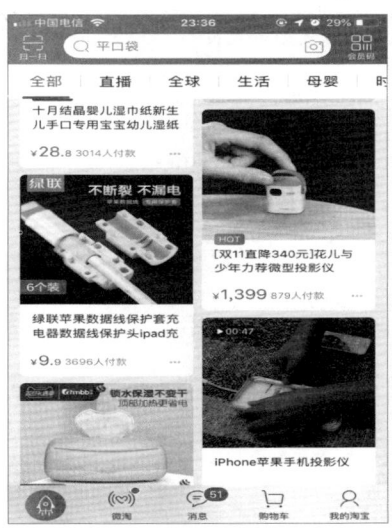

图 2-5　手淘首页定向直通车展位

2.1.2　直通车的排名和扣费机制

1．直通车的排名机制

（1）竞价排名

直通车是竞价排名系统，其排序规则为根据出价×质量得分的计算结果高低进行展位排序。所以在获取相同排名的情况下，质量得分越高，商家的出价就可以越低，从而以尽可能少的推广费用，获取更多的流量。

质量得分是系统估算的一种相对值，质量得分分为计算机设备质量得分和移动设备质量得分两种。质量得分是搜索推广中衡量关键词、产品推广信息及淘宝网用户搜索意向三者之间相关性的综合性指标，以 10 分制的形式来呈现，分值越高，越可以获得更理想的推广效果。

（2）千人千面

除了竞价排名，直通车展位的排序还涉及购买人群的影响。淘宝网会将所有买家打上人群标签，所谓人群标签就是一类人群所具有的共同特性，如性别女、喜好七分裤、喜好黑色等。直通车展位会优先挑选符合买家人群标签的产品进行展示。所以直通车的排序规则可以理解为，在符合买家人群标签的产品中，按出价乘以质量得分的计算结果高低进行展位排名。图 2-6 和图 2-7 所示，不同买家搜索相同关键词，展示的产品不同。

图 2-6 买家 A 搜索的结果

图 2-7 买家 B 搜索的结果

2. 直通车的扣费规则

如果消费者点击了产品的直通车展位，系统就会根据商家的出价结合直通车扣费的原理来收取费用，具体的直通车扣费公式如下：

$$实际扣费=下一名出价×下一名质量得分/质量得分+0.01。$$

从公式中可以看出，由于下一名出价和下一名质量得分是商家无法把控的，若想降低直通车扣费，只有努力提升关键词的质量得分。

2.1.3 直通车的优势

1．快速获取流量

直通车可以快速获取流量，既是新品期产品获取流量的最快速推广方式之一，又是在产品生命周期内获取流量不可或缺的工具。

2．实时性

直通车可视化的操作界面可以实时反馈点击率、转化率等推广数据，从而使数据驱动商家提升运营指标。

在后台操作中，商家可以实时调整出价来改变关键词的排名，以优化直通车效果，如图 2-8 所示。

图 2-8　调整关键词直通车排名

3．可控性

得益于直通车的实时性，商家可随时优化推广创意，调整市场策略，从而提高投入产出比（ROI），直通车的推广数据得到提升，则产品免费流量的相应数据也会得到提升，从而促进产品的销售。若投入产出比一直较差，商家可随时停止直通车推广，及时止损。

4. 精准性

直通车之所以称为精准投放工具，除了精准关键词推广，还在于其可以根据商家需求设置投放时间、投放地域、定向人群溢价等，将广告预算投放到最精准的买家中，从而提高投入产出比。

2.2 直通车后台

2.2.1 后台简介

直通车后台是可视化操作平台，操作方法与商家中心后台类似。操作的功能分区都在左侧栏。在商家中心左侧栏"我要推广"中单击直通车进入后台（操作直通车之前需要先充值 500 元），如图 2-9 所示。

图 2-9　新版直通车入口

直通车后台分为首页、推广、报表、账户、工具、妈妈 CLUB 六大模块。

直通车的主要架构由推广计划和报表组成，账户和工具起辅助作用。

1. 后台首页

首先映入眼帘的就是实时的数据报表，在这里我们可以看到账户实时的核心数据情况。

折线图直观地展示了今天和昨天的数据对比情况，对我们掌握直通车推广的实时数据情况起了很好的辅助作用。

直通车后台的首页如图 2-10 所示。

图 2-10　直通车后台—首页

2．推广页面

商家在直通车后台建立推广计划（一共可以建立 20 个推广计划），如图 2-11 所示，选择需要推广的产品，添加创意和关键词之后出价。在推广计划建立之后可以设置日限额、投放地域、投放平台和投放时间，还可以进行定向投放。

3．报表页面

报表是对每天直通车投放之后产出数据的整理和分析，帮助商家分析投放效果，以便商家找出问题，实现优化，如图 2-12 所示。

① 推广计划列表：该列表展示的是目前所有在推广的计划单元的数据，商家可以查看每个推广计划每天的历史数据。

② 推广单元列表：该列表展示的是单个产品的推广数据情况。与商家在推广计划列表里面看到的数据相比，该报表多了历史数据的折线图，方便商家查看数据趋势。

③ 创意列表：该列表展示的是每个创意的历史数据，方便商家以创意为纬度，分析数据。

④ 关键词列表：该列表展示的是所有计划中关键词的历史数据，方便商家关注和分析

直通车账户中核心关键词和花费较大的关键词的数据。

⑤ 地域列表：通过对地域列表的数据分析，商家可以查看产品在各个省份的历史数据，查看产品在哪些省份点击率比较高、在哪些省份转化率比较高、在哪些省份的投入产出比比较高。可以指导商家优化地域投放设置，从而提高点击率和投入产出比。

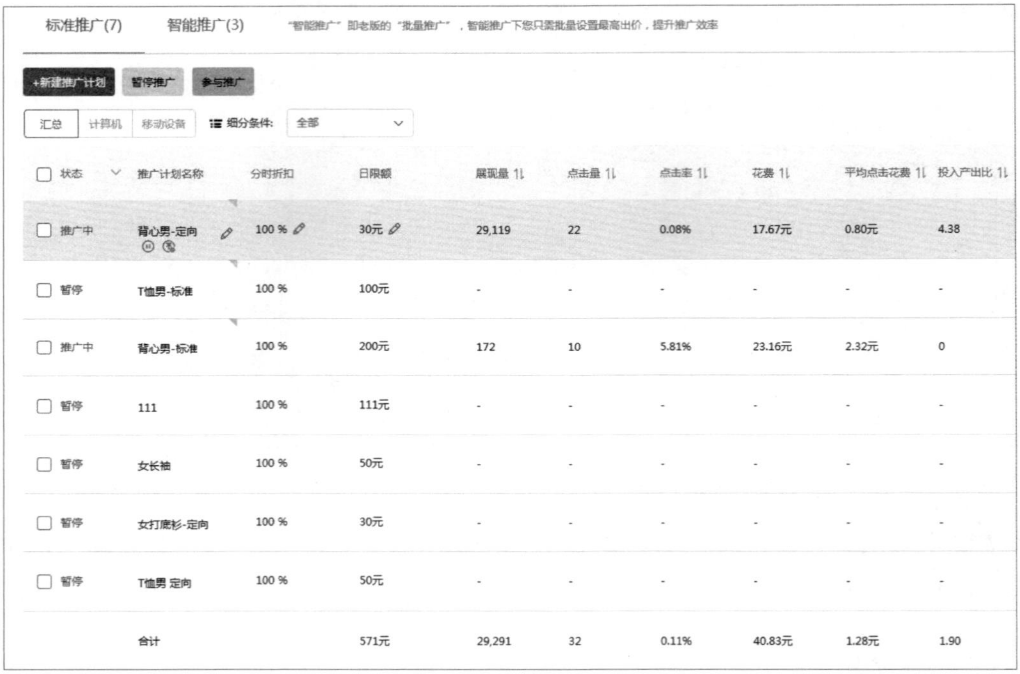

状态	推广计划名称	分时折扣	日限额	展现量	点击量	点击率	花费	平均点击花费	投入产出比
推广中	背心男-定向	100 %	30元	29,119	22	0.08%	17.67元	0.80元	4.38
暂停	T恤男-标准	100 %	100元	-	-	-	-	-	-
推广中	背心男-标准	100 %	200元	172	10	5.81%	23.16元	2.32元	0
暂停	111	100 %	111元	-	-	-	-	-	-
暂停	女长袖	100 %	50元	-	-	-	-	-	-
暂停	女打底衫-定向	100 %	30元	-	-	-	-	-	-
暂停	T恤男 定向	100 %	50元	-	-	-	-	-	-
	合计		571元	29,291	32	0.11%	40.83元	1.28元	1.90

图 2-11 直通车后台—推广计划

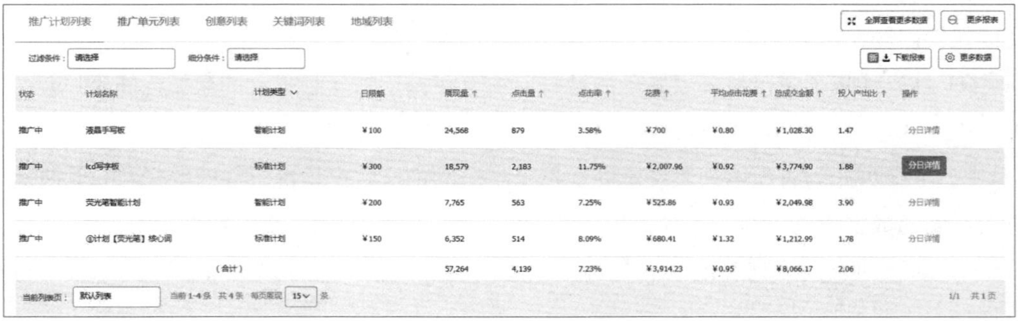

状态	计划名称	计划类型	日限额	展现量	点击量	点击率	花费	平均点击花费	总成交金额	投入产出比	操作
推广中	液晶手写板	智能计划	¥100	24,568	879	3.58%	¥700	¥0.80	¥1,028.30	1.47	分日详情
推广中	lcd写字板	标准计划	¥300	18,579	2,183	11.75%	¥2,007.96	¥0.92	¥3,774.90	1.88	分日详情
推广中	荧光笔智能计划	智能计划	¥200	7,765	563	7.25%	¥525.86	¥0.93	¥2,049.98	3.90	分日详情
推广中	⑤计划【荧光笔】核心词	标准计划	¥150	6,352	514	8.09%	¥680.41	¥1.32	¥1,212.99	1.78	分日详情
	（合计）			57,264	4,139	7.23%	¥3,914.23	¥0.95	¥8,066.17	2.06	

图 2-12 直通车后台—报表

4．账户页面

账户的主要功能是记录费用统计、查询直通车违规记录、开设代理账户等，账户页面如图 2-13 所示。

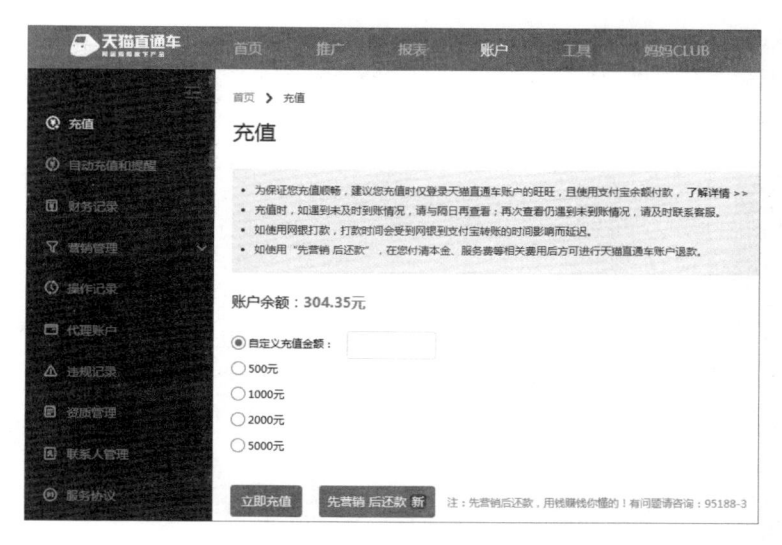

图 2-13　直通车后台——账户

5．工具页面

工具是打通淘宝内部的一些数据工具，方便商家利用查询工具和直通车数据进行综合分析，工具页面如图 2-14 所示。

图 2-14　直通车后台——工具

其中流量解析是直通车推广过程必不可少的工具，如图 2-15 所示。

图 2-15 流量解析

在流量解析中输入想查询的关键词，在商家市场数据分析中可以查看到该关键词的展现指数、点击指数、点击率、点击转化率、市场均价、竞争度等行业数据，如图 2-16 所示。其中展现指数与点击指数以指数化（经过系统算法处理以后的数据）的形式，体现关键词市场展现量和点击量的大小。商家可以从中得知关键词的热门程度及流量趋势。

小技巧：商家通过查看过去一年的展现指数与点击指数，可以把握推广节奏。商家可以通过这两项数据知道行业旺季什么时候来临，在什么时间节点应该开始和停止推广。

如图 2-17 所示，人们可以看到"保暖内衣男"这个关键词从 9 月开始展现指数上升，10 月中旬到 1 月中旬为旺季，1 月中旬后展现指数迅速下降。

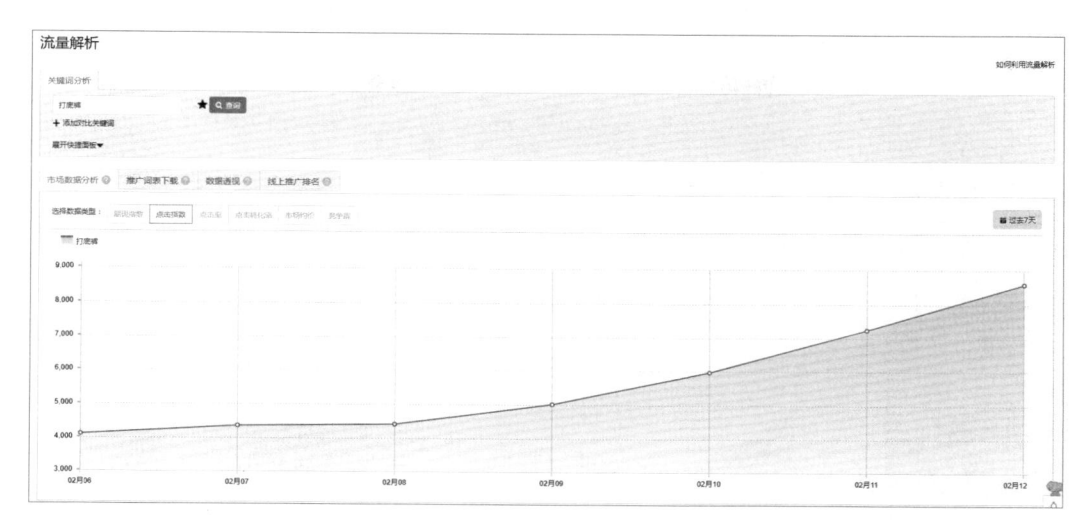

图 2-16　直通车流量解析可视化页面

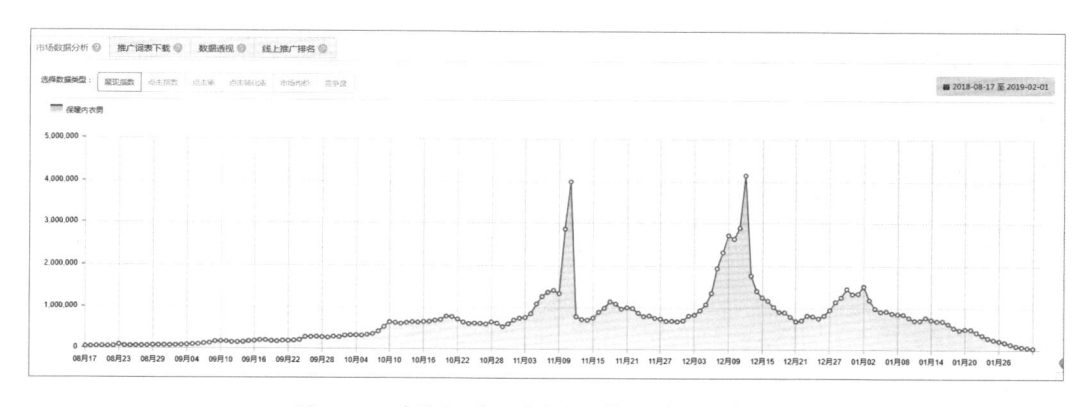

图 2-17　关键词"保暖内衣男"的展现指数变化

因此，男性保暖内衣的商家，可以在 8 月初开始推广，进入 9 月上升期由于已经积累了一定的销量，产品的权重较高，排名就会靠前。因此，随着市场大盘流量的快速增长，产品的销量也会随之大幅增加。进入旺季后，爆款也就进入了成熟期。由于产品的销量权重基本能维持近 30 天，所以，商家在 12 月底可以逐步减少推广费用，直至停止。

在"推广词表下载"页面中，如图 2-18 所示，可以看到相关词和热门词的行业数据及该关键词的相关度（防止出现类目相关性低的情况）。

关键词（相关度）	展现指数	点击指数	点击率	点击转化率
1 保暖内衣	80,259	873	0.99%	4.88%
2 加绒保暖男加厚内衣	11,248	400	3.32%	4.85%
3 男内衣	319,213	1,761	0.49%	8.18%
4 女保暖内衣	84,599	4,183	4.65%	3.46%
5 加绒保暖男内衣	7,691	384	4.71%	5.97%
6 保暖男内衣	1,532	29	1.79%	3.12%
7 保暖男打底	1,255	26	1.92%	7.14%
8 保暖套装男内衣	23,309	1,002	4.03%	6.66%

图 2-18　保暖内衣男"推广词表下载"页面

数据透视可分为地域透视、流量透视和竞争透视。

在地域透视中，如图 2-19 所示，商家可以查询关键词在不同地域的展现指数、点击指数、点击率、点击转化率、市场价等行业数据，指导商家进行投放地域的选择。

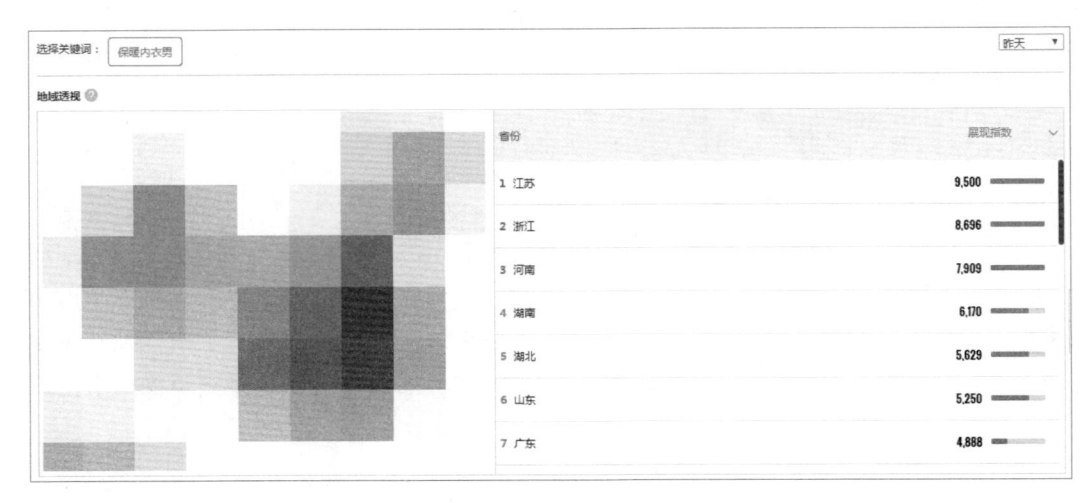

省份	展现指数
1 江苏	9,500
2 浙江	8,696
3 河南	7,909
4 湖南	6,170
5 湖北	5,629
6 山东	5,250
7 广东	4,888

图 2-19　流量解析—地域透视

在流量透视中，如图 2-20 所示，商家可以查看关键词分别在 PC 端和无线端的流量数据。商家在市场数据分析中查看的展现指数与点击指数是 PC 端和无线端综合的数据，由于 PC 端展现量大、点击率低，无线端展现量小、点击率高的特点，其指导意义不强。建议商家在分析核心关键词数据时，尽量从此处查看，细分 PC 端与无线端的关键词数据。

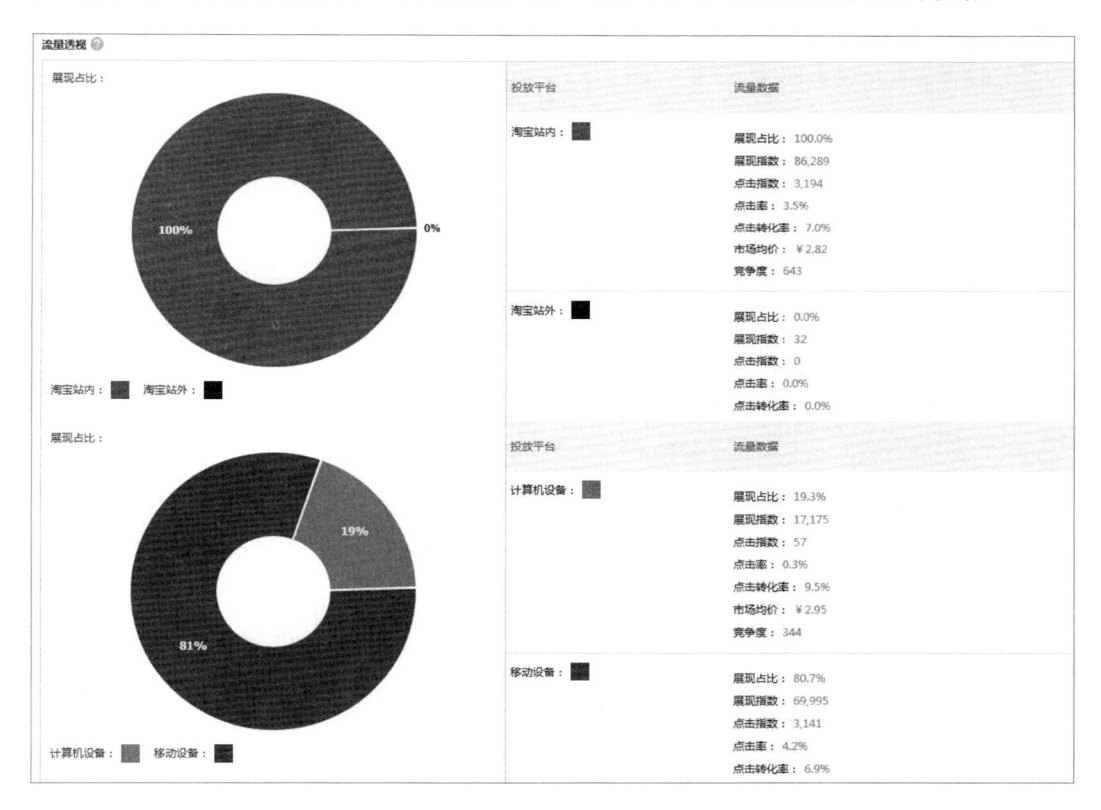

图 2-20　流量解析—流量透视

线上推广排名为推广产品在 PC 端的推广排名，由于现阶段直通车展现形式为千人千面且主要产出在无线端，因此，此项数据参考意义较小。

在竞争透视中，如图 2-21 所示，商家可以查看不同的价格区间获得的展现量和该区间内的产品数量，商家可以从中分析竞争激烈程度。通过竞争透视所展示的同行数据，我们可以通过该图猜测竞品的直通车推广费用，也可以通过该图分析商家想获得什么程度的流量，关键词出价大概为多少（展现量越高通常意味着出价越高）。

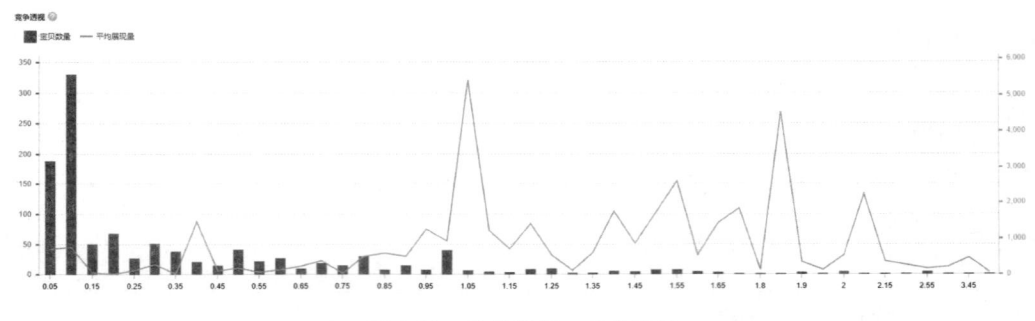

图 2-21　流量解析—竞争透视

6．妈妈 CLUB

妈妈 CLUB 为直通车的活动专区，如图 2-22 所示，商家可再次选择直通车任务，完成任务可以获取一定的奖励，如直通车红包等。

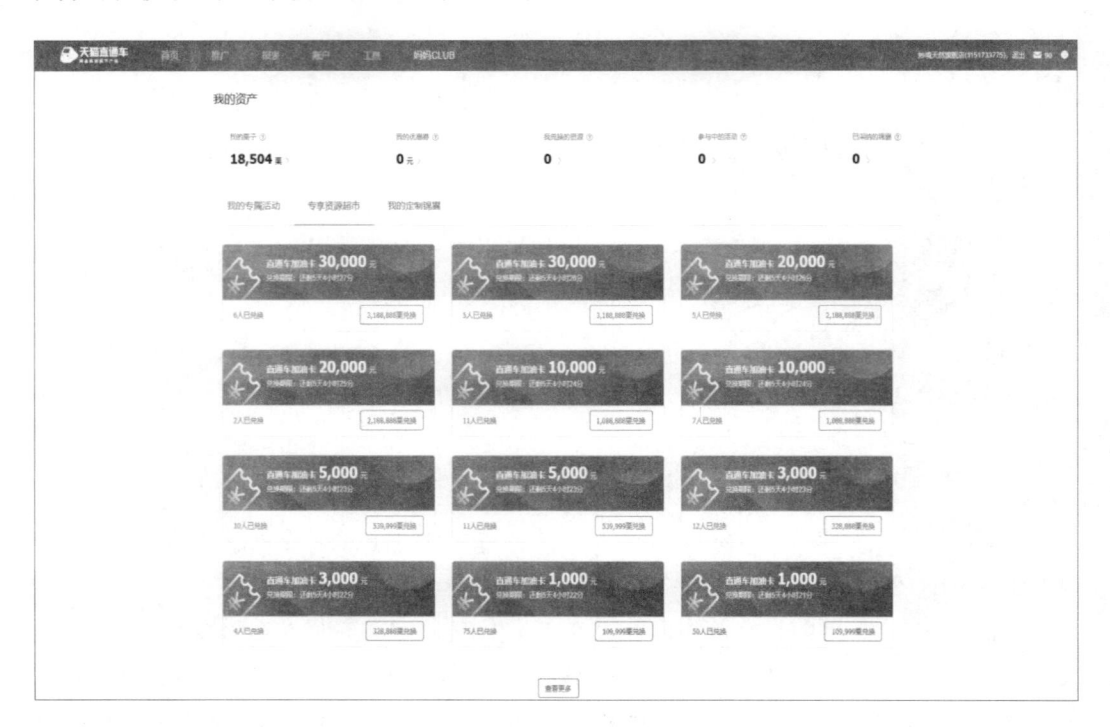

图 2-22　直通车后台—妈妈 CLUB

2.2.2 主要名词解析

1. 展现量

展现量是指推广的产品的直通车展位展现次数，也就是商家的产品在推广位置上被买家看到多少次。无论买家是否点击展位进入商家，只要页面出现了商家推广的展位，就会算一次展现量。

2. 点击量

点击量是指直通车展位被点击的次数，由于直通车系统会过滤掉同一个IP下的重复点击，所以点击量大致等同于直通车推广所带来的访客数。

3. 点击率

点击率=点击量/展现量，在同等的展现量下，点击率越高，商家获取到的点击量就会越多。点击率是整个直通车操作的核心。点击率越高，质量得分就会越高，花费就会越低，在日常的直通车优化过程中一定要重点关注点击率。

4. 平均点击花费

平均点击花费=直通车的花费/对应的点击量。在同等预算的情况下，平均点击花费越低，商家能获取到的点击量越多。

5. 投入产出比（ROI）

投入产出比=成交金额/花费。投入产出比是衡量直通车推广效果的核心指标。如产品的利润率是50%，那么投入产出比超过2，即代表着推广是盈利的。

6. 点击转化率

点击转化率=成交笔数/点击量。对于相同的点击量，点击转化率越高，商家获得的订单量就越多。

7．购物车数

产品在直通车展位被点击后，买家在 15 天内，将产品加入购物车的次数。

8．收藏产品数

产品在直通车展位被点击后，买家在 15 天内，将产品加入收藏夹的次数。

2.3　直通车推广实操

2.3.1　推广策略及选款

1．推广策略

（1）明确推广目的

在指定推广策略前，首先要明确商家推广的目的。在实际运作过程中，不同商家对直通车会存在不同的目的。

① 对于品牌企业来说，直通车的作用主要是使产品在平台上获取大量曝光，以使品牌在前期获取大量用户群。

② 对于大部分店铺来说，直通车的作用主要是帮助店铺引来高转化流量，提高产品权重，带动店铺销售额的增长，所以，商家会花大量的时间和精力进行不断优化。

③ 在店铺活动和官方活动中，直通车是商家预热和营销宣传的工具。

对于同一个商家来说，直通车在不同阶段起的作用也会有所不同。

① 店铺在起步阶段，缺少基础销量，大量投放直通车可以在短期内得到较多的流量，并转化为基础销量。

② 直通车在帮助商家测试方面有突出作用，可以通过点击数据和转化数据找出哪种产品适合投放市场进行销售。

③ 通过直通车主推关键词，周期数据的增长可以提升商家在自然搜索中主推词的排名。

（2）常见的推广策略

根据直通车目的不同，推广策略一般分为爆款推广策略、常规推广策略和低价引流策略等。

爆款推广策略更倾向于获取大规模流量，商家对投入产出比的要求可以适当放低，通过产品销量的迅速增长，获取更多的免费流量，以达到打造爆款的目的。

常规推广策略侧重流量与投入产出比的平衡，商家在获取一定流量的基础上，尽可能提高 ROI，以维持产品的日常销售。

低价引流策略也称为广撒网策略，适合产品种类较多的店铺。商家可推广较多数量的产品，选取较多的关键词，出价较低，以此获得低成本流量。

2. 选择合适的产品推广

因为直通车带来的流量都是有流量成本的，属于付费流量，所以，并非所有的产品都适合使用直通车推广。有些产品的利润很低，会导致无法平衡推广费用。有些产品的吸引力不强，会导致点击率很低。有些产品虽然能带来流量，但却无法产生销售。而且在使用直通车推广产品的过程中，每个关键词只能展现两次，也就是说，能进行直通车推广的产品数量有限。所以，商家需要将有限的推广预算投放到更有潜力的产品上。

那么什么样的产品更适合推广呢？

（1）高点击率

高点击率意味着产品对消费者的吸引力较高，高点击率也能提高质量得分，降低平均点击花费，提高投入产出比。

（2）高 UV（访客）利润

UV 利润是指每个进店 UV 对店铺产生的利润，其公式为转化率×订单利润，高 UV 利润，即高转化率与高毛利。例如，一个杯子的售价为 80 元，毛利为 30 元，转化率是 10%。也就是当 100 个访客浏览这个杯子的时候，有 10 个访客购买了，带来了 300 元的利润，这时平均每个人能带来 3 元的利润，那么这个杯子的 UV 利润是 3 元。UV 利润越高，商家能接受的平均点击花费就越高，更容易获得更多的推广流量。

（3）市场容量大

市场容量代表着产品销售额的高低，选择市场容量大的产品，在推广的后期，更有可能获得更高的销售额。例如，如果市场容量过小，选择的产品过于小众，整个淘宝平台每天成交也不过几单，那么推广也就没意义了。

（4）竞争度小

同行越多，意味着市场竞争越大，从而不仅会推高直通车的平均点击花费，还会降低产品的市场平均售价，导致推广成本上升，UV 利润下降。

在实际运用过程中，同时符合以上特征的蓝海产品少之又少。商家应结合自身优势，尽量选择符合以上特征的产品进行选品。

商家通过直通车关键词推广进行测试投放可以快速获取产品的点击率与转化率数据。建议采用较宽泛的行业热门词语，如打底裤女、袜子、打底裤等进行测试，测试期的出价可以略高于市场平均出价。

当然，如果条件有限，无法进行产品测试，也可以根据产品在日常销售中的访客数、转化率来选择产品。选择流量获取能力较强、转化率相对较高、有一定竞价能力的产品进行直通车推广。

2.3.2 直通车标准计划

1. 选词

（1）选词思维

① 关键词背后的人群。

不同的关键词，代表着不同买家的购物意图。当一个买家搜索"新款羽绒服"的时候，意味着买家想找今年的新款，该买家比较重视款式；同样，如果买家搜索的是"羽绒服特价"，商家就知道买家比较在意的是价格，她在找一个性价比比较高的羽绒服。显然商家能通过关键词去判断搜索该关键词的买家意图。所以，商家在推广高档羽绒服时，很显然就不能采用"羽绒服特价"这个关键词，因为这个关键词背后的人群不是商家的精准客户群。

② 关键词的竞争环境。

同一件产品有不同的属性，一次有很多关键词可供选择，但是不同的关键词意味着有不同的竞争环境。

例如，商家有一款高腰格子百褶裙想推广，当主推词为"格子百褶裙"时，其竞争产品主要是格子百褶裙的同类产品，如图 2-23 所示，买家搜索该关键词目的也比较明确，面对的也是大量款式相似的产品。因此，价格可能是影响买家购买决策较大的因素。

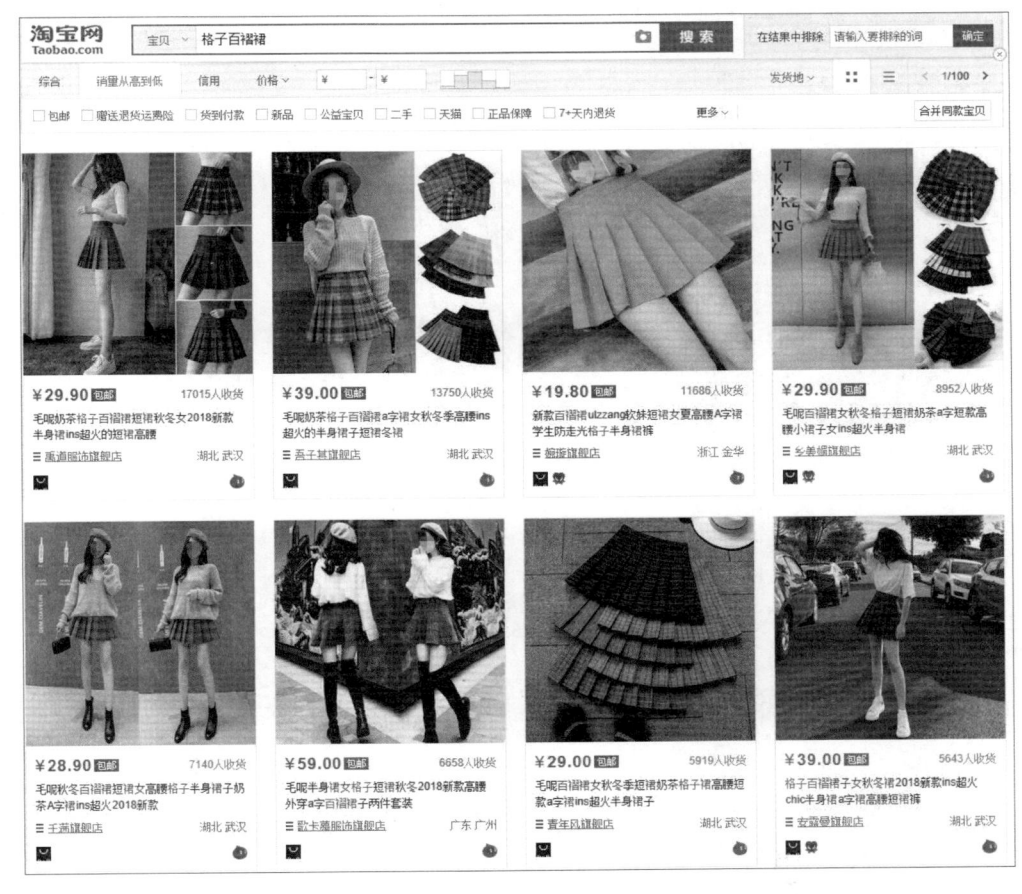

图 2-23　买家搜索"格子百褶裙"显示的产品

当商家的主推词是"高腰百褶裙"时，商家的主要竞争对手款式如图 2-24 所示，大部分与推广的产品不同，可能款式就变成影响买家购买决策的主要因素了。

图 2-24　买家搜索"高腰百褶裙"显示的产品

③ 关键词的市场容量。

每个关键词在淘宝平台的展现量大小不同,有些关键词的展现量很大,有些关键词几乎没有展现。关键词在平台内展现量的大小,决定了这个词推广效果的上限,因此,商家在选择主推关键词的时候,要考虑到关键词的市场容量大小。通过流量解析工具,商家可以看到"百褶裙"的整体展现量比"格子百褶裙"大得多,如图 2-25 所示,竞争度也大得多,如图 2-26 所示。如果商家觉得产品在整个类目比较有竞争力,期望产品是一个类目 TOP 级别的爆款,一般会选择类目的 TOP 热门词。如果商家觉得在细分品类有竞争优势,希望将产品打造成细分品类的龙头,那么选择的主推关键词应该是细分品类的热门关键词。

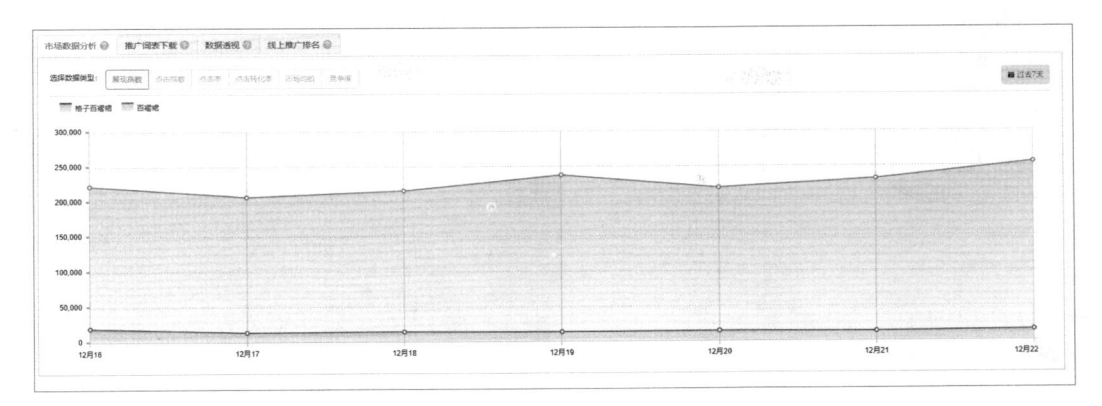

图 2-25 "百褶裙"与"高腰百褶裙"的展现指数

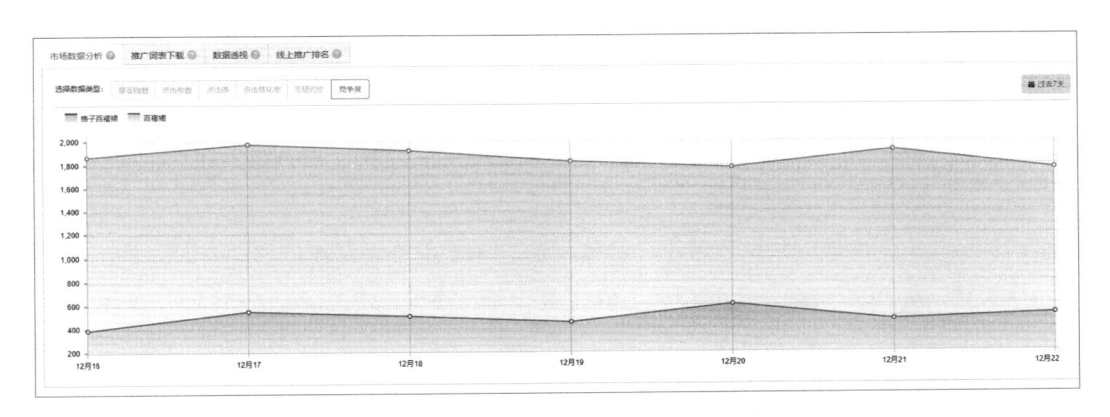

图 2-26 "百褶裙"与"高腰百褶裙"的竞争度

根据上述的选词思维，一般来说不同层次商家的选词策略是不同的，新商家主要以少量精准词为主导，以提高质量得分和投入产出比。大商家大多为了大规模引流，在选词时一般会以行业热门词语为主。

（2）选词工具

直通车选词首先分析要推广的产品属性，商家先粗略思考可能适合该产品的关键词，以便后面从各选词方法中挑选适合的关键词，选词的方法主要有以下几种。

① 淘宝搜索下拉框，如图 2-27 和图 2-28 所示。淘宝的关键词推荐根据买家搜索热度排序，买家搜索该关键词越多，对应的产品排名越靠前。同时，推荐词更容易被买家点击，因此，搜索下拉框的推荐词蕴藏着巨大的流量。

图 2-27　手淘搜索下拉框推荐词　　　　图 2-28　PC 端淘宝搜索下拉框推荐词

②　生意参谋。在生意参谋—市场（需付费）—搜索洞察—搜索排行中，如图 2-29 所示，人们可以看到行业热门词语。首先，我们可以在此根据自身产品特点，挑选适合自身产品的推广词。其次，也可以从生意参谋—品类—商品 360 中查看需要推广的产品本身的进店词、成交词，如图 2-30 所示。进店多、成交多，一般意味着该关键词的点击率与转化率较高。因此，此处也是选词的重要参考途径。

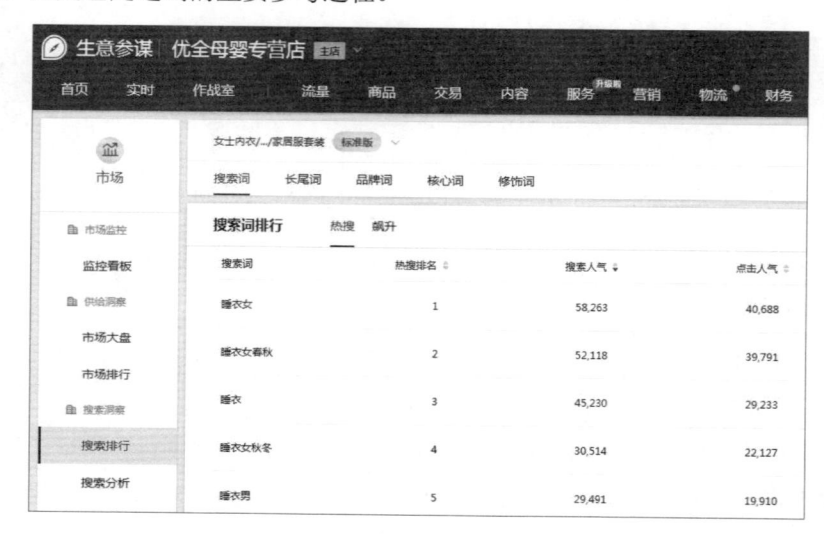

图 2-29　生意参谋—市场—搜索洞察—搜索排行

图 2-30　生意参谋—产品来源关键词

③ 直通车系统推荐。直通车在添加关键词时弹出的对话框如图 2-31 所示，也是人们找词的好帮手。在这里选择关键词的优点在于省时省力。缺点在于关键词数量有限，挑选余地小且关键词竞争力度较大。

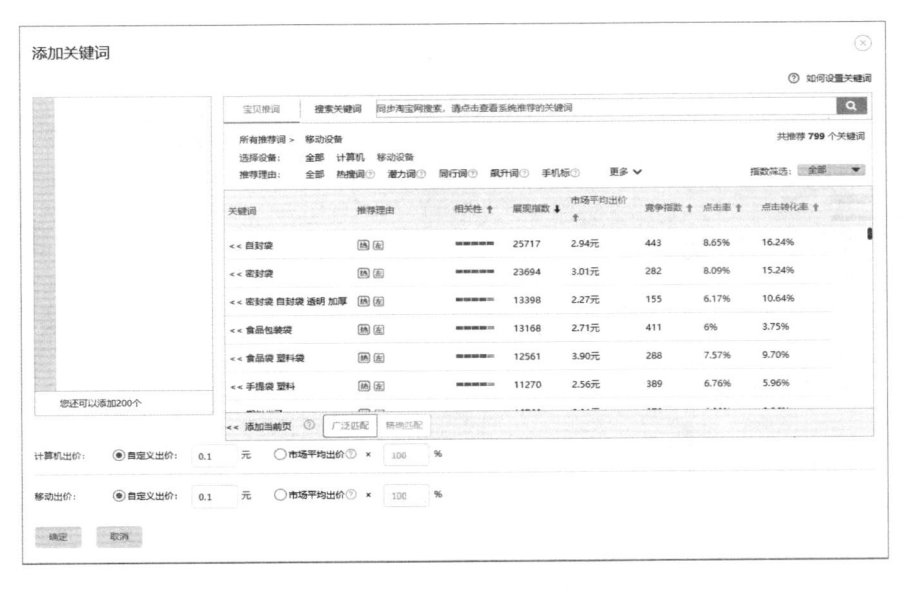

图 2-31　直通车系统推荐词

④ 流量解析中的推广词表下载，如图 2-32 所示，也是我们不可多得的选词工具。

图 2-32　推广词表下载

⑤ 第三方电商工具。我们也可以通过店侦探等第三方工具，如图 2-33 所示，查看竞争产品的推广关键词。由于是第三方的软件，非官方数据接口，所以获取的数据不一定准确，因此仅供参考。

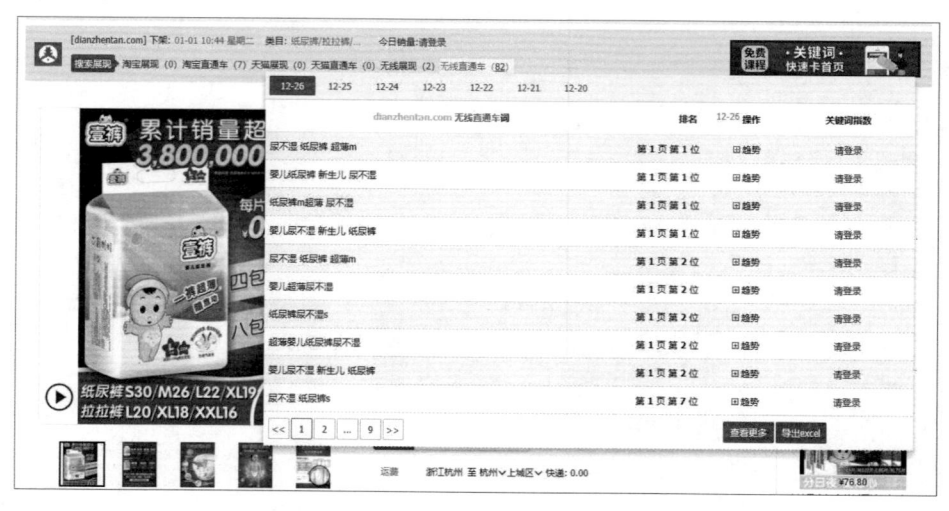

图 2-33　查看竞争产品直通车展现关键词

2．制作创意

直通车的点击率与产品的创意图片有很大关系，一张好的创意图片能带来更多的访客，同时点击率的提高也能提高关键词的质量得分，从而降低平均点击单价。商家可以从以下几点着手，制作一张高点击率的创意图。

（1）参考优秀案例

学习优秀案例是新手商家成长最快的方式。商家可以收集行业内优秀的直通车创意图，吸收这些创意图的闪光点，也可以跨类目参考优质直通车创意图，并在此基础上根据自身产品的特点寻求改善优化。

（2）差异化

要想做到差异化，一定要从产品的竞争环境着手。差异可以是背景颜色、拍摄的角度、主图结构、拍摄环境、模特等。图 2-34 所示，交警戴口罩的图在众多白底模特图中脱颖而出。

图 2-34　口罩直通车创意图

（3）文案

好的创意图片，既要有美感，能在众多产品主图中脱颖而出，又要能充分满足消费者的购物需求，让消费者产生进一步了解产品的欲望。除了一些女装、女包等主要看款式的非标品类目，在大部分标品类目的推广中，商家还可以通过文案突出主要卖点或者利益点，从而在竞争领域中脱颖而出，如图 2-35 所示。

图 2-35　产品直通车创意图文案

3. 建立直通车标准计划

（1）新建标准推广计划

进入"推广"模块，单击"新建推广计划"按钮，如图 2-36 所示。

图 2-36　新建推广计划

（2）选择推广方式

在推广方式中，系统推荐及自定义均为标准推广计划。选择系统推荐的方式，通过营销场景的选择，会自动生成系统推荐方案（包括关键词和人群溢价）。选择自定义的方式，则所有内容均由自己设置。一般建议选择自定义自行设置，如图 2-37 所示。选择自定义的方式，营销场景仅作为便签存在，对推广无影响。

图 2-37　推广方式选择自定义

（3）推广设置

在设置页面商家需要对计划设置以下内容，如图 2-38 所示。

图 2-38　推广设置

① 计划名称：自定义的名称，方便商家自己查看。

② 日限额：可以设置该计划的推广预算，当该计划的花费达到限额时，该计划会自动下线，在次日 0 点时重新开启。

智能投放更适合预算低的商家，以低成本获取更优质的流量。标准投放更适合短时间内需要获取大流量的商家。

③ 高级设置：商家可以根据自身的需求自定义设置推广计划的投放平台、投放地域及投放时间，如图2-39所示。

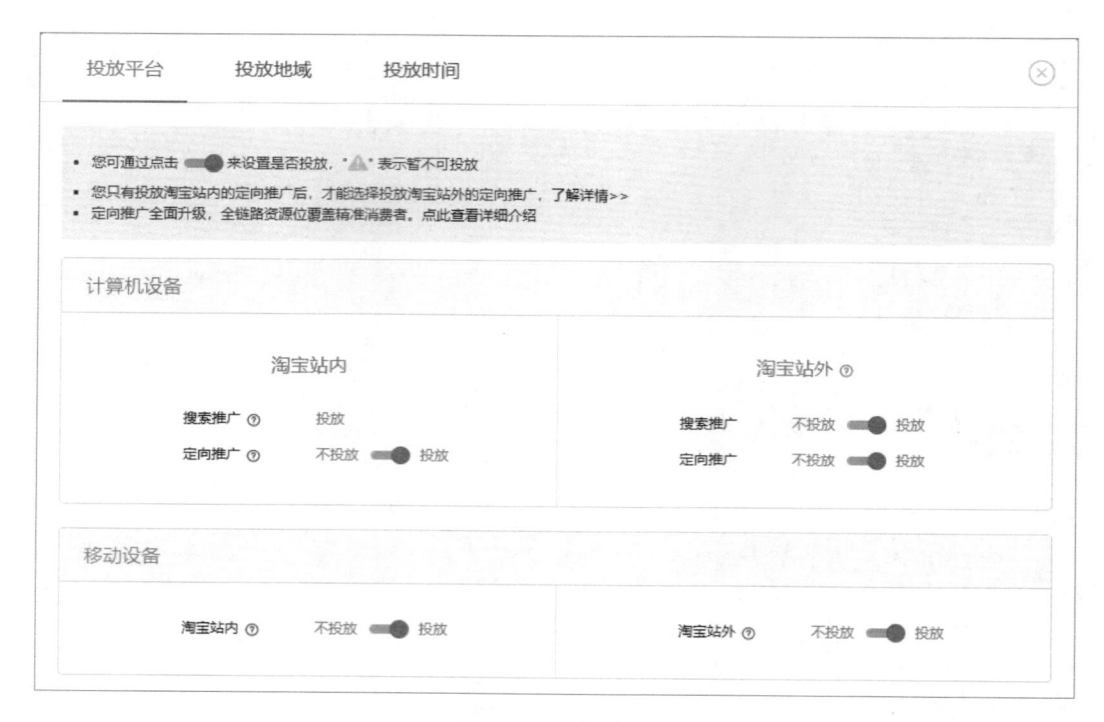

图2-39 高级设置

如销售羽绒服的商家可以关闭广东、海南等气温较高地域。商家可以根据自身客服的在线时间设定推广时间，也可以通过分时折扣根据不同时段的流量特征调整出价，根据推广的反馈数据查看什么时段流量转化率更高，通过时段出价比例的功能调整出价的比例，给予转化率较高的时段更高的出价比例。商家还可以根据不同时段搜索流量的大小调整出价比例，在流量较大的时段可以根据流量需求，给予更高的出价比例，获取更多流量。如果推广预算有限，商家也可以在这个时段降低出价比例，控制投放费用。

④ 选择推广宝贝：在如图2-40所示的页面，商家选择需要推广的宝贝，并进行下一步。

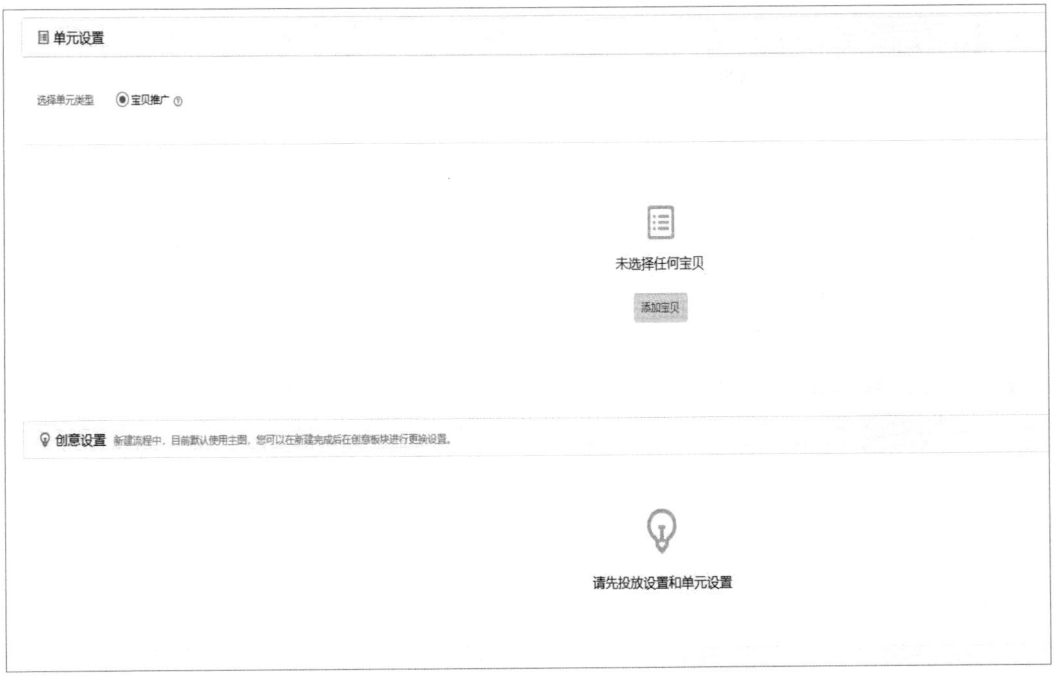

图 2-40　选择推广宝贝

（4）添加关键词

在如图 2-41 所示的页面，添加已经准备的关键词。值得注意的是，关键词有两种匹配方式可以选择：精准匹配与广泛匹配。

精准匹配是买家搜索词与商家所设关键词完全相同（或是同义词）时，推广宝贝才有机会展现，设置精准匹配后，所设关键词会加上中括号，以"关键词"的形式呈现。

广泛匹配是买家搜索词包含了商家所设置的关键词或与其相关时，即使商家并未设置这些词，其推广宝贝也可能获得展现机会。

商家也可以在此页面先全部广泛匹配，后续进入推广计划后，再修改匹配方式，如图 2-42 所示。

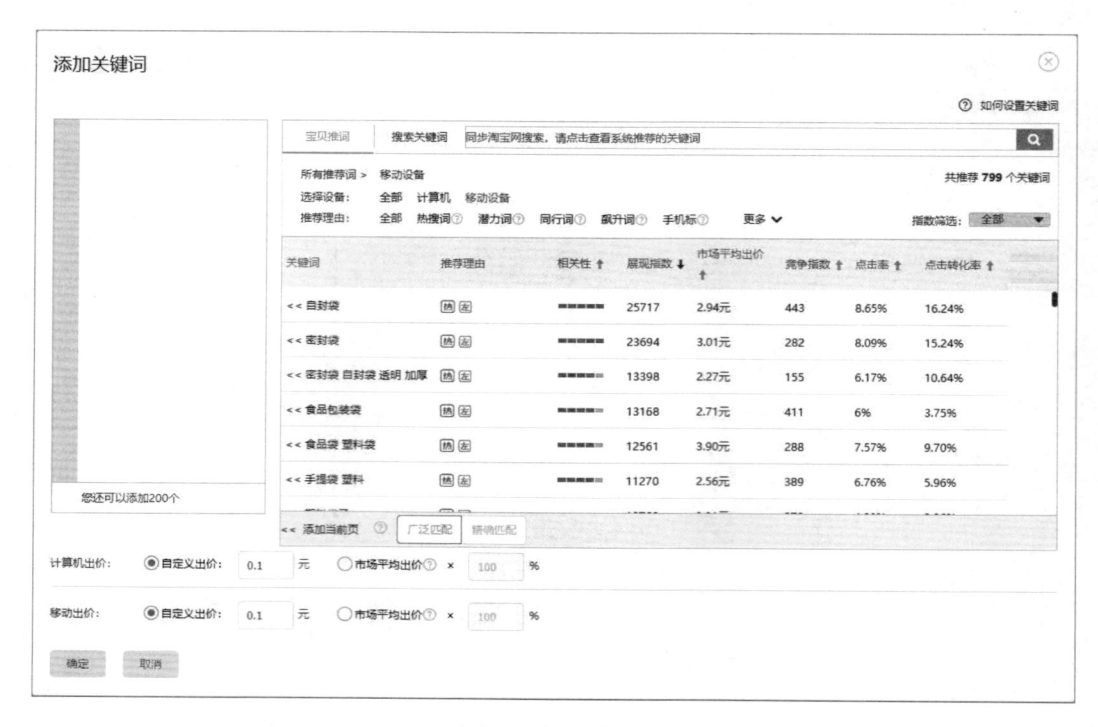

图 2-41　添加关键词

图 2-42　修改匹配方式

商家可以利用关键词的匹配功能控制流量，在流量需求不大时，可以采用精准匹配，这样可以获得相对较高的投入产出比。在投入产出比随着流量需求逐步上升的过程中，商家可以逐渐将关键词的匹配方式调整为广泛匹配，这样关键词可以获得更多的展现量，满足更高的流量需求，但也会因为关键词的展现范围变宽使投入产出比下降。

（5）进入推广单元

进入"推广"模块，单击设置的推广计划，如图 2-43 所示，再单击设置推广的产品，如图 2-44 所示，进入该推广单元，如图 2-45 所示。

状态	推广计划名称	计划类型	分时折扣	日限额	展现量↑	点击量↑	点击率↑	花费↑
暂停	手淘首页10抽	标准计划	100 %	50元	-	-	-	-
推广中	10抽智能推广	智能计划	100 %	101元	959	106	11.05%	74.04
推广中	10抽测图	标准计划	100 %	100元	2,124	92	4.33%	96.99

图 2-43　单击设置的推广计划

状态	推广单元	营销场景	推广主体	展现量	点击量	点击率	花费	投入产出比
推广中	顽皮猴婴儿手口屁专用湿纸巾10抽小包… 68元	宝贝测款	普通宝贝	2,124	92	4.33%	￥96.99	1.08

图 2-44　单击设置推广的产品

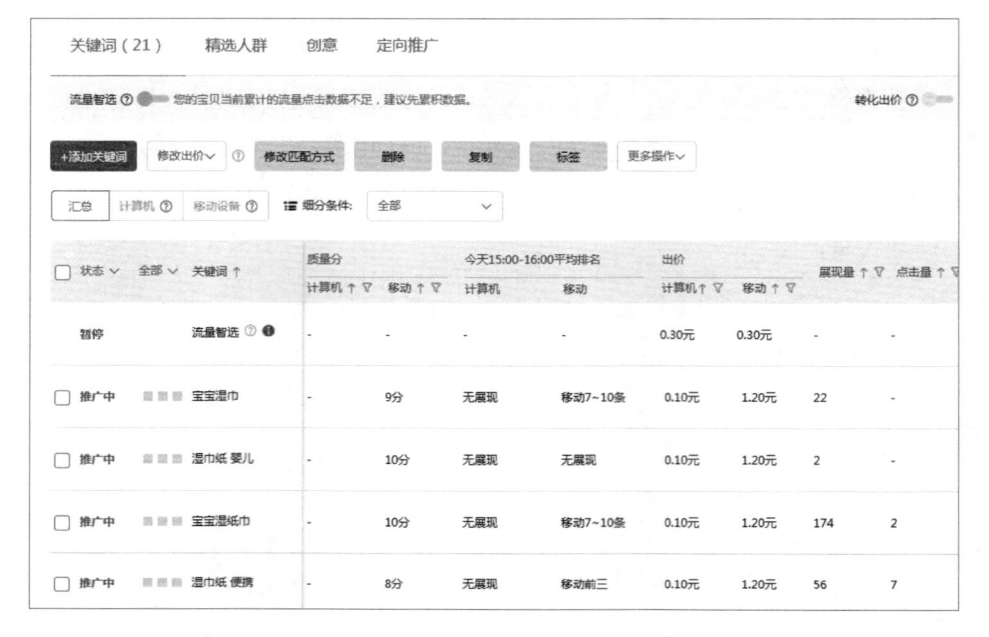

图 2-45　推广单元

（6）修改关键词出价

在进入推广单元后，商家可以对设置的关键词修改出价，如图 2-46 所示。

图 2-46　修改关键词出价

直通车排序规则为出价×质量得分，商家可以根据计算结果高低进行展位排序。

关键词的出价会影响到产品排名，排名越高，商家获取流量的能力越强。商家可以根据流量的需求调整关键词的出价范围，以满足产品的流量需求为准。

同时，在图2-45中，商家可以看到所添加的关键词的质量得分，关键词的质量得分越高则获得相同排名展位的出价就越低。质量得分会影响直通车无线端的展现，具体的展现逻辑如表2-1所示。

表2-1 无线端展现逻辑

无线端质量分	1	2	3	4	5	6	7	8	9	10
无线端展现逻辑	无展现机会					有展现机会	首屏展现机会			

小技巧：

① 直通车展位排名对点击率的影响非常大，排名靠前，点击率也会得以提升，首位的点击率是所有展位中最高的。建议前期在提升质量得分阶段，可以提高关键词排名，以更快获得高点击率，提高质量得分。

② 点击关键词，商家可以直接打开流量解析工具，查询该关键词的行业数据。

（7）更改创意

如图2-47所示，单击"创意"进入创意设置页面，修改、上传已经准备好的创意图片及创意标题。

创意由创意图片与创意标题组成，每个产品商家最多可以上传4组创意进行推广展现，有些类目的产品可以上传竖图作为创意展现。在达到一定的要求后（由于要求经常发生变化，具体要求请查看直通车后台），商家可以本地上传创意，不占用产品主图。

在"流量分配"选项中，可以设置"优选"与"轮播"两种创意展现方式，如图2-48所示。

① 优选：系统优选一个历史数据表现较好的创意进行集中展现，对定向推广位置不生效。

② 轮播：系统会根据创意上传的个数自动将流量平均分配给每个创意进行展现。

图 2-47　创意设置页面

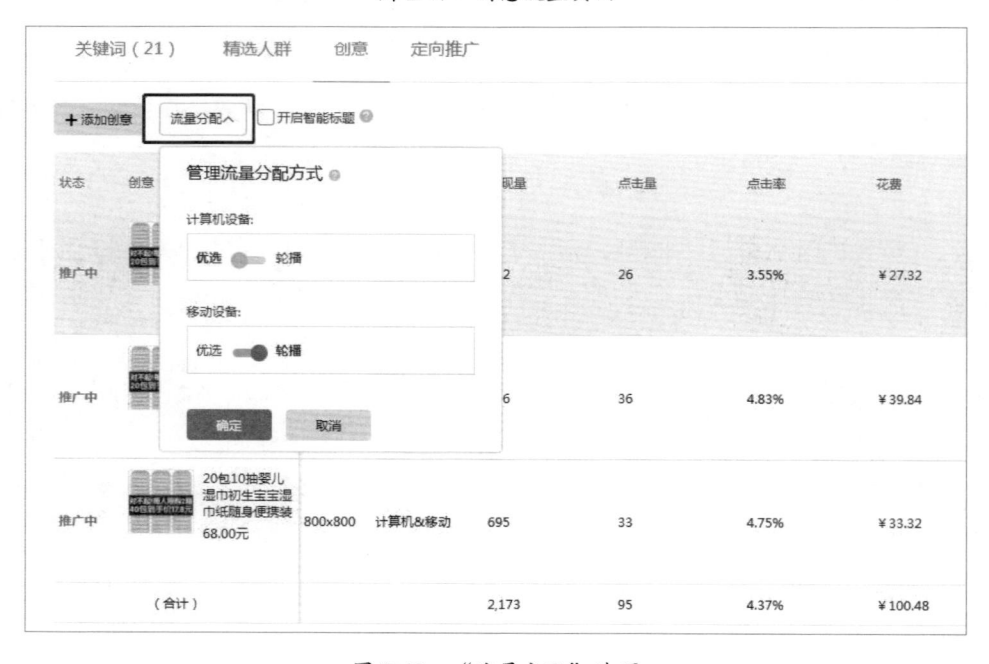

图 2-48　"流量分配"选项

值得注意的是,"优选"的质量得分权重会按点击率最高的创意进行计算,而"轮播"的质量得分权重会按点击率最低的创意进行计算。通常产品在推广前期,商家采用轮播创意展现方式进行测试创意的点击率,这样不同创意的展现条件基本相同,测试的数据更准确。后期推广一般采用优选创意展现方式。

直通车系统提供了智能标题的功能,如图 2-49 所示,智能标题即系统会根据人群偏好,自动生成对应的展示标题,该标题不会影响质量得分的相关性,商家可以根据具体的类目展示情况自行选择是否启用。

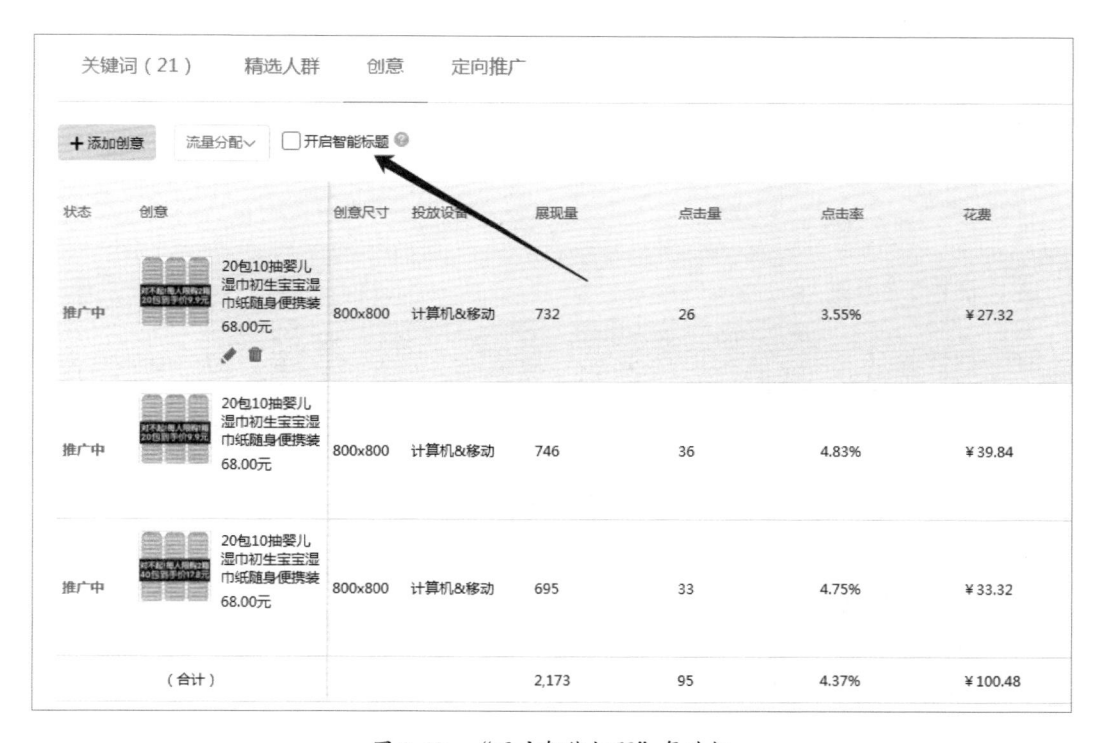

状态	创意	创意尺寸	投放设备	展现量	点击量	点击率	花费
推广中	20包10抽婴儿湿巾初生宝宝湿巾纸随身便携装 68.00元	800×800	计算机&移动	732	26	3.55%	¥27.32
推广中	20包10抽婴儿湿巾初生宝宝湿巾纸随身便携装 68.00元	800×800	计算机&移动	746	36	4.83%	¥39.84
推广中	20包10抽婴儿湿巾初生宝宝湿巾纸随身便携装 68.00元	800×800	计算机&移动	695	33	4.75%	¥33.32
(合计)				2,173	95	4.37%	¥100.48

图 2-49 "开启智能标题"复选框

(8)设置精选人群

在精选人群设置页面,如图 2-50 所示,商家可以指定自定义人群进行溢价,如图 2-51 所示,自定义人群包括风格、类目笔单价、性别、年龄、月消费额度等。商家可以根据自身产品特色与产品人群画像,定向人群溢价,以获得更高的点击率与投入产出比。

图 2-50　精选人群设置页面

图 2-51　设置定向人群溢价

小技巧：

① 商家可以通过低出价，高人群溢价的方式，实现只对某一类人群展现。如女性内衣的商家，可以通过对"内衣"这个词出价为 0.5 元，人群性别女溢价为 300%。这样在系统中就设置了对男性出价为 0.5 元，对女性出价为 2 元。由于对男性出价为 0.5 元，关键词出价过低，直通车展位较为靠后，一般不会出现或者出现少量的展现量，从而曲线实现了对某一类人群定向展现的功能。

② 如果商家不清楚自己的产品适合哪些人群，可以将所有有可能购买产品的人群都筛选出来，并进行 5% 的低溢价，进行一段时间的推广，数据量达到一定的基数，商家就可以从数据中分析出哪一类人群的点击率与转化率更高。

2.3.3 提高质量得分

通过前文讲解，我们知道了质量得分对于直通车关键词推广来说十分重要，质量得分提高，就能以更低的出价获得同样的推广排名。本节就为大家介绍如何提高质量得分。

1. 理解质量得分

（1）质量得分的来源

直通车是阿里巴巴销售广告展位的产品，其目的是为了在相同展现量的前提下，获取更高的收益。

例如，淘宝平台一天有 10 万人搜索了"湿巾"关键词，"湿巾"关键词的首个直通车展位就会有 10 万个展现量。直通车是一款按点击次数付费的推广工具，为了获得更高的广告收入，阿里巴巴必须将 10 万个展现量变成更多的点击量。因此，在直通车产品中，其核心算法是围绕提高直通车展位的平均点击率展开的，为了提高直通车展位的平均点击率，"质量得分"应运而生。

（2）质量得分的组成

阿里妈妈官方对质量得分的解释为："质量得分是系统估算的一种相对值，质量得分可以分为计算机设备质量得分和移动设备质量得分。质量得分是在搜索推广中衡量关键词、产品推广信息和淘宝网用户搜索意向三者之间相关性的综合性指标。以 10 分制的形式来呈现，分值越高，可以获得更理想的推广效果，其计算依据涉及了多种因素。”

衡量关键词、产品推广信息和淘宝网用户搜索意向三者之间相关性的综合性指标的含义如下。

① 确保商家推广的产品与关键词相互匹配，如不会出现搜索“七分裤”却出现“九分裤”的产品。在质量得分中，有关键词相关性与属性相关性两个参数。对于关键词相关性来说，推广的关键词要包含在直通车标题与产品标题中，否则关键词相关性就会降低。对于属性相关性来说，商家推广的关键词为“七分裤”，产品属性选择的是“九分裤”，则属性相关性会降低，从而降低该关键词的质量得分。

② 关键词与买家想找的东西相互匹配，直通车会将关键词与产品类目进行匹配。如搜索“内衣女”关键词，所展现的产品都是文胸类目下的产品而不是保暖内衣。如果是保暖内衣的商家，投放“内衣女”关键词，就很难获取展现量。直通车关键词的类目相关性高低，是根据该关键词在各类目中被点击次数占比的高低来计算的，商家可以在“流量解析”—“推广词表下载”—“相关类目下的热门词”中查看与该关键词相关性高的类目，如图 2-52 所示；或者在“生意参谋”—“市场”—“相关词分析”中查看该关键词相关性高的类目，如图 2-53 所示。

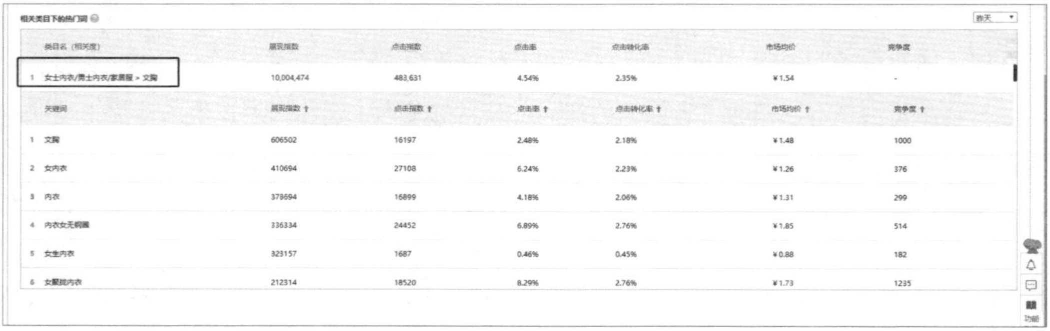

相关类目下的热门词　昨天

类目名（相关度）	展现指数	点击指数	点击率	点击转化率	市场均价	竞争度
1 女士内衣/男士内衣/家居服 > 文胸	10,004,474	483,631	4.54%	2.35%	¥1.54	-

关键词	展现指数	点击指数	点击率	点击转化率	市场均价	竞争度
1 文胸	606502	16197	2.48%	2.18%	¥1.48	1000
2 女内衣	410694	27108	6.24%	2.23%	¥1.26	376
3 内衣	378694	16899	4.18%	2.06%	¥1.31	299
4 内衣女无钢圈	336334	24452	6.89%	2.76%	¥1.85	514
5 女生内衣	323157	1687	0.46%	0.45%	¥0.88	182
6 女聚拢内衣	212314	18520	8.29%	2.76%	¥1.73	1235

图 2-52　查看高相关性类目方法一

③ 商家推广的产品和买家要找的产品匹配。商家推广的产品是买家所喜欢的，可以通过点击率、转化率、收藏率、加购率等数据计算出匹配程度。当所有展现量推广的产品点击率提高了，直通车所有展位的点击率也就提高了，自然阿里巴巴的广告收入也就提高了。

搜索词	搜索人气 ↓	搜索热度 ↕	点击率 ↕	点击人气 ↕	点击热度 ↕
背心男	11,514	22,016	83.80%	7,588	19,886
背心男	4,043	8,578	95.73%	2,772	8,361
背心男夏季	3,790	7,758	99.26%	2,568	7,725
健身背心男	3,185	7,878	126.81%	2,412	9,055
运动背心男	3,163	7,127	107.25%	2,269	7,427
羽绒背心男	3,135	7,816	122.87%	2,391	8,819
保暖背心男	3,122	6,992	100.23%	2,441	7,002

图 2-53　查看高相关性类目方法二

在类目、属性及标题相关性都准确的情况下，点击率至少占了质量得分 80% 的权重。因此，提高质量得分在很大程度上等同于提高创意的点击率。

总体来说，商家想要获得高质量得分，先要确保产品的属性及类目设置正确，所选取的关键词要与产品的属性及类目相关，且最好产品标题与直通车创意标题包含该关键词。以上述条件为前提，商家只需要提高点击率，关键词的质量得分就会快速提高。

2．产品竞争力是点击率的前提保证

影响直通车点击率的主要因素包括创意图片、产品竞争力、产品价格、推广排名、关键词、标题、售价、竞品、销量、产品所在地，如图 2-54 所示。

在这些因素中最重要的是产品本身的竞争力，如产品款式、功能、售价、销量等。当商家的产品竞争力较弱时，对买家的吸引力不足，点击率会降低。商家若想提高产品竞争力，一定要多了解市场，了解竞争环境。所以选品是直通车推广的核心，一款有竞争力的产品，会起到事半功倍的效果。

当商家不知道主推什么产品时，可以通过直通车引流的方式先行测试，选取点击率、转化率、收藏率等数据较好的产品进行推广。

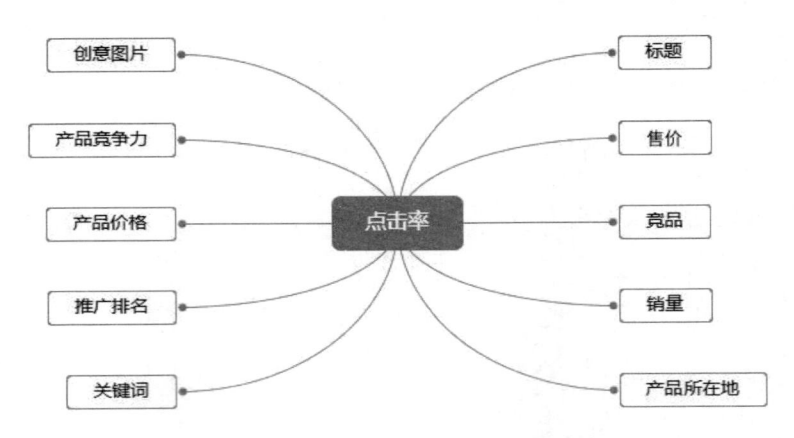

图 2-54 影响直通车点击率的主要因素

3．提高质量得分的方法

商家想要提高质量得分，就要获得更高的点击率，下面介绍几种常见的提高点击率的方法。

（1）通过测图，用数据选取点击率高的创意图

商家可以制作多组创意，在其他因素相同的情况下同时轮播，当每个创意超过一定基数时（基数过小，波动较大，参考性低），对比几组创意的点击率，挑选点击率高的创意作为日常推广使用。

（2）好的创意标题可以提高点击率

商家应尽可能地利用好的创意标题表现出产品的核心竞争力，如"顺丰包邮""拍下减10元""聚划算"等均有可能提高点击率，同时又要尽可能地覆盖要推广的关键词，以免影响关键词标题相关性。

（3）通过优化投放地域提高点击率

商家可以根据自身产品的特点，结合流量解析中的地域透视及产品的直通车地域报表，关闭点击率低的区域投放，从而提高整体点击率。

（4）通过优化人群溢价提高点击率

商家可以将适合产品的人群进行溢价，等数据累积到一定基数后，删除点击率较差的人群溢价，从而提高整体点击率。

（5）理解质量得分的权重组成

质量得分的权重分为账户权重、计划权重、单元权重、创意权重、关键词权重。

① 账户权重：直通车账户的所有推广计划点击率均较高，则账户权重较高。

② 计划权重：同一计划的推广单元（产品）点击率均较高，则计划权重较高。

③ 单元权重：所推广产品点击率、转化率等销售数据较高，则单元权重较高。

④ 创意权重：创意点击率较高，则创意权重较高（值得注意的是，优选的创意展现方式，创意权重会取点击率最高的创意，轮播的创意展现方式，创意权重会取点击率最低的创意）。

⑤ 关键词权重：某个关键词的点击率越高，则该关键词的权重越高。

最终一个关键词的质量得分为以上权重相加之和。所以理论上将点击率较高的产品放在同一个计划，尽量保持大部分计划有较高的点击率，能提高一定的质量得分。将一个新款产品，放在一个历史点击率较高的计划中，其关键词初始得分也会较高。

2.3.4 直通车智能推广计划

直通车智能推广（原直通车批量推广工具）于 2018 年上线，以简单便捷的操作技巧，系统高效的优化能力，极大地缓解了广大中小商家因直通车操作技巧、能力和精力不足带来的推广效果较差的矛盾，本节为大家介绍智能推广计划的建立流程。

1. 建立智能推广计划

（1）设置营销场景和推广方式

智能推广计划的营销场景分为以下 3 种，商家可根据自身需求，设置营销场景。

① 日常销售—促进成交：以提升货品销售为主要目标，选取高精准性和高转化性关键词及人群，辅助对应的出价，提升转化效果。

② 宝贝测款—均匀快速获取流量：快速均衡流量引入测款宝贝，快速掌握测款数据。

③ 活动场景—促进活动爆发：以活动前快速获得较大流量为目标，针对活动的相关兴趣人群，提高商家在活动爆发期的流量。

推广方式选择"智能推广",如图 2-55 所示。

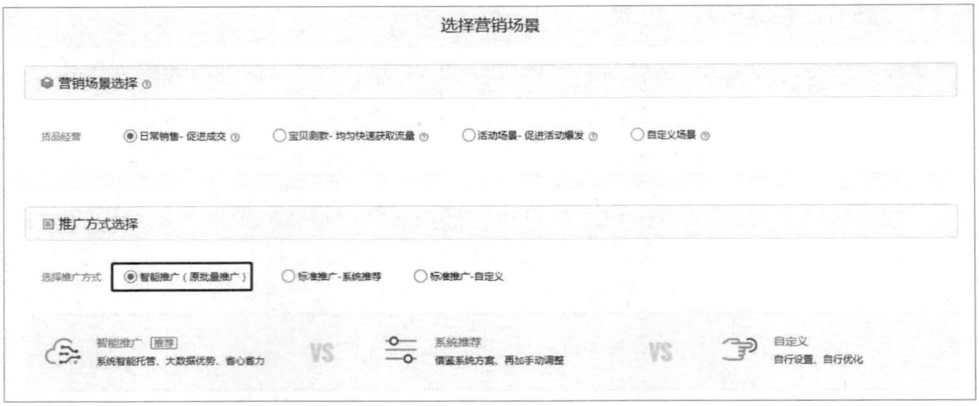

图 2-55　选择"智能推广"方式

(2)推广设置

如图 2-56 所示的页面,商家根据自身需求设置即可。

图 2-56　推广设置

（3）设置推广方案

如图 2-57 所示的页面，商家可以设置计划的出价上限，并选择"添加自选词"，自选词为商家希望系统匹配到的关联性较强的关键词。

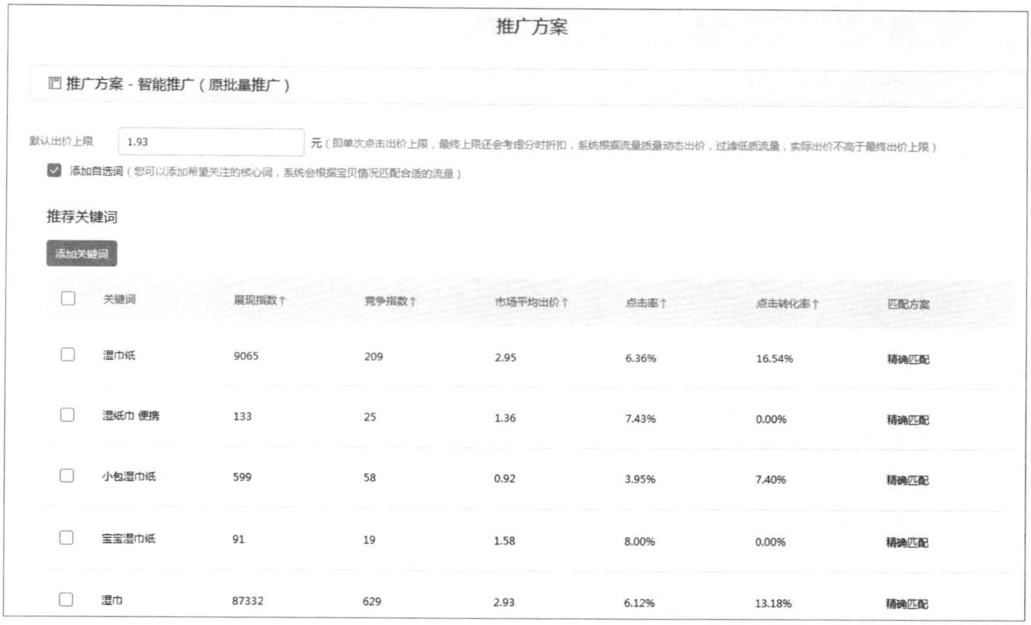

图 2-57 设置推广方案

（4）调整创意

商家在完成智能推广计划的创建后，可以进入计划，调整投放产品的创意图片及标题，如图 2-58 所示，以获得更好的推广效果。

2．智能推广计划的特点

智能推广工具在推广设置上，简化了商家的操作。商家在建立智能推广计划时，只需要进行营销场景、推广产品、预算金额的设置即可完成推广设置；只需要调整出价上限、分时折扣、地域投放即可完成日常优化。如关键词选择、人群标签选择与溢价设置、编写创意标题等相对复杂的操作均有系统完成并自动优化，极大地提高了推广效率。

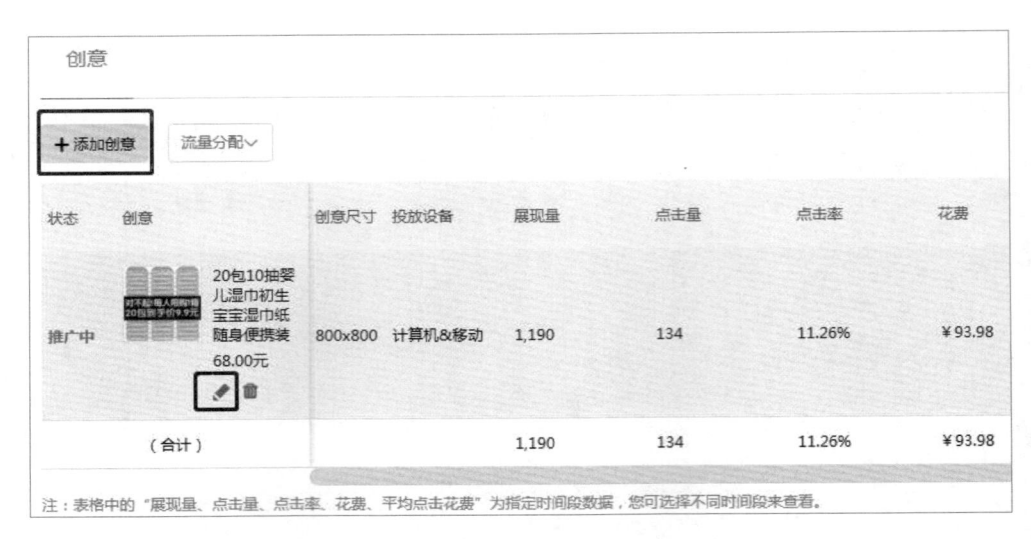

图 2-58　调整投放产品的创意图片及标题

3. 智能推广计划的优化手段

（1）添加关键词投放

智能推广计划也可以添加关键词投放，如图 2-59 所示，但与标准计划不同的是，智能推广计划的关键词以计划为单位，商家可以尝试在智能推广计划中添加效果较好的关键字投放。

图 2-59　添加关键词投放

（2）调整地域投放、分时折扣和出价上限

智能推广计划商家可以根据推广报表的数据调整产品的投放地域和分时折扣，进而提升产品的推广效果。商家也可以通过调整出价上限控制产品的平均扣费水平，调整展现量和投入产出比（提高出价，展现量变大，投入产出比降低，反之亦然）。

（3）不同的产品创建不同的智能推广计划

不同的产品在同一个出价水平的智能推广计划中，必然会呈现出不同的效果。效果好的产品可以保留，效果不好的产品可以删除，或者新建一个智能推广计划设置更合适的出价上限继续测试优化，直至达到预期效果为止。

2.3.5 直通车定向推广计划

关键词的搜索推广可以根据关键词的设置来精准定位目标消费群体。定向推广计划却有着不同的特征，其在一个展现环境中，产品的坑位数越少，流量的爆发性越强。系统根据消费者的浏览行为分析其购买意向，为其呈现匹配合适的产品。图 2-60 所示为定向直通车后台展示。

图 2-60　定向直通车后台展示

定向推广计划会根据买家浏览购买习惯和对应网页内容，由系统自动匹配出相关度较高的产品，并结合出价及产品推广带来的买家反馈信息进行展现；出价高、买家反馈信息好，定向推广计划展现概率就大。同时，系统会根据产品所在类目的属性特征及标题匹配产品，产品属性填写越详细，被匹配概率就越大。

小技巧：定向推广计划的数据与关键词推广计划的数据不互通，商家不必担心定向推广计划的低点击率会降低关键词推广计划的质量得分。

1．建立定向推广计划

由于定向推广计划与关键词推广计划，其权重体系相互独立，在同一计划下，不会相互提高权重。为了更方便地管理定向推广计划，建议商家单独开设定向推广计划。

（1）新建标准推广计划

定向推广计划也属于标准推广计划，因此，商家在新建标准推广计划时，可以选择自定义推广方式，如图 2-61 所示。

图 2-61　选择自定义推广方式

（2）推广设置

该处设置与标准的关键词推广计划相同，如图 2-62 所示，商家根据推广产品的特点进行相应设置即可。

图 2-62　推广设置页面

单击"下一步"后,关键词部分无须添加,在"定向推广"一栏中,如图 2-63 所示,智能投放出价即为定向推广的默认出价。

(3) 设置投放人群

在定向推广计划中,人群标签分为访客定向和购物意图定向两大类。商家可以通过访客定向和购物意图定向圈定推广人群。

访客定向分为喜欢我店铺的访客和喜欢同类店铺的访客,如图 2-64 所示。喜欢我店铺的访客即浏览、收藏、加入购物车、购买过我店铺产品的访客。喜欢同类店铺的访客即拥有相似客户群店铺的访客。

图 2-63　定向推广的默认出价

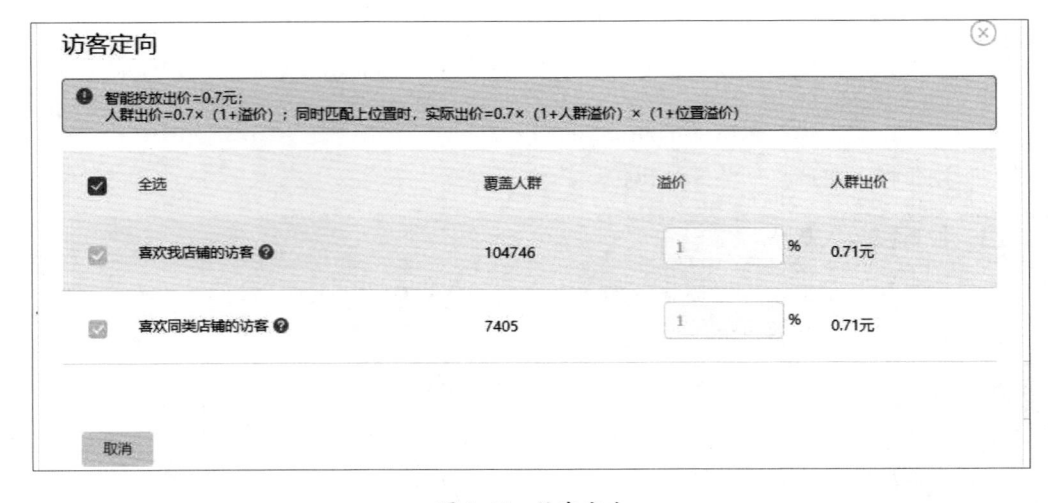

图 2-64　访客定向

购物意图定向是指系统认为商家的产品与买家偏好的某些产品属性相关，就会为商家的产品增加该购物意图兴趣标签，商家可以对这些标签进行溢价，以获取更高的展现指数，如图 2-65 所示。一般来说，定向推广计划的时间越长，商家的产品兴趣标签越多，可以进行定向推广的人群也会随之增加。

图 2-65　购物意图定向

此处建议商家，将所有的访客定向和购物意图定向均进行低溢价（可以设置为 1%），方便后期查看数据以便优化定向推广计划（如无设置溢价，将无数据透出）。

（4）展示位置

直通车定向推广计划除了可以对通投位置（通投位置涵盖全网站内站外优质流量资源位，包括淘宝首焦、猜你喜欢等）进行溢价，还可以对以下的资源位进行溢价。

PC 端：淘宝首页—热卖单品、购物车—掌柜热卖、收藏夹—热卖单品、淘宝首页—猜你喜欢、我的淘宝—物流详情、我的淘宝—已买到的宝贝等。

无线端：手淘首页—猜你喜欢、手淘—购中猜你喜欢、手淘—购后猜你喜欢、手淘消息—淘宝活动、手淘—淘好物活动等。

其中定向推广计划最大的展位为手淘—猜你喜欢，展位有带有 HOT 标志的，即为直通车定向展位，如图 2-66 所示。由于各个展位的展现位置不同，展位的点击率及转化率都有较大差异，商家可以根据流量需求及 ROI 要求，选择相应的展位并进行溢价。

图 2-66 手淘直通车定向展位

（5）设置创意

定向推广计划的创意图片与标题的设置、关键词推广略有不同，商家需要注意以下 3 项内容。

① 关注创意标题的字符数。由于展现位置不同，标题能显示的字符数可能会存在差异，商家需要注意主要投放展位标题的字符数，避免出现只显示部分标题核心内容的情况，如图 2-67 所示。

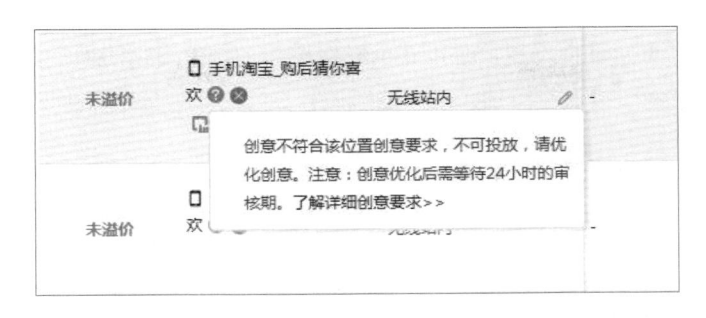

图 2-67　不符合展位创意图片要求提示

② 标题偏向营销信息。由于定向推广计划无须关注关键词的标题相关性，因此建议商家在制订定向推广计划时，标题可以透出更多卖点或者利益点，从而提高点击率。

③ 创意图片要求。定向推广计划中的无线端展位（展位后会显示对号或错号），对创意图片有一定要求，如浅色背景图（可以使用场景图，但避免色调过深）、无牛皮癣（牛皮癣即大块的标签贴）、无边框无水印、少文字、图片的分辨率要高等。

除此之外，一些特殊类目，如成人用品等，不会出现在手淘首页—猜你喜欢等定向展位。

2．定向推广计划的优化

定向推广计划在前期推广时，由于无历史数据，定向的人群池会相对较少，商家前期获取的流量也较低，随着推广时间的增加，定向的人群池也会逐步增加，产品能获取到越来越多的定向推广流量，此时流量的转化数据有高有低，商家需要进行调整优化，以获得更高的投入产出比。

（1）出价策略

在操作定向推广时，商家可在前期低出价高溢价，目的是为了定位好优质人群，获取更好的点击率和转化数据，更快地获取更多的人群池，到中后期可逐步降低溢价比例。

（2）日限额

定向推广的日限额需要根据自身情况来定，也可以根据具体类目来定，前期日限额不宜设置过高，可随时间增长逐步提高，使定向推广的流量有稳步上升的趋势。随着直通车计划权重的增加，点击量会逐步上升，甚至成倍增长。如果商家的预算资金有限，建议在竞争相对较小的时间段投放日限额，尽可能地避开高峰时段投放日限额。

（3）根据投入产出比数据进行优化

查看通投和其他展位的平均点击花费、投入产出比数据，将平均点击花费过高、投入产出比低的展位降低溢价，提高平均点击花费和投入产出比高的展位溢价。同理，也要根据平均点击花费和投入产出比数据调整访客及购物意图溢价。

2.4 直通车数据分析及操作优化

2.4.1 直通车数据分析

1. 目的

数据分析是通过在直通车推广过程中获得的数据反馈评估推广效果。商家根据数据反馈采取相应的优化措施，再通过数据反馈衡量调整措施的有效性，并且通过不断地调整和评估，获得更好的推广效果。

2. 原则

在数据分析的过程中，商家要把握以下3项基本原则。

（1）数据的基数要大

如果数据的基数较小，无法反映指标的真实情况。例如，展现量为2次，点击量为1次，这时点击率数据呈现为50%，这个数据指标无法反映点击率的真实情况。商家要适当延长数据获取周期，以获得更大的数据基数，评估指标的实际情况。

（2）每个阶段要关注的重点数据不同

商家初期要关注点击率，只有解决了点击率的问题才能提高点击量，从而降低平均点击单价。商家解决了点击率和点击量的问题后，将优化的重心要转移到转化率，进而提高投入产出比。

（3）分析数据得出结论

商家对数据进行分析之后，总结出结论。商家只有先得出了结论才能有相应的解决方案，才能对数据进行优化。

2.4.2 核心指标的优化

1. 核心指标

直通车的数据项非常多，不同的数据指标之间也有关联，如展现量×点击率=点击量。在操作过程中需要抓住几项重点数据进行分析和解读。一般来说，商家可以通过点击量、点击率、平均点击单价和投入产出比四大核心指标进行持续地跟踪及优化，如图 2-68 所示。

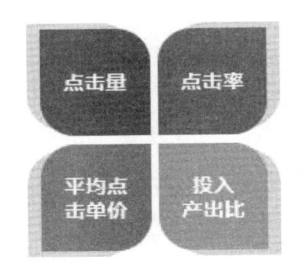

图 2-68　直通车四大核心指标

点击量代表流量获取情况，投放直通车广告的主要目的就是获取销售额和订单。产品被更多的人浏览之后，商家才会获得更多的销售机会，从而获得更高的销售额和订单数。

点击率代表产品流量获取能力。广告素材的质量越高，产品的吸引力越强，点击率就越高，流量的获取能力也就越强。

平均点击单价代表获取每个点击量支付的成本。在有限的预算内，每个点击量支付的成本越低，商家获取的流量就越多。

投入产出比代表投入广告预算后，商家获取的销售额产出比例。投入产出比越高，投入同样的广告预算后，商家获取的销售额就越高。

2. 核心指标的优化

点击率、点击量、平均点击单价与投入产出比之间相互联系。同一关键词如果想获取更多的点击量，则需要更高的排名，从而需要提高出价。当出价提高后，平均点击单价会提高。当平均点击单价提高后，投入产出比会下降。提高点击率会提高质量得分，降低平均点击单价，这样在同等预算下商家就可以获得更多的点击量，从而提高投入产出比。

（1）点击量

当点击量获取不足时，商家可以通过增加关键词、提高出价获取更高排名、增加投放地域和平台、增加投放时段、增加投放预算等形式来提高点击量。

在同等展现量的前提下，点击率越高，点击量越大。提高点击率会提高质量得分，从而使商家在相同预算中获取更多的点击量。

同一款产品可以同时开启的标准计划有关键词推广和定向推广，同时借助智能推广获取标准计划没有覆盖的关键词的流量。

（2）点击率

商家可以通过以下几点提高点击率。

① 提高产品竞争力。好的产品竞争力是推广的核心保障，起到事半功倍的效果。商家在推广时，应尽可能地优化成本、优化销售方案。如当供应链优势较强时，商家直接采取同款价更低的策略；当与同行比成本差不多时，商家采用送礼品、第二件半价或者其他优惠方案，提高产品竞争力。

② 调整产品创意图片和标题。调整产品创意图片的颜色、文案、展示环境，优化素材使其与竞争产品形成差异化等形式，提高创意点击率。优化标题，突出产品卖点及利益点等营销信息，也可以在一定程度上提高点击率。商家采用以上方式，一定要经过测图，用数据证明新调整的方案数据更高，才可以修改。

③ 优化地域设置。通过直通车地域报表，关闭点击率较差地域的直通车投放。

④ 通过查看人群标签数据，筛选出点击率较好的人群。降低关键词出价，通过对点击率较高的人群进行溢价，进一步提高点击率。

⑤ 筛选关键词。不精准的关键词通常点击率较低。由于行业热词过于宽泛，搜索热词的买家其需求不明确，点击率一般也偏低，如果不寻求大流量，可少用行业热词，多用

精准词。同时，需要考虑关键词的竞争环境，有些关键词虽然是精准词，但是由于该词在竞争环境中，都是竞争力更强的产品，如同款价更低等，其点击率与转化率可能会比行业热词更低。

⑥ 提高关键词排名。关键词排名越高，点击率越高，首位点击率最高。但是提高关键词排名意味着会提高平均点击单价，因此商家需要综合考虑，建议商家在推广初期时，尽量提高关键词排名，提高点击率，从而快速提高质量得分。

当产品的单价较高时，可能会出现无论怎么优化，点击率总是低于行业均值，这是由于市场接受人群较小。可能100个搜索买家，只有10个买家有消费能力，而刚好喜欢你的产品的买家，可能只剩下了两个。此时，商家在尽量提高点击率的同时，可以通过优化人群溢价，提高投入产出比。

（3）降低平均点击单价

降低平均点击单价有两种方式，即提高质量得分和降低出价。

通过直通车的扣费公式（实际扣费=下一名出价×下一名质量得分/你的质量得分+ 0.01）可以看出，提高质量得分是降低平均点击单价最直接的方式。质量得分也基本等同于点击率，所以降低平均点击单价，也可以理解为需要提高点击率、降低出价。

出价意味着平均点击单价的上限，出价降低了，平均点击单价也就降低了。如果每天直通车的预算在标准投放模式下很早就花完，在不降低点击率的前提下（受排名降低影响，点击率会下降），可以降低出价，最好能在接近晚上12点时花完预算，这样可以在相同的预算下，尽可能地降低平均点击单价，从而获得更多的点击量。

（4）提高投入产出比

投入产出比=销售额/推广费用=访客×转化率×客单价/推广费用

从公式中可以看出，商家要想提高投入产出比，需要在推广预算中，尽量降低平均点击单价，尽可能多地获取点击量（访客数），同时还需要提高转化率，提高客单价。由此可以看出，投入产出比的提高是数据优化的最终目标，也是各项数据指标优化后得到的结果数据。

（5）平衡点击量、平均点击单价与投入产出比

商家想要获取更多的点击量，则需要更高的排名，从而需要提高出价。出价提高后，平均点击单价必然会提升。平均点击单价提升后，投入产出比必然会下降。

　　在不同的阶段，商家对某一产品的付费流量需求是不同的，因此投入产出比在特定时期并不是说一定要越高越好。在产品初期与上升期，商家可能需要更多的流量，需求点击量越多，平均点击单价则会升高，投入产出比则会下降，与此同时，产品销量的增长会提高搜索权重与产品的整体销售额。产品到了成熟期，有了稳定的免费流量后，商家对付费流量的需求会逐步降低，因此，更多的商家会在此时牺牲点击量而追求较高的投入产出比。

本章总结

　　本章首先介绍了直通车的定义及基本原理，从如何帮助商家在多渠道引流（淘宝内部、站外、无线）等方面说明了直通车的优势，并进一步对直通车基本操作流程做了详细说明，总结了后台准备、推广策略、提升质量得分等环节的关键技巧。直通车数据分析与操作优化是目前广大商家非常关注的问题，本章专门分析了如何选取及解读数据，并给出了对应的优化方案。通过本章的学习，可以让读者全面地掌握直通车的工作原理与运用技巧。

本章习题

1．直通车首次账户充值不得低于（　　）。

A．200元　　　　　　B．300元　　　　　　C．500元

2．直通车是按（　　）方式进行扣费的。

A．点击扣费　　　　　B．千次展现付费　　　C．成交付费

3．下面（　　）指标可以作为推广产品的标准。（多选）

A．点击率高　　　　　B．转化率高　　　　　C．PPC低

4．影响质量得分的因素有（　　）。（多选）

A．相关性　　　　　　B．创意质量　　　　　C．买家体验　　　　　D．关键词出价

5．智能推广计划有（　　）优化方式。（多选）

A．调整分时折扣　　　　　　　　　　　　　　B．调整出价上限

C．添加自选关键词　　　　　　　　D．提高质量得分

6．下面（　　）指标是直通车跟踪及优化的核心指标。（多选）

A．点击量　　　B．点击率　　　C．平均点击单价　　　D．投入产出比

7．点击率的优化主要可以通过（　　）几个方面进行。（多选）

A．创意优化　　　　　　　　　　B．优化标题

C．优化地域　　　　　　　　　　D．降低关键词出价

8．一般来说，推广策略可以分为_____、_____、_____。

9．质量得分的相关性主要包含_____、_____、_____、_____。

10．直通车推广主体是_____。

第 3 章

智 钻

3.1 智钻概况

目前，智钻推广可以是图片、文字、短视频。首先，图片推广方式是传统智钻提供的基础展示方式，随着内容的深化，现在智钻增加了文字推广，即人们常用的微淘、有好货等推广形式多以图文为主。其次，随着短视频和直播的兴起，用户迅速地接受了这些新兴的视频类广告，所以智钻已经增加了这部分的展现形式。

智钻从原来的只有全店推广方式，到目前有全店推广、单品推广、内容推广、直播推广、视频推广等多种丰富的推广方式来满足商家日益变化的推广需求，帮助商家更好地利用智钻推广工具实现更高效、更精准的数字营销。

3.2 智钻构成要素介绍

3.2.1 智钻基础结构

智钻构成要素主要由全店推广、单品推广、内容/视频推广、直播推广等多种丰富的推广方式构成，下面简单介绍每种推广方式的结构。

1. 全店推广

全店推广主要包含常规场景、营销目标、生成方案、计划名称、付费方式、地域设置、时段设置、投放日期、投放方式、出价方式、每日预算、单元名称、设置定向人群、选择投放资源位、设置出价、添加创意。

2. 单品推广

单品推广主要包含常规场景、营销目标、生成方案、目标人群、计划名称、地域设置、时段设置、投放日期、每日预算、单元名称、设置推广宝贝、设置定向人群、设置出价、选择投放资源位、设置出价、添加创意。

3. 内容/视频推广

内容/视频推广主要包含常规场景、生成方案、计划名称、付费方式、地域设置、时段设置、投放日期、投放方式、出价方式、每日预算、单元名称、设置定向人群、选择投放资源位、设置出价、添加创意。

4. 直播推广

直播推广主要包含计划名称、付费方式、地域设置、时段设置、投放日期、投放方式、出价方式、每日预算、单元名称、设置定向人群、选择投放资源位、设置出价、添加创意。

3.2.2 智钻结构的参数设置

从上文可知，人们看到智钻在不同推广方式中的构成要素会有差异，其中不同推广方式具体的构成要素的内容选择也会有差异。

1. 常规场景

全店计划的常规场景细分为日常销售、认知转化、拉新、老客户召回、自定义、淘外拉新；单品推广的常规场景细分为日常销售、认知转化、拉新、老客户召回、自定义；内容推广的常规场景细分为吸引新客户、维护老客户、有好货；视频推广的常规场景只有潮流媒体曝光，而直播推广没有常规场景选择。

拉新的含义是把潜在客户变成现有客户（成交用户和认知用户），认知转化的含义是把认知用户变成成交用户；老客户召回的含义就是把成交用户重新回流；日常销售主要围绕店铺认知用户和成交用户的投放兼顾一定的拉新比例，不同场景对应不同人群，如图 3-1 所示。

场景名称	对应人群
日常销售	广泛未触达、精准未触达、触达用户、认知用户、成交用户
认知转化	触达用户、认知用户
拉新	广泛未触达、精准未触达、触达用户、认知用户
老客户召回	成交用户
合约保量	广泛未触达、精准未触达、触达用户、认知用户、成交用户
拉新保量	广泛未触达、精准未触达、触达用户、认知用户
淘外拉新	广泛未触达、精准未触达、触达用户、认知用户

图 3-1 场景对应人群

2. 营销目标

营销目标细分为促进进店和促进购买，不同的场景选择不同的目标。促进进店是系统以进店量为目标进行优化的，适合店铺拉新。促进购买是系统以成交量为目标进行优化的。

3. 目标人群

目标人群细分为未触达用户、触达用户、认知用户、成交用户。触达用户是在广告触达的所有用户中，除店铺的认知用户和成交用户外的所有用户。认知用户是15天内有广告点击/内容渠道（如淘宝头条、微淘）浏览互动/进店/搜索/点击行为的用户，或者90天内有过收藏/加购行为的用户，或者180天内有店铺下单（未付款）行为的用户。成交用户是180天内对商家的店铺宝贝有购买行为的用户。

4. 计划名称和单元名称

这里要求商家在推广时建立便于识别和优化的名称，通常商家都会以数字顺序+投放目的+定向内容+时段/地域+特殊备注来命名。

5. 地域设置和时段设置

商家主要是根据投放的具体需求来做选择和设置的。

6. 付费方式

全店推广、内容推广及直播推广有 CPM 和 CPC 两种付费方式，单品推广只有 CPC 付费方式，视频推广只有 CPM 付费方式。

7. 投放日期

商家主要是根据不同的投放周期来做选择的，尽量设置较长的投放周期。

8. 投放方式

投放方式主要细分为尽快投放和均匀投放两种。尽快投放是遇到合适流量，在预算集中时投放；均匀投放是全天预算平滑投放。

9. 出价方式

出价方式主要细分为手动出价和自动出价两种，商家可以根据自己的投放能力进行选择。无经验的商家可以选择自动出价，有经验的商家可以选择手动出价。

10. 每日预算

商家根据自己的投放需求进行每日预算，智钻投放常规的每日预算思路是先小量测试，然后根据数据具体的反馈来判断是否需要进一步增加预算或预算的具体分配。

3.2.3 智钻结构的定向原理

在全店推广、内容/视频推广和直播推广中，设置定向人群的主要内容包括通投、智能定向、重定向、拉新定向、达摩盘和单品定向。

1. 通投

通投不限人群投放，如图 3-2 所示，所有人都可以看到，一般很少使用，商家可以自由地选择关闭通投，在系统默认状态下通投是关闭的。

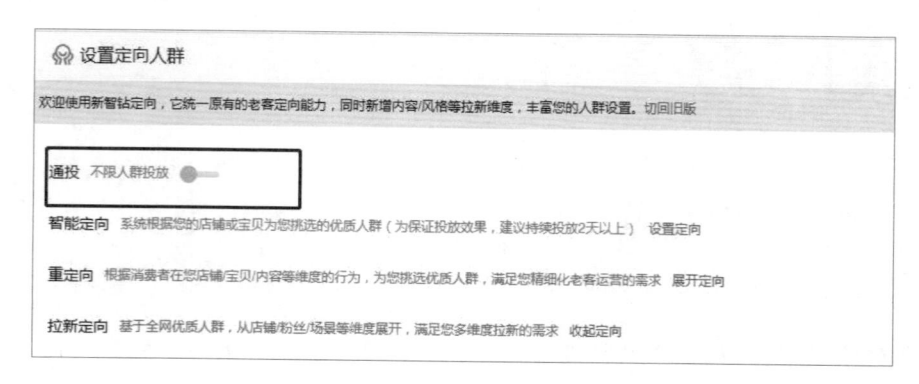

图 3-2　通投

2. 智能定向

智能定向是系统根据您的店铺或宝贝为您挑选的优质人群（为保证投放效果，建议持续投放 2 天以上），智能定向一般是结合场景来搭建计划的，商家需要明确场景建立智能定向，对于新手或者经验不足的商家可以优先选择智能定向。例如，商家选择拉新场景，可以看到人群数量减少了，这就是交集关系。智能定向可以细分为"店铺优质人群"、"宝贝优质人群"和"店铺扩展人群"，如图 3-3 所示为智能定向。

图 3-3　智能定向

在 CPM 模式中，智能定向分为"店铺优质人群"和"宝贝优质人群"，如图 3-4 所示。在 CPC 模式中，智能定向分为"店铺优质人群"、"宝贝优质人群"和"店铺扩展人群"，如图 3-5 所示。（店铺优质人群是系统根据您的店铺现状为您挑选的优质人群，勾选店铺时建议您投放到店铺页面效果更佳，通常用来做认知转化和老客户召回。宝贝优质人群是系统根据您选择的宝贝为您挑选的优质人群，勾选宝贝时建议您投放到宝贝详情页效果更佳，通常用来做认知转化和老客户召回。店铺扩展人群是系统根据店铺人群特征推荐的优质人群，通常用来拉新。）

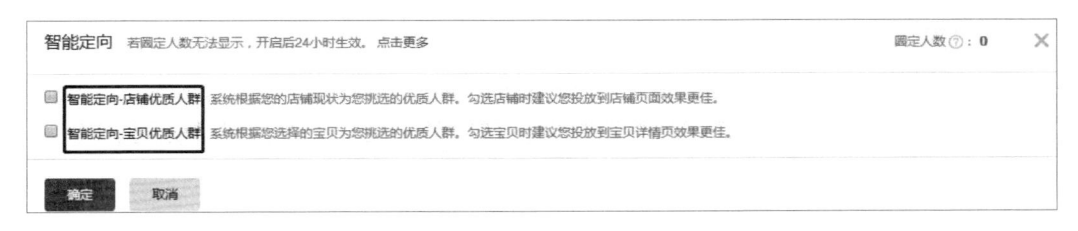

图 3-4　在 CPM 模式中的智能定向

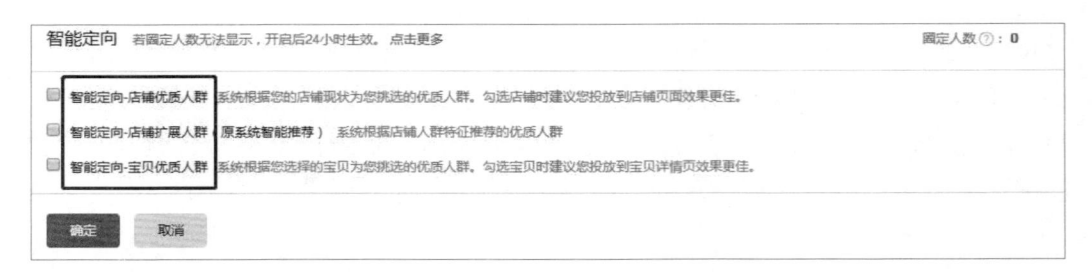

图 3-5　在 CPC 模式中的智能定向

3. 重定向

重定向是根据消费者在店铺/宝贝/内容等维度的行为，为您挑选优质人群，满足精细化认知和老客户运营的需求，如图 3-6 所示。

重定向	店铺关系	统一分层	潜在购买	加强购买	购买忠诚	购买流失
		自定义细分	浏览	收藏	加购	领券	成交
		指定自己的宝贝	宝贝1	宝贝2	宝贝3	宝贝4	更多
	粉丝关系	统一分层	活跃粉丝		沉默粉丝		潜在粉丝

图 3-6　重定向的细分

重定向根据客户与店铺的关系，粉丝与店铺的关系进行分类，人们针对上面的定向进一步细化来了解其含义，如图 3-7 所示。

图 3-7　重定向分类

（1）店铺人群

店铺人群分类如图 3-8 所示。

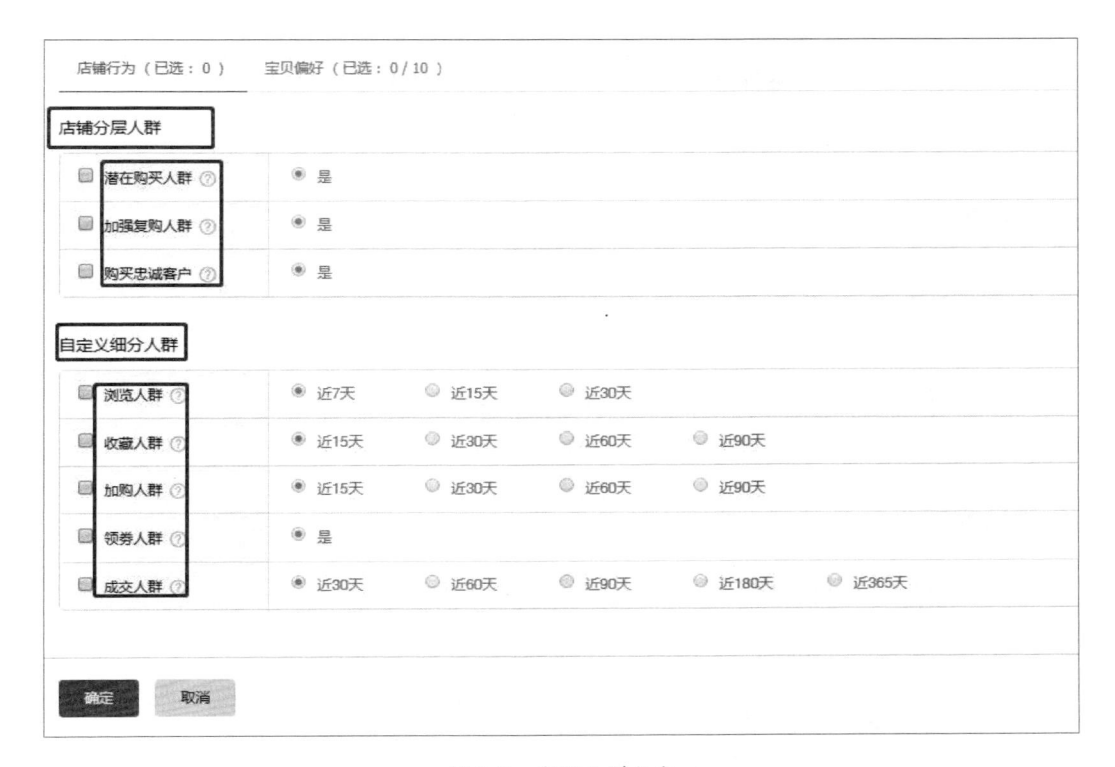

图 3-8　店铺人群分类

① 潜在购买人群：近 90 天对您的店铺、内容有行为的用户。

② 加强复购人群：近 365 天成交 1 次的用户。

③ 购买忠诚客户：近 365 天成交 2 次及以上的用户。

④ 浏览人群：所选时间内浏览过店铺相关页面的用户。

⑤ 收藏人群：所选时间内收藏店铺宝贝的用户。

⑥ 加购人群：所选时间内添加店铺宝贝进购物车的用户。

⑦ 领券人群：当前拥有有效未过期优惠券（含店铺优惠券、商品优惠券、包邮券）的用户。

⑧ 成交人群：所选时间内购买店铺宝贝且付款成功的用户。

（2）粉丝人群

粉丝人群分类如图 3-9 所示。

图 3-9　粉丝人群分类

① 潜在粉丝：近 30 天对您的店铺或内容有行为的非粉丝。
② 沉默粉丝：近 30 天对您的店铺或内容无任何行为的粉丝。
③ 活跃粉丝：近 30 天对您的店铺或内容有行为的粉丝。

4．拉新定向

拉新定向基于全网优质人群，从店铺/粉丝/场景等维度展开，如图 3-10 所示，满足您多维度的拉新需求。

图 3-10　拉新定向的细分

拉新定向分为 3 类，即店铺人群、粉丝人群和场景人群，如图 3-11 所示。

图 3-11　拉新定向分类

（1）店铺人群

店铺人群是从店铺/宝贝维度选择的人群，满足店铺的拉新需求，注意区分店铺集合人群和指定店铺人群。

店铺集合人群分类，如图 3-12 所示。

图 3-12　店铺集合人群分类

① 宝贝同质店铺：与本店宝贝相似度高的店铺。
② 买家人群同质店铺：与本店买家人群相似度高的店铺。
③ 浏览交叉店铺：本店访客近期浏览较多的其他店铺。
④ 购买流失店铺：本店访客近期购买较多的其他店铺。

商家还可以对店铺集合人群进行自定义设置，如设置主营类目、成交规模及客单价范围的差异化，如图 3-13 所示为自定义设置店铺集合人群。

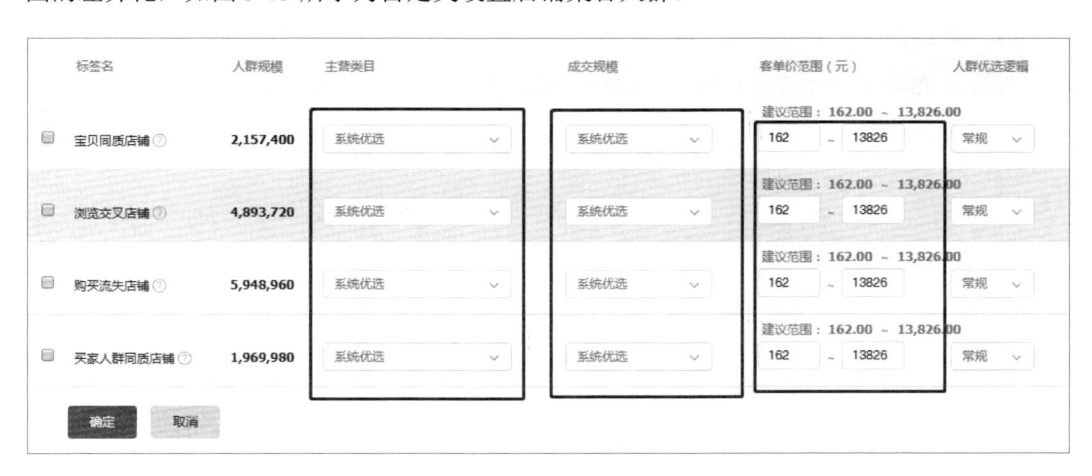

图 3-13　自定义设置店铺集合人群

指定店铺人群主要是通过访客定向来选择自己想要选择的店铺。商家可以通过客单价范围及主营类目选择指定店铺，如图 3-14 所示为访客定向。

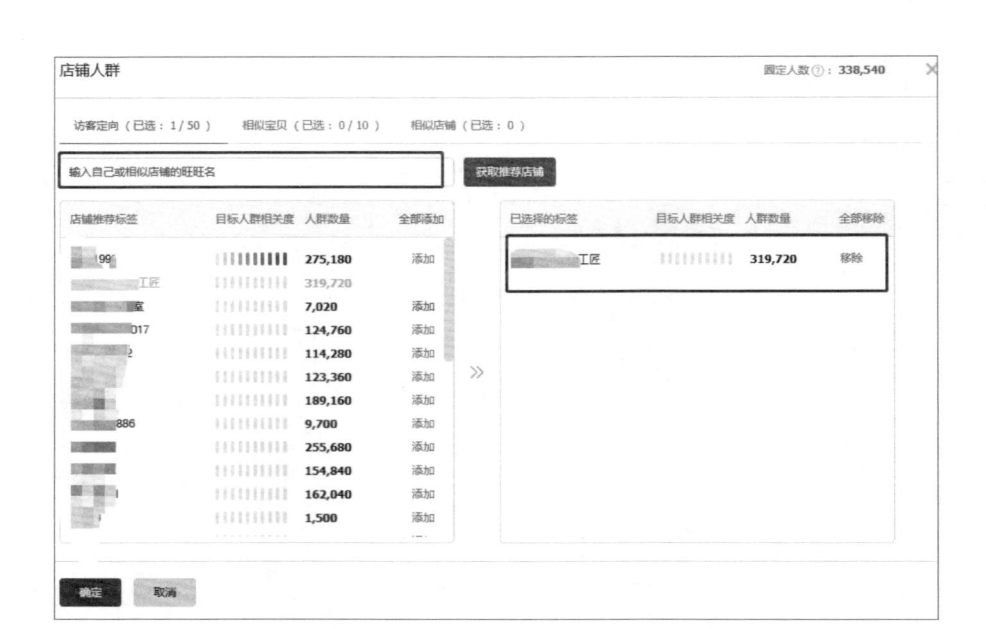

图3-14 访客定向

（2）粉丝人群

粉丝人群是从内容领域/内容形式维度选择的潜在人群，满足粉丝的拉新需求，如图3-15所示为粉丝人群分类。

图3-15 粉丝人群分类

① 内容形式偏好：最近 30 天用户对不同形式内容的浏览偏好。

② 内容领域活跃用户：最近 30 天在内容领域中浏览偏好圈出的用户。

③ 内容领域金牌达人粉丝：最近 30 天在内容领域中浏览偏好圈出金牌达人粉丝。

（3）场景人群

场景人群是从叶子类目偏好/商品风格/商品属性等维度选择的人群，满足场景的拉新需求。

① 叶子类目偏好：基于用户近 30 天在叶子类目偏好中的浏览、加购、收藏及成交行为，通过模型对行为统计进行综合排序，找到用户偏好的叶子类目，如图 3-16 所示。

图 3-16　叶子类目偏好

② 商品风格：基于用户近 30 天在商品风格中的浏览、加购、收藏及成交行为，通过模型对行为统计进行综合排序，找到用户偏好宝贝的风格，如图 3-17 所示。

③ 商品属性：基于用户近 30 天在商品属性中的浏览、加购、收藏及成交行为，通过模型对行为统计进行综合排序，找到用户偏好宝贝的属性，如图 3-18 所示。

图 3-17 商品风格

图 3-18 商品属性

④ 明星偏好：基于用户近 90 天在优酷搜索明星与观看明星相关节目及视频，或者基于用户近 30 天在淘宝搜索明星与浏览明星相关宝贝等行为进行综合排序，找到用户偏好的明星，如图 3-19 所示。

图 3-19 明星偏好

⑤ 文娱节目：综合用户在优酷观看电视剧、电影、动漫及综艺节目，通过模型对行为统计进行综合排序，找到用户偏好的文娱节目，如图 3-20 所示。

图 3-20 文娱节目

⑥ 特征人群：根据手淘不同场景下的行为，从风格、人生阶段、购买力及兴趣偏好等

维度找到不同的消费特征人群，如图 3-21 所示。

图 3-21 特征人群

5．达摩盘

达摩盘是阿里妈妈基于商业化场景打造的数据管理合作平台，拥有消费行为、兴趣偏好、地理位置等众多数据标签。推广需求方通过达摩盘可以实现对各类人群的洞察与分析，挖掘潜在用户；通过标签市场快速选择目标人群，建立个性化的用户细分和精准营销；通过第三方服务应用市场，解决个性化的营销需求。

（1）达摩盘_平台精选

达摩盘_平台精选能够满足商家在活动节点中的圈人需求。一般，以达摩盘_平台精选为主要拉新定向，自定义达摩盘既可以拉新又可以利用店铺关系来重定向老客户。

如图 3-22 所示，系统根据商家店铺的主营类目情况，为商家提供不同的组合型拉新标签，将鼠标放在人群描述的文字上就会显示相应人群组合标签的解释，方便商家更好地理解该标签人群，以便商家投放。

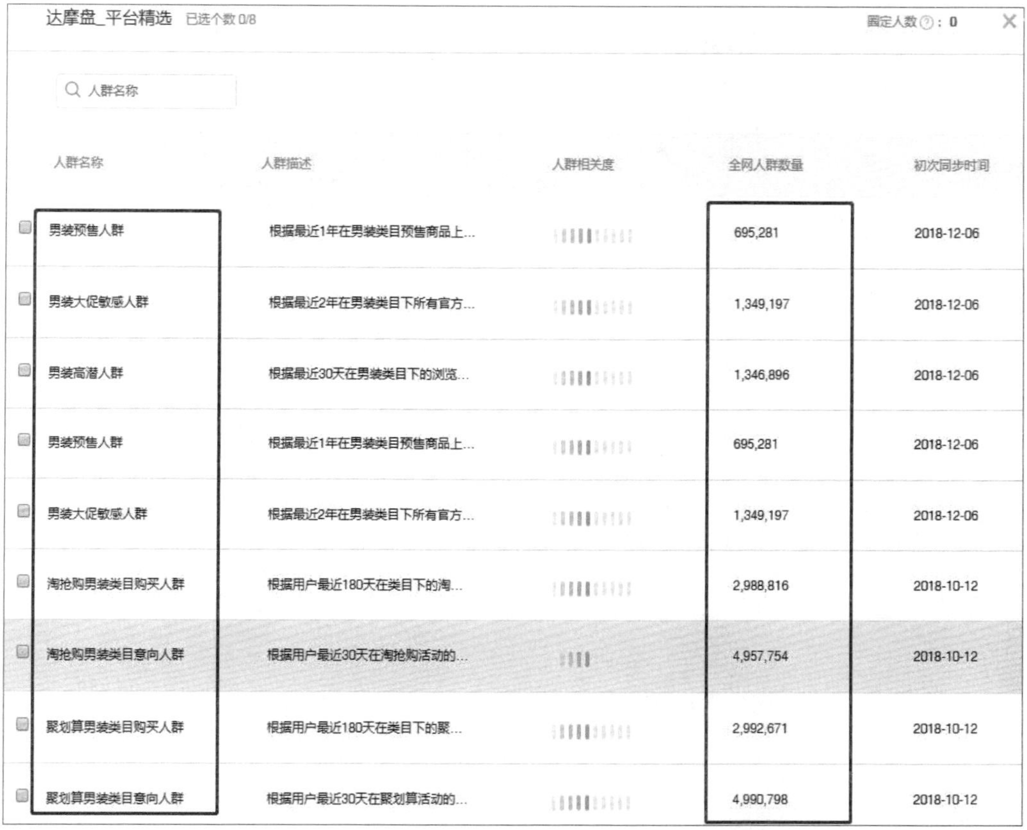

达摩盘_平台精选　已选个数 0/8　　固定人数 ⑦：0

人群名称

人群名称	人群描述	人群相关度	全网人群数量	初次同步时间
男装预售人群	根据最近1年在男装类目预售商品上…		695,281	2018-12-06
男装大促敏感人群	根据最近2年在男装类目下所有官方…		1,349,197	2018-12-06
男装高潜人群	根据最近30天在男装类目下的浏览…		1,346,896	2018-12-06
男装预售人群	根据最近1年在男装类目预售商品上…		695,281	2018-12-06
男装大促敏感人群	根据最近2年在男装类目下所有官方…		1,349,197	2018-12-06
淘抢购男装类目购买人群	根据用户最近180天在类目下的淘…		2,988,816	2018-10-12
淘抢购男装类目意向人群	根据用户最近30天在淘抢购活动的…		4,957,754	2018-10-12
聚划算男装类目购买人群	根据用户最近180天在类目下的聚…		2,992,671	2018-10-12
聚划算男装类目意向人群	根据用户最近30天在聚划算活动的…		4,990,798	2018-10-12

图 3-22　达摩盘_平台精选

（2）自定义达摩盘

自定义达摩盘圈定圈人公式如下所示。

拉新圈人公式=基本属性+购物习惯+消费行为+兴趣点

认知转化圈人公式=用户轨迹+具体时间+未成交

老客户召回圈人公式=成交轨迹+具体时间

在利用公式圈定人群时，需要对标签有基础认识。

① 覆盖度分：表示该标签覆盖的人数，覆盖人数越多，分数越高，最高为 5 分。

② 使用热度分：表示该标签被所有商家使用的次数，使用次数越多，分数越高，最高为 5 分。

达摩盘用户轨迹包括店铺用户、店铺行为、营销推广,如图 3-23 所示。

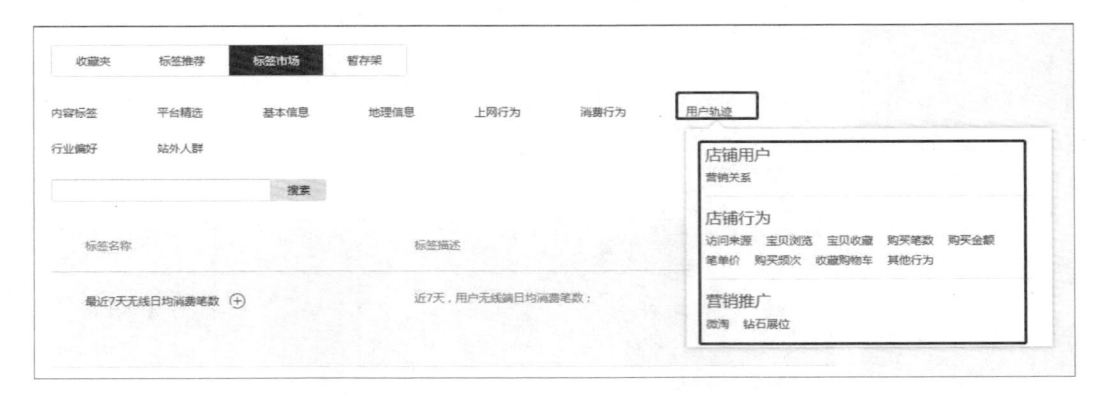

图 3-23 达摩盘用户轨迹

图 3-24 所示为达摩盘认知用户投资回报率。

图 3-24 达摩盘认知用户投资回报率

自定义达摩盘主要根据成交时间和成交笔数来圈定老客户,其圈人公式=成交轨迹+具体时间,如 180 天购买 1 次,365 天购买 12 次以上等,这些老客户标签对于新品的触达投放和大促活动时的老客户召回效果非常好。店铺行为核心的轨迹标签包括购买笔数、购买金额及购买频次,如图 3-25 所示。

图 3-25　店铺行为核心轨迹标签

图 3-26 所示为达摩盘老客户标签投放数据，商家实际投放的数据较好，特别是粉丝黏性比较高的店铺，每次上新和大促活动效果较好。

行标签	展现量	点击量	宝贝收藏次数	加购物车次数	15天成交金额	消耗金额	CTR	PPC	ROI	收藏加购率	收藏加购成本
180天购买3次	779778	46736	3578	13980	2403020.993	99666.7	5.99%	2.13	24.11	37.57%	5.68
180天购买2次	515156	67982	3912	15038	2529708.643	106811.54	13.20%	1.57	23.68	27.88%	5.64
180天购买1次	235208	27190	1748	5448	491490.5624	42354.5	11.56%	1.56	11.6	26.47%	5.89

图 3-26　达摩盘老客户标签投放数据图

6．单品定向

单品定向基于宝贝的人群关系选择定向人群，它可以分为智能定向、达摩盘定向及扩展定向。

（1）智能定向

智能定向分为智能定向—访客定向（喜欢我店铺的访客和喜欢相似店铺的访客）、智能定向—相似宝贝定向（喜欢我的宝贝的人群和喜欢相似宝贝的人群）、智能定向—购物意图定向，如图 3-27 所示。

图 3-27　智能定向

① 智能定向—访客定向：近期访问过本店铺或相似店铺的人群，如图 3-28 所示。

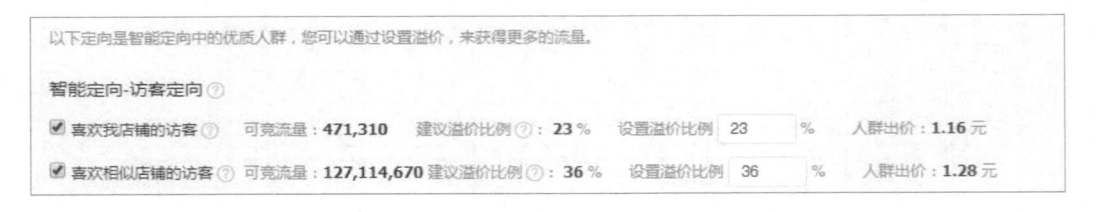

图 3-28　智能定向—访客定向

喜欢我店铺的访客：近期对本店铺有浏览、搜索、收藏、加购物车、购买等行为的人群，这里主要以认知转化和老客户召回为主。

喜欢相似店铺的访客：近期对相似店铺有浏览、搜索、收藏、加购物车、购买等行为的人群，这里主要以拉新为主。

② 智能定向—相似宝贝定向：近期对指定宝贝或相似宝贝感兴趣的人群，如图 3-29 所示。

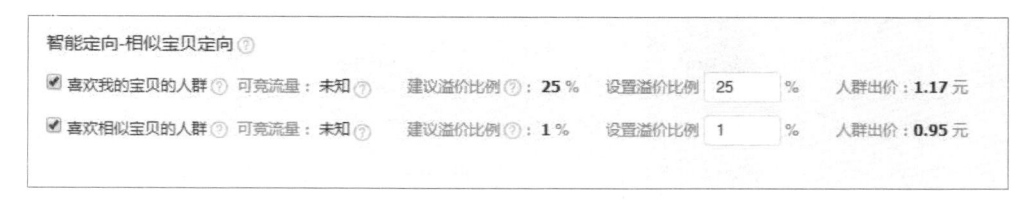

图 3-29　智能定向—相似宝贝定向

喜欢我的宝贝的人群：近期对指定宝贝感兴趣的人群，这里主要以认知转化和老客户召回为主。

喜欢相似宝贝的人群：近期对相似宝贝感兴趣的人群，这里主要以拉新为主。

③ 智能定向—购物意图定向：近期对宝贝有购买意向的人群，这里主要以拉新为主，如图 3-30 所示。

图 3-30　智能定向—购物意图定向

（2）达摩盘定向

达摩盘定向是基于自定义达摩盘圈定的人群，如图 3-31 所示。

达摩盘_平台精选能够满足商家在活动节点中的圈人需求，如图 3-32 所示。

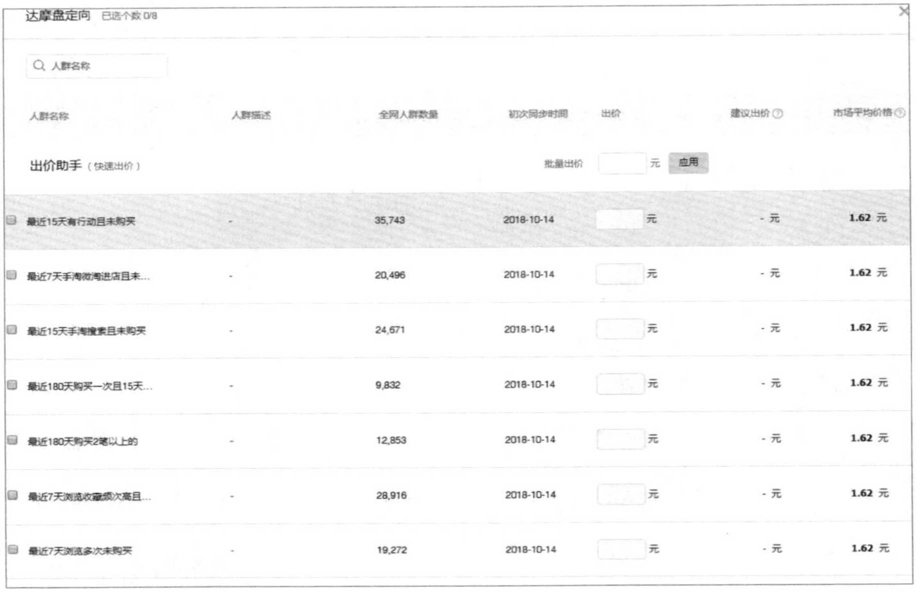

达摩盘定向 已选个数 0/8

人群名称

出价助手（快速出价） 批量出价 元 应用

人群名称	人群描述	全网人群数量	初次同步时间	出价	建议出价	市场平均价格
最近15天有行动且未购买	-	35,743	2018-10-14	元	- 元	1.62 元
最近7天手淘微淘进店且未...	-	20,496	2018-10-14	元	- 元	1.62 元
最近15天手淘搜索且未购买	-	24,671	2018-10-14	元	- 元	1.62 元
最近180天购买一次且15天...	-	9,832	2018-10-14	元	- 元	1.62 元
最近180天购买2笔以上的	-	12,853	2018-10-14	元	- 元	1.62 元
最近7天浏览收藏频次高且...	-	28,916	2018-10-14	元	- 元	1.62 元
最近7天浏览多次未购买	-	19,272	2018-10-14	元	- 元	1.62 元

图 3-31 达摩盘定向

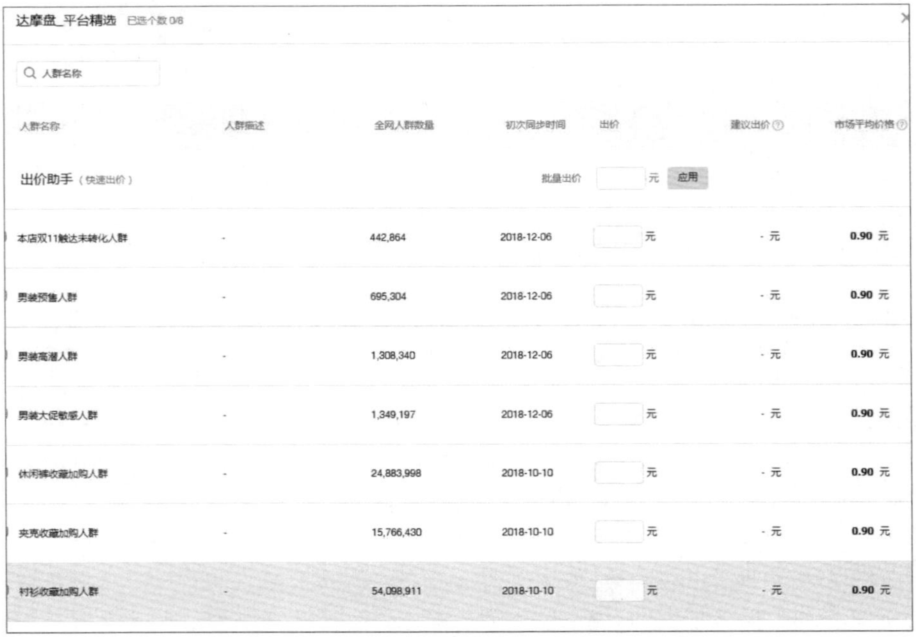

达摩盘_平台精选 已选个数 0/8

人群名称

出价助手（快速出价） 批量出价 元 应用

人群名称	人群描述	全网人群数量	初次同步时间	出价	建议出价	市场平均价格
本店双11触达未转化人群	-	442,864	2018-12-06	元	- 元	0.90 元
男装预售人群	-	695,304	2018-12-06	元	- 元	0.90 元
男装高潜人群	-	1,308,340	2018-12-06	元	- 元	0.90 元
男装大促敏感人群	-	1,349,197	2018-12-06	元	- 元	0.90 元
休闲裤收藏加购人群	-	24,883,998	2018-10-10	元	- 元	0.90 元
夹克收藏加购人群	-	15,766,430	2018-10-10	元	- 元	0.90 元
衬衫收藏加购人群	-	54,098,911	2018-10-10	元	- 元	0.90 元

图 3-32 达摩盘_平台精选

（3）扩展定向

拓展定向可以覆盖更广泛的流量，如图 3-33 所示，这里主要以拉新为主。

图 3-33　扩展定向

3.2.4　智钻结构的资源位

智钻结构的资源位比较丰富，为了满足不同商家的流量需求，资源位从原来的只有图片位置增加了一些内容资源位，如视频资源位和直播资源位。下面主要从以下 4 个推广渠道来整理资源位，即全店推广、视频推广、直播推广、单品推广。

1. 全店推广

在全店推广中，资源位重点以站内为主，对于大部分商家来说，做好站内资源位的布局就可以完成预算投放和效果评估。商家不要贪多，以免预算不够，投放掣肘。下面介绍几个重要的站内资源位。

（1）无线端的资源位

无线端的资源位有手淘 App 焦点图、天猫 App 焦点图、爱淘宝焦点图，它们的焦点图的位置一样，如图 3-34 至图 3-36 所示。

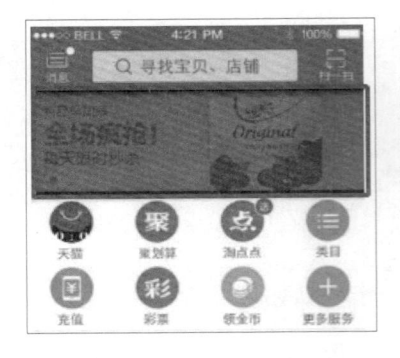

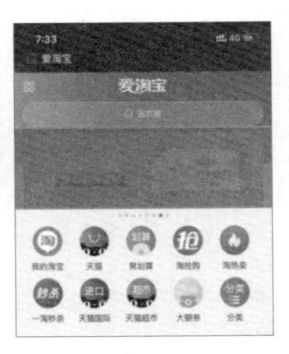

图 3-34　手淘 App 焦点图　　　图 3-35　天猫 App 焦点图　　　图 3-36　爱淘宝焦点图

（2）PC 端的资源位

PC 端的资源位有淘宝首页焦点图、淘宝首页焦点图右侧 Banner、淘宝首页天猫精选大图、淘宝首页两屏右侧大图、淘宝首页三屏通栏 Banner、爱淘宝焦点图、天猫精选焦点图、淘金币首页通栏轮播，其中天猫精选焦点图只会对部分商家开放，资源位如图 3-37 至图 3-44 所示。

图 3-37　淘宝首页焦点图

图 3-38　淘宝首页焦点图右侧 Banner

图 3-39　淘宝首页天猫精选大图

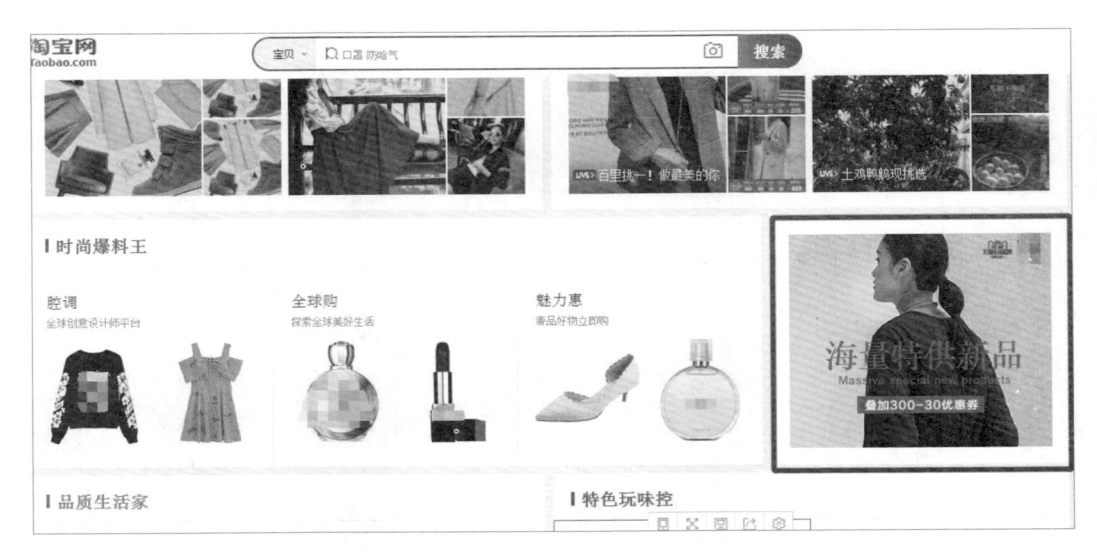

图 3-40　淘宝首页两屏右侧大图

图 3-41　淘宝首页三屏通栏 Banner

图 3-42　爱淘宝焦点图

图 3-43　天猫精选焦点图

图 3-44　淘金币首页通栏轮播

不同的资源位对图片的要求是不一样的,从人们日常的使用率来看,资源位主要集中在无线端,目前大部分商家只使用站内资源位,其资源位尺寸大小如图 3-45 所示。

位置	尺寸要求	大小要求
PC_流量包_网上购物_淘宝首页焦点图	520px×280px	81KB
PC_网上购物_淘宝首页焦点图右侧Banner	160px×200px	25KB
PC_流量包_网上购物_爱淘宝焦点图	520px×280px	81KB
PC_流量包_网上购物_淘宝首页天猫精选大图	250px×155px	29KB
PC_网上购物_淘宝首页两屏右侧大图	300px×250px	38KB
PC_网上购物_淘宝首页三屏通栏Banner	375px×130px	34KB
PC_网上购物_天猫精选焦点图	180px×180px	26KB
PC_流量包_网上购物_淘金币首页通栏轮播	990px×950px	56KB
无线_流量包_网上购物_手淘App焦点图	640px×200px	150KB
无线_流量包_网上购物_爱淘宝焦点图		
无线_网上购物_天猫App焦点图		

图 3-45　资源位尺寸大小要求

2. 视频推广

视频推广的资源位主要集中在一些能够带货的短视频 App 中，如抖音、优酷、火山，如图 3-46 至图 3-49 所示。

图 3-46　抖音 App_首页信息流视频

图 3-47　优酷 App_首页信息流视频

图 3-48　优酷 App_视频播放贴片_流量包

图 3-49　火山小视频 App_首页信息流视频

这些无线端的短视频播放，商家都以"种草"为主，也就是以店铺或者品牌曝光为主。不同资源位的短视频要求不一样，具体要求为视频推广资源位尺寸的大小，如图3-50所示。

位置	尺寸要求	大小要求
抖音App_首页信息流视频	540px×960px	263KB
优酷App_首页信息流视频	640px×410px	138KB
优酷App_视频播放贴片_流量包	960px×540px	263KB
	1280px×720px	460KB
火山小视频App_首页信息流视频	540px×960px	263KB

图 3-50　视频推广资源位尺寸大小要求

3．直播推广

图 3-51 所示为直播推广资源位尺寸大小，目前，直播推广的资源位主要集中在微淘和直播频道，当新的主播或者店铺开通直播时，如果前期没有直播流量，可以借助智钻投放积累一定的直播流量，通过优质的内容吸引粉丝关注，当直播的数据维度较好时，就可以进入直播频道的公域流量进而获取更多的直播流量。

位置	尺寸要求	大小要求
无线_流量包_网上购物_手淘App焦点图_泛视频投放	640px×200px	150KB
微淘feeds流	单张图片，视频，直播	
无线_流量包_网上购物_手淘App直播精选频道feeds流		

图 3-51　直播推广资源位尺寸大小要求

4．单品推广

单品推广的资源位主要分为 PC 端和无线端两种，流量主要集中在无线端，特别是无线端"猜你喜欢"的位置，这里"猜你喜欢"分为"首页猜你喜欢""购中猜你喜欢""购后猜你喜欢"等资源位，商家可以单独进行溢价，当独立资源位的溢价高于整体资源位的溢价时，独立资源位才可以获得流量，如图 3-52 所示为单品推广资源位。

手淘—首页猜你喜欢	无线端
手淘—购中猜你喜欢	无线端
手淘—购后猜你喜欢	无线端
手淘—平台营销会场	无线端
手淘—淘好物活动	无线端
手淘—猜你喜欢	无线端
手淘消息—淘宝活动	无线端
我的淘宝—已买到的宝贝	PC端
淘宝首页—猜你喜欢	PC端
购物车—掌柜热卖	PC端
收藏夹—热卖单品	PC端
我的淘宝—物流详情	PC端

图 3-52　单品推广资源位

（1）手淘—首页猜你喜欢

如图 3-53 所示，手淘—首页猜你喜欢的资源位主要是系统通过消费者的性别、购买力、喜好等，推算出消费者可能喜欢的宝贝，商家在手淘首页向消费者推荐这类宝贝。这个位置的消费者更多的是以逛为主，所以转化率较低，但流量较大。

（2）手淘—购中猜你喜欢

如图 3-54 所示，手淘—购中猜你喜欢是指在收藏夹、购物车中的猜你喜欢，这里猜你喜欢的消费者还没有最终付款，消费者从这里会看到更多性价比高的宝贝，所以，在这个资源位中商家的推广方向集中在竞争宝贝上。

图 3-53　手淘—首页猜你喜欢

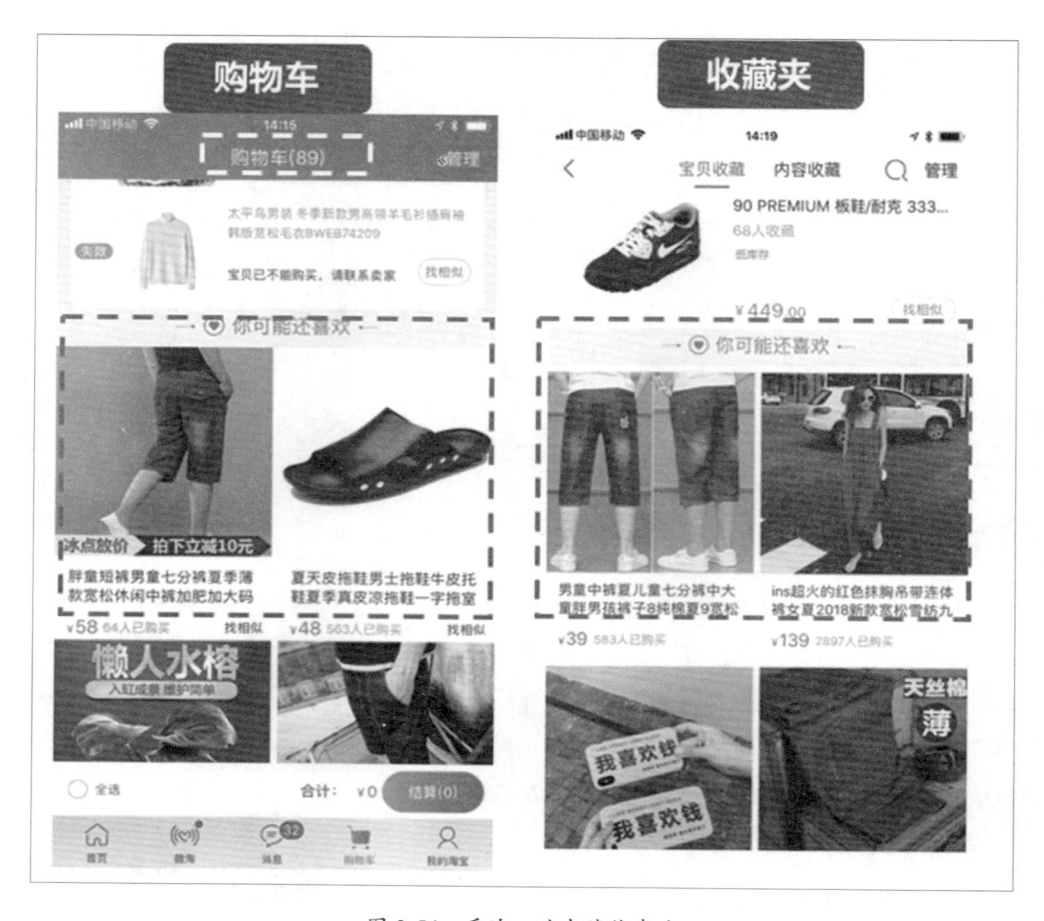

图 3-54 手淘—购中猜你喜欢

（3）手淘—购后猜你喜欢

这里核心的资源位包含支付成功、确认收货、物流详情、订单列表、订单详情等页面，如图 3-55 所示，该页面重点是给已经购买后的消费者看到，推荐的宝贝是与消费者购买的宝贝相关联的物品，而不是购买过的同类宝贝。例如，消费者购买了男士羽绒服，关联推送的宝贝是保暖内衣或者保暖裤等。所以，商家需要对老客户溢价，有助于提高老客户的复购。

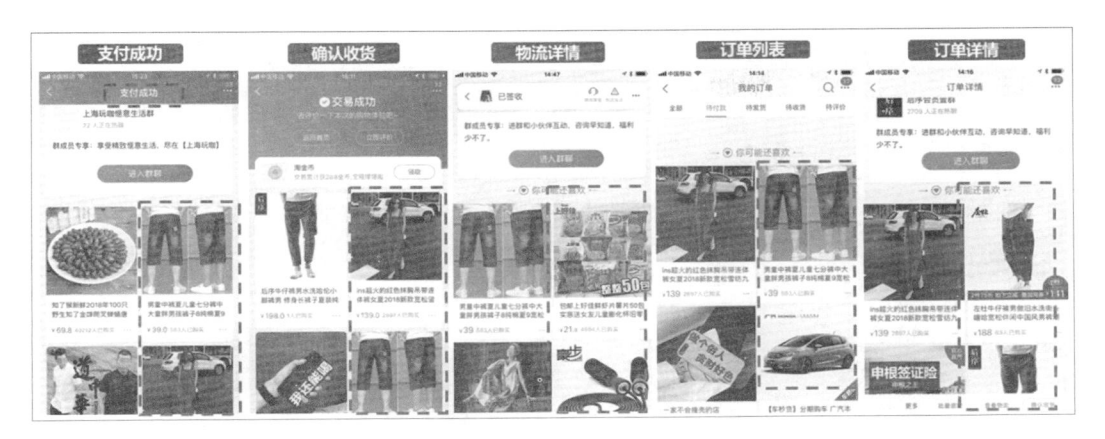

图 3-55　手淘—购后猜你喜欢

（4）手淘—平台营销会场

如图 3-56 所示，这里主要是指平台会根据消费者的浏览习惯进行宝贝展示，在活动大促预热和爆发时流量较多。

图 3-56　平台营销活动会场

（5）手淘—淘好物活动

手淘—淘好物活动是单品推广的特有活动，商家可以选择店铺的优质宝贝参与活动，系统根据参与宝贝的推广出价及宝贝的综合质量在活动页面对消费者进行千人千面展示。一般从手淘首焦的位置曝光宝贝，消费者点击淘好物活动的 Banner（见图 3-57）会进入淘好物活动页面，如图 3-58 所示。

图 3-57　点击淘好物活动的 Banner

图 3-58　淘好物活动页面

（6）手淘消息—淘宝活动

图 3-59 所示为淘宝活动页面，该页面的宝贝比较集中，系统根据消费者行为习惯推送 PUSH 信息，流量精准。

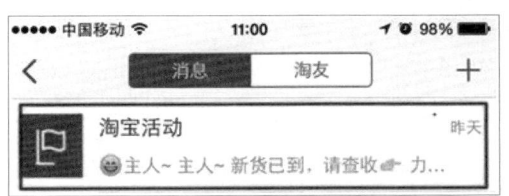

图 3-59　淘宝活动页面

（7）PC 端的位置

这里主要有我的淘宝—已买到的宝贝、淘宝首页—猜你喜欢、购物车—掌柜热卖、收藏夹—热卖单品、我的淘宝—物流详情等。

3.2.5　智钻结构的创意

智钻创意是智钻投放的核心，所以，商家在日常的钻展投放中，需要知道如何制作创意，将制作出来的创意进行测试以满足不同用户的需求，测试结束后，确定几张核心的高点击率和高回报率的图片进行持续投放。

1．智钻创意制作

在全店推广中，要有准备地制作智钻创意，无论是设计人员还是推广人员都会满意。下面以服饰、鞋包为案例介绍智钻创意制作。

（1）店铺人群的分析

店铺人群的分析数据来源有生意参谋、DMP 成交人群、直通车单品测试、自己总结。

先划分整体人群，不同的人群投放不同的素材创意。如老客户投新款，新客户投爆款，这也是智钻创意的基础。同时分析店铺人群的年龄、偏好、职业、需求、差异等有助于提高素材文案的编写，如图 3-60 至图 3-63 所示。

图 3-60　年龄喜好

图 3-61　人群偏好

图 3-62　人群需求

图 3-63　差异化

（2）素材的收集

平时养成搜集创意素材的习惯及使用工具分析竞争对手的素材，如图 3-64 所示的创意排行榜。

图 3-64　创意排行榜

收集素材需要注意首焦位置及站外位置。

保存每期点击率较高的素材图，并分析背后人群和素材的内容。

这个素材是拉新老客户还是拉新核心客户，是日常还是活动？

这个素材文案中的第一文案（着重点）、第二文案及第三文案分别是什么？

（3）素材的制作

创意素材的制作要围绕核心人群及核心需求去展开，并突出主题，一目了然地知道商家是卖什么的，这样的创意素材更容易提高点击率。

品牌标志 Logo 有两个功能：一种是品牌宣传；另一种是老客户识别。有了店铺或者品牌 Logo，在投放老客户时更容易吸引老客户，从而提高点击率，现阶段建议商家设置品牌 Logo，如图 3-65 所示。

创意图片可以有多个商品，建议以一个商品为主，这样更容易聚焦用户的需求，如图 3-66 所示；在体现调性为主的创意图片可以采用平铺或者挂牌等形式进行组合，如图 3-67 所示。

图 3-65 品牌 Logo

图 3-66 一个商品图

图 3-67 多个商品图

模特的相关形式，如模特的位置、模特的占比、模特的数量等不一样。通常模特位于图片两侧呈对称关系，使得创意的重心更稳，也更加突出文案；模特在图片中的占比越大，则图片面积越大，说明商品的显示越清晰；当图片只有两个模特时，画面更饱满，利于营造整体氛围，如图 3-68 所示为模特的相关形式。

图 3-68 模特的相关形式

创意图文排版主要有左图右文、文字居中、左文右图 3 种形式，一般人们习惯从左边开始看，也就是第一眼看到的是左边的信息，如果文案重要就将其放置在左边，如果图片重要就将其放置在左边。文案居中，使得文案内容更加突出，消费者能够一眼捕捉到创意的重点。无论哪种排版需要注意的细节就是文字不要遮盖商品，如图 3-69 所示为图文排版。

图 3-69 图文排版

智钻文案的内容主要观察消费者是什么人群，商家可以通过市场同行高点击率创意素材的收藏，分析消费者喜欢什么样的文案，一些风格独特的店铺基本都是以核心的文案匹配各种商品，所以文案的提炼要和店铺或者品牌直接挂钩，通常将文案细分为促销类文案、品质类文案、情感类文案、调性类文案等，如图 3-70 所示。

创意图片的文字排版尽量控制在 3 行以内，每行最多 7 个字，这样消费者更容易看到文案，字体尽量统一，字体颜色要和商品颜色统一，如图 3-71 所示。

模特图或者明星代言图会有提升点击率的作用，我们也可以将平铺图与挂牌图制作出优质点击率的创意图，特别是鞋类图和包类图，如图 3-72 所示。

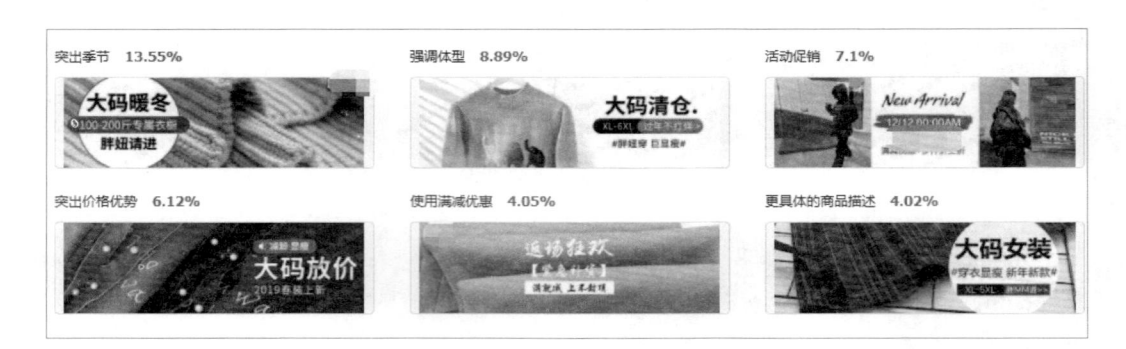

图 3-70 文案内容

图 3-71 文字排版

图 3-72 平铺图

我们要重视色彩的运用，邻近色会使创意图片的色调和谐且丰富，但要注意文字颜色和商品颜色的协调性，如图 3-73 所示。

图 3-73　色彩的运用

如果商家没有专业的美工人员，可以使用钻展后台的创意制作，它提供了很多创意模板。

（4）素材的数据化管理

商家通过测试素材的各项数据指标，就会知道有哪类型素材适合长期投放，哪类素材适合活动投放。美工人员要验证创意图的点击率，进而制作出更好的创意图片。

商家在上传素材时注意命名，要知道素材的上传位置，投放人群一方面方便自己管理和查看，另一方面方便日后进行数据分析，如图 3-74 所示的创意图数据。

消耗	触达	兴趣	行动			成交		衍生指标			
	展现量	点击量	收藏宝贝量	收藏店铺量	添加购物车量	成交订单量	成交订单金额	千次展现成本	点击率	点击单价	投资回报率
12,800.25	133,673	14,062	1,054	165	1,961	215	32,414.11	95.76	10.52%	0.91	2.53
7,694.70	81,931	8,414	644	86	1,217	133	21,486.89	93.92	10.27%	0.91	2.79
13,163.78	154,941	14,970	1,151	206	2,503	482	78,624.80	84.96	9.66%	0.88	5.97
7,590.19	79,958	7,547	680	86	1,427	185	25,385.56	94.93	9.44%	1.01	3.34
4,146.81	23,184	2,044	225	18	508	114	15,025.37	178.87	8.82%	2.03	3.62
22,613.39	253,999	19,837	1,737	178	3,882	625	85,790.55	89.03	7.81%	1.14	3.79

图 3-74　创意图数据

我们在钻展推广和美工设计之间经常需要对创意进行对接和修改，如图 3-75 所示的创意对接表格，方便商家和美工设计对接。这里需要注意两个基础原则：第一，承接页要体现文案活动；第二，创意最多体现两个文案（不同人群侧重的文案不一样）。

目的人群	要求			文案		活动信息
	尺寸	张数	大小	链接	促销（第一）	品质（第二文案）
拉新人群	640px×200px	5	150KB		买一送一	头层商务鞋
	520px×280px	5	81KB		买二送一	精选头层牛皮
	1180px×500px	3	140KB	放链接	错过再等一年	3年质保
	160px×200px	5	25KB	放链接	终于降价啦	英伦潮流风
老客户	640px×200px	5	150KB		低至11.11元	新品首发100款
	520px×280px	5	81KB		前1000名半价	春季新款首秀
	1180px×500px	3	140KB	放链接	100元无门槛券	新品发布会
	160px×200px	5	25KB	放链接	上新5.5折	百款新品首发

图 3-75　创意对接表格

2. 智钻创意测试

智钻创意测试的重点是全店推广下的创意测试，目前，商家以全店推广为主，而单品推广和内容推广的创意也非常重要。

（1）全店推广下的智钻创意

常规测试方法如下。

- 老客户可以选择日常场景，如果想做拉新测图可以选择拉新场景。
- 最小预算为300元。
- 选择CPM+访客定向/智能定向（店铺人群）/深层认知人群（收藏、加购、领券人群）。
- 出价是市场行情的0.8～1.5倍。
- 利用生意参谋选择来访高峰期。
- 参考直通车爆款的报表选择8～12个省份。
- 测试第一天要每隔两个小时删除一批CTR最低的图（删除最高点击率一半以下的创意图），最后保留1～2张创意图即可。
- 测试持续三天（根据CPC模式创意采集时间）完成创意的最优素材的确定，才可以在CPC模式中投放。
- 创意可以为优选状态。

对于全店推广的创意测试，建议采用尽快投放，这样可以有效提高点击率，而且能在一定时间内快速测试出结果。在测试结束后，只会保留1~2张图片作为核心投放素材，为接下来持续投放提供基础。

在进行测试创意时，商家需要对创意的点击率进行判断，也就是什么样的点击率是优秀的。下面介绍手淘App_手淘焦点图资源位的点击率要求，如图3-76所示。

图 3-76　手淘 App_手淘焦点图

查看方法如下：

第一步，打开智钻资源位列表，找到对应的资源位手淘 App_手淘焦点图，并点击"查看展位信息"。

第二步，点击对应的展位信息下面与搜索查询相对应的类目，并选择"点击率"，就可以看到最近 7 日的点击率，如图 3-77 所示。

第三步，从图 3-77 可以看到，女鞋类目手淘 App_手淘焦点图的行业点击率为 4.42%，也就是当这个资源位测试时，点击率最低为 4.42%，如果是深层认知老客户的定向内容，还要在该点击率基础上乘以 1.5 才算优秀的智钻创意。

在 CPM 与市场差不多的情况下，对比行业对应展位的点击率是作为衡量智钻创意是否优秀的重要依据（一级类目和二级类目也会有差别）。

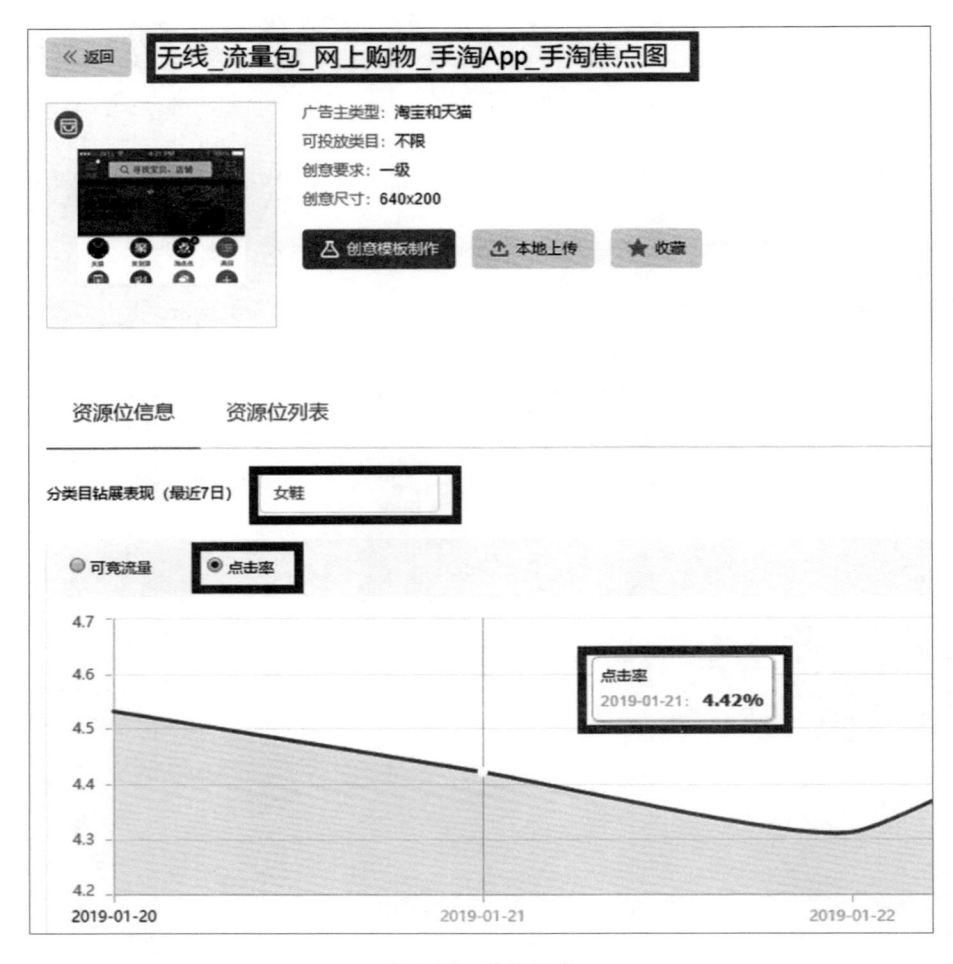

图 3-77 展位信息

（2）单品推广下的智钻创意测试

商家在投放单品推广时，最容易忽略图片点击率的问题，商家在进入正式投放阶段后，需要对图片点击率进行基础测试，然后让高点击率的创意图片带动单品钻展流量的增长。

测试方法如下。

- 选择日常销售。
- 利用生意参谋选择来访高峰期。
- 参考直通车爆款的报表选择 8～12 个省份。

- 一个计划下多个宝贝。
- 智能定向出价采用的是市场均价，智能定向下的子定向溢价参考系统推荐的溢价。
- 定向选择包括智能定向及智能定向下的访客定向和相似宝贝定向。
- 资源位选择手淘猜你喜欢的各个位置。
- 选择宝贝的前四张主图，一般重点宝贝可以测试 10~20 张图片，普通宝贝可以测试 4~8 张图片，轮流测试。
- 创意万花筒默认勾选打开。

基本的测试计划建立好之后，商家需要添加和删除创意图片，删除点击率低的创意图片，更换新图进行测试，第一批四张图会优选点击率大于均值的图作为投放，也就是四张图片中的点击率大于均值的图片保留，其余更换，直到测试到满意图片为止。

单品推广下的图片点击率可以参考行业均值点击率为最终评判优秀点击率的标准，查看行业点击率方法：打开"报表"，选择"单品推广报表"，如图 3-78 所示。

图 3-78 单品推广报表

从图 3-78 中可以看到，女鞋行业的单品点击率参考是 0.94%以上，在商家日常投放钻展拉新时以 0.94%为优秀参考标准，在做认知老客户时建议以该标准值乘以 1.5 为优秀参考标准。也就是高于行业点击率的 1.5 倍，商家更容易获取流量。

（3）内容推广下的智钻创意测试

内容推广下的智钻创意测试主要是在一个计划中，一个定向单元进行多个创意测试，测试方式如下。

- 选择维护老客户。

- 选择 CPM 付费方式。
- 利用生意参谋选择来访高峰期。
- 参考直通车爆款的报表选择 8~12 个省份。
- 采用尽快投放方式。
- 一个单元对应一个定向内容。
- 选择"访客定向",如图 3-79 所示。

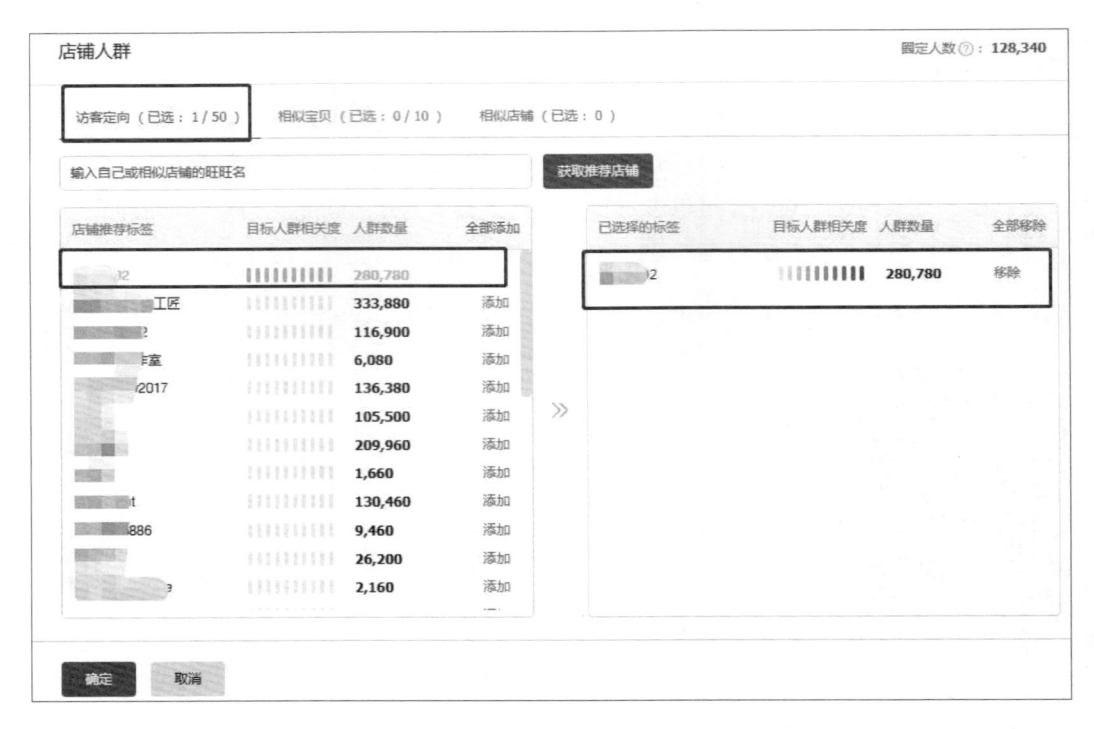

图 3-79 访客定向

- 资源位默认选择微淘 feeds 流头条置顶。
- 出价使用系统建议价的一半。
- 添加创意,这里尽量多添加创意,保证基础的创意测试。
- 由于内容推广下的智钻创意没有具体的参考标准,所以,商家在日常投放过程中主要还是以自己创意的点击率均值为标准,下载创意报表,计算创意点击率均值,如图 3-80 所示。

创意名称内容推广 吸引新粉丝计划 访客定向	展现	点击	消耗	点击率	收藏宝贝量	收藏店铺量	添加购物车量	成交订单量	成交订单金额	收藏加购成本
图文 210171636744	146	36	2.15	24.66%	0	1	0	0	0	2.15
军装四袋精选 女孩也可随意驾驭~	148	32	1.94	21.62%	0	0	0	0	0	#DIV/0!
图文 209925771283	183	35	2.49	19.13%	0	0	0	0	0	#DIV/0!
2018FW PAR	161	29	2.2	18.01%	0	2	0	0	0	1.1
精选搭配#	407	67	5.09	16.46%	1	0	0	0	0	5.09
图文 210947758285	31	5	0.36	16.13%	0	0	0	0	0	#DIV/0!
#买家秀# 希望每天都是好天气也愿你	141	19	1.84	13.48%	0	0	2	0	0	0.92
单品介绍#Gur	158	21	2.03	13.29%	1	0	0	0	0	2.03
boys独特的衣	23	3	0.33	13.04%	0	0	0	0	0	#DIV/0!
亲~以下是我们即将上架的宝贝哦~	403	50	5.83	12.41%	0	0	3	0	0	1.943333333
3FALL/WIN	134	16	1.78	11.94%	0	0	0	0	0	#DIV/0!
总计	4022	466	52.67	11.59%	2	3	6	0	0	4.788181818
2018FALL/W	253	29	3.21	11.46%	0	0	1	0	0	3.21
对的朋友们 来碗一单吗 随机抽一人赠	146	16	1.91	10.96%	0	0	0	0	0	#DIV/0!
图文 210630699666	161	17	1.94	10.56%	0	0	0	0	0	#DIV/0!
早上好见你	137	14	1.84	10.22%	0	0	0	0	0	#DIV/0!
图文 210290716322	131	12	1.7	9.16%	0	0	0	0	0	#DIV/0!
六色纯色T恤现已补货,店铺内现货购买。	34	3	0.44	8.82%	0	0	0	0	0	#DIV/0!
图文 210436217293	159	13	2.01	8.18%	0	0	0	0	0	#DIV/0!
图文 210728043064	144	11	1.77	7.64%	0	0	0	0	0	#DIV/0!
图文 209797376266	147	11	1.96	7.48%	0	0	0	0	0	#DIV/0!
Men's FUDGE	144	10	1.97	6.94%	0	0	0	0	0	#DIV/0!
用心穿搭的日子 总会过得很开心一直很美	29	2	0.35	6.90%	0	0	0	0	0	#DIV/0!
来自忠实买家有意思的买家秀~#新品##	32	2	0.39	6.25%	0	0	0	0	0	#DIV/0!
夏季清爽 雨天出行#买家秀#	32	2	0.33	6.25%	0	0	0	0	0	#DIV/0!
美式复古棒球衬衫值得考究的细节和舒适的	39	2	0.56	5.13%	0	0	0	0	0	#DIV/0!
#搭配##穿搭#周二的快乐~	25	1	0.31	4.00%	0	0	0	0	0	#DIV/0!
018FALL A	127	5	1.85	3.94%	0	0	0	0	0	#DIV/0!
精选分享#	26	1	0.3	3.85%	0	0	0	0	0	#DIV/0!
利的衣服 开不简单 ~#搭配##T恤	30	1	0.39	3.33%	0	0	0	0	0	#DIV/0!
感谢@阿又一天 朋友手绘 配	39	1	0.4	2.56%	0	0	0	0	0	#DIV/0!
#新势力周#新势力周 前100名送纯	18	0	0.15	0.00%	0	0	0	0	0	#DIV/0!
BE A BLUE BLUE GIRL;	28	0	0.38	0.00%	0	0	0	0	0	#DIV/0!
NS 18AW PART1About	88	0	1.1	0.00%	0	0	0	0	0	#DIV/0!
此次卫衣面料工艺全面升级,采用进口美国棉	79	0	0.96	0.00%	0	0	0	0	0	#DIV/0!
图文 211535436413	17	0	0.18	0.00%	0	0	0	0	0	#DIV/0!
新势力周 前100名赠送纯色T恤和胸章的	22	0	0.23	0.00%	0	0	0	0	0	#DIV/0!

图 3-80　创意点击率数据

从图 3-80 来看,点击率均值为 11.59%,所以,删除低于点击率为 11.59% 创意,后期,商家可以保留 3～5 个内容创意,作为长期的投放素材。这里测试出来的高点击率基本是买家秀和上新的商品图文创意。

3.2.6　智钻结构的落地页

智钻结构的落地页是承接流量的主要阵地,落地页的合理布局会直接影响到钻展的转化率和回报率。所以,不同的定向人群匹配不同的落地页,这样会进一步提高流量的利用率。现在,落地页分为店铺页、宝贝页和内容页。

1. 店铺页

店铺页主要分为首页和二级页,二级页可以细分为多种类型,即爆款集合页、新品集合页、活动页(聚划算和淘抢购等大型活动页)、场景页等,在一般情况下,后台装修可以直接生成首页和二级页。

在落地页上，可以参考以下布局，如图3-81所示。

第一屏：主推款海报（模特场景、静物场景、平铺、挂拍等展示）
第二屏：店铺宝贝分类及活动分类图加上爆款的宝贝（下图例）
第三屏：展示销售梯队的前5款宝贝（求精不求多）
千人千面海报
第四屏：主推款展示（不同于第一屏：换颜色、换姿势、换场景）
第五屏：展示销售梯队前20款的其他宝贝
中间屏数可以自由组合（新品、清仓等宝贝）
最后一屏：店铺宝贝分类及活动分类图加上主推款的宝贝

图3-81　落地页规划表

落地页在5秒之内找到创意爆款，这里要对分类宝贝加上爆款的宝贝图，提高分类入口的点击率。同一个爆款宝贝多次在页面中呈现出不同的形式，主要目的是为了聚焦流量。页面采用千人千面海报是为了高效利用流量，提高页面点击率，在页面底部加入导航是为了使整个页面形成一个闭环流量，如图3-82所示为导航分类图。

图3-82　导航分类图

当对页面完成排版之后，商家需要对页面的数据进行调整，如图 3-83 所示的宝贝细分的流量渠道。

流量来源	访客数	下单买家数	下单转化率	操作
手淘微淘	12,720	86	0.68%	趋势
手淘首页	10,945	38	0.35%	趋势
手淘搜索	9,758	73	0.75%	详情 趋势
我的淘宝	8,520	270	3.17%	趋势
淘内免费其他	8,066	204	2.53%	详情 趋势
购物车	6,050	412	6.81%	趋势
直通车	3,192	17	0.53%	详情 趋势
智钻	2,696	8	0.30%	趋势
淘宝客	1,339	28	2.09%	趋势
手淘有好货	896	7	0.78%	趋势

〈上一页〉 1 **2** 3 4 〈下一页〉

图 3-83　宝贝细分的流量渠道

从图 3-83 中，商家可以看到每个宝贝的访客数、下单买家数及下单转化率，这样就可以分析出不同的宝贝在钻展下不同的转化率，商家可以对转化率好的宝贝提高落地页的楼层位置。

2. 宝贝页

宝贝页就是详情页，现在常规的详情页就是装修后台，商家还可以通过淘积木设置单品详情页，这样会提高落地页内容的互动效率和分流效率。商家可以直接运用钻展后台的淘积木智能单品承接页来自动生成落地页，然后在落地页中增加一些店铺的互动玩法。

第一步，打开淘积木，选择对应的单品承接页模板，如图 3-84 所示。

第二步，选择单品承接页模板后，商家选择需要推广的宝贝，并进行编辑，如图 3-85 所示。

图 3-84 选择单品承接页模板

图 3-85 编辑淘积木

第三步，保存编辑并命名，一般都是以货号或宝贝 ID 命名，方便查找，设置"发布页面"如图 3-86 所示。

图 3-86 设置"发布页面"

第四步，在选择上传创意时，"链接类型"选择"淘积木链接"，如图 3-87 所示。

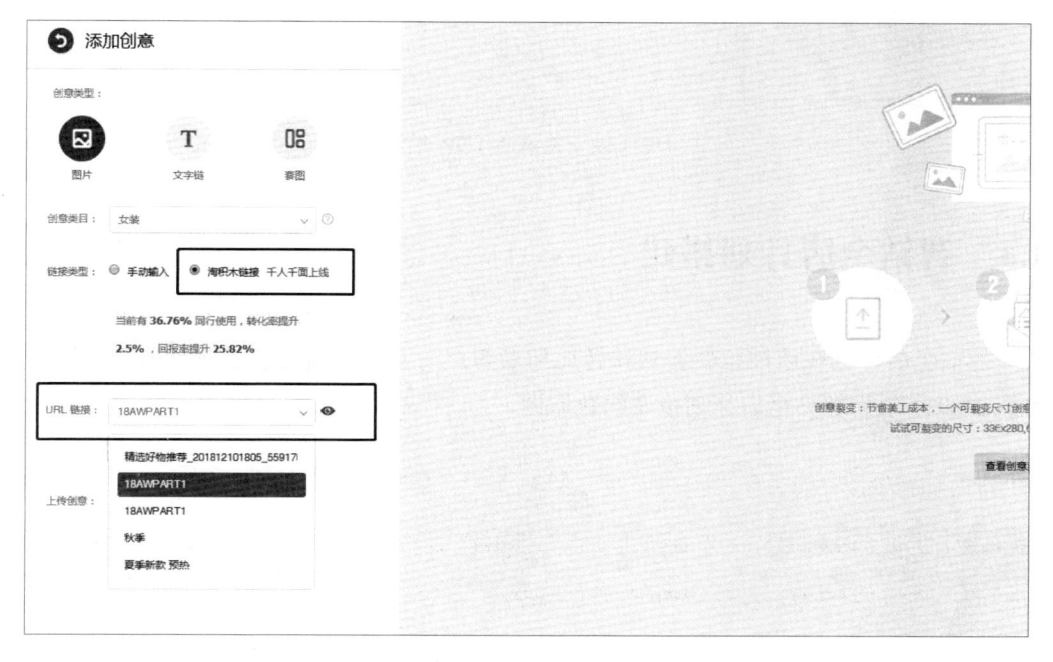

图 3-87 选择链接类型

3. 内容页

内容页主要是微淘的图文内容，因为微淘的图文内容主要是做买家秀、上新剧透及单品解析的，所以内容页最终也是回归到宝贝页或者店铺页上。图 3-88 所示为微淘的 TOP 内容。

图 3-88　微淘的 TOP 内容

3.3　智钻全店计划搭建

智钻全店计划在店铺拉新、认知转化和老客户召回方面都起到了非常重要的作用，如图 3-89 所示为智钻全店计划报表的数据图。

图 3-89　智钻全店计划报表的数据图

3.3.1 智钻全店拉新计划

智钻全店拉新计划主要为店铺带来新客户,然后通过店铺的商品吸引新客户,对于日常投放、活动预热周期及爆款打造都起到了非常重要的作用,如图 3-90 所示为智钻全店拉新计划的历史投放效果。

图 3-90 智钻全店拉新计划的历史投放效果

1. 智钻全店拉新计划的基础参数设置

如图 3-91 所示,在拉新场景下建议使用 CPC 模式,CPC 模式的最小预算是 30 元,而 CPM 模式的最小预算是 300 元。

图 3-91 智钻全店拉新计划的基础参数设置

2. 智钻全店拉新计划的定向选择

如图 3-92 所示，选择智能定向下的店铺扩展人群，对场景圈定与智能定向圈定进行交集圈定，并将交集圈定的人群作为商家拉新的人群。

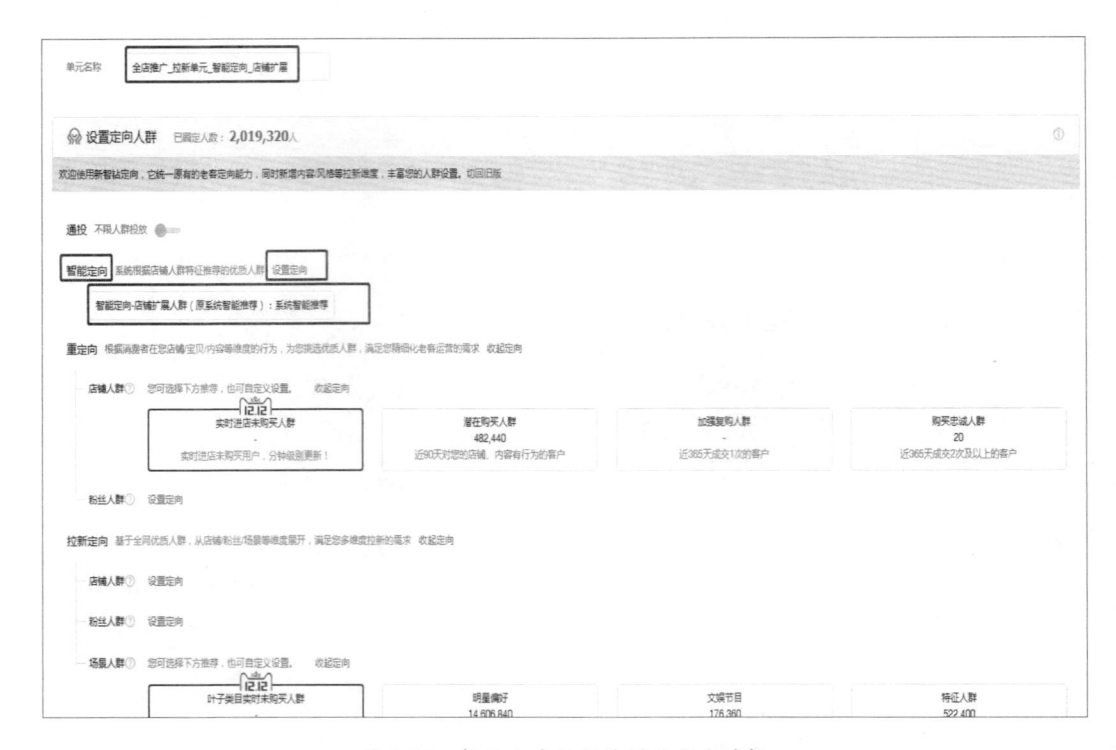

图 3-92 智钻全店拉新计划的定向选择

3. 智钻全店拉新计划的资源位选择

如图 3-93 所示，这里主要以手淘 App_手淘焦点图资源位为主，商家先投放手淘焦点图的资源位，再投放其他资源位。

至于出价，商家在做拉新时可以出低价，日常的拉新会以市场均价的 50%出价，然后商家根据获取流量效果来评估是否需要增加出价。

图 3-93 智钻全店拉新计划的资源位选择

4. 智钻全店拉新计划的创意选择

如图 3-94 所示，因为在 CPC 模式下的创意默认以最近 7 天投放过且点击率高的创意进行降序选择。所以在 CPC 模式下，商家尽量选择投放点击率高的创意。

图 3-94 智钻全店拉新计划的创意选择

3.3.2 智钻全店认知转化计划

智钻全店认知转化计划主要是对优秀商品进行成交收割，该计划在日常爆款认知客户的转化和活动爆发阶段认知客户的收割方面起到了非常重要的作用，如图 3-95 所示为智钻全店认知转化计划的数据图。

计划基本信息	消耗	展现量	点击量	收藏宝贝量	收藏店铺量	添加购物车量	成交订单量	成交订单金额	千次展现成本	点击率	点击单价	投资回报率
二十八_无线综合_618收割_加购人群_全天尽快投放	998.14	13,295	854	74	64	610	233	36,929.84	75.08	6.42%	1.17	37.00
二十八_无线综合_618收割_加购人群_尽快投放_到10_15点	1,936.59	25,569	1,384	90	43	1,111	148	25,066.50	75.74	5.41%	1.40	12.94
_无线综合_618_收割_认知用户_全天尽快投放	107.98	1,605	62	24	1	16	7	1,155.58	67.28	3.86%	1.74	10.70
十七_无线综合_618_收割CPM_智能定向_尽快投放	10,152.68	111,410	10,748	1,320	309	4,000	627	97,995.89	91.13	9.65%	0.94	9.65
十六_无线综合_618_收割_DMP重点人群_全天尽快投放	10,628.04	113,713	9,673	1,515	330	4,186	602	95,905.82	93.46	8.51%	1.10	9.02
CPM测图_智能定向_手海APP_尽快	293.98	6,653	374	32	2	94	14	2,635.00	44.19	5.62%	0.79	8.96
二十_无线综合_618收割_7天浏览7次以上_尽快_20点_23点	2,294.15	21,219	2,065	233	73	764	125	20,321.73	108.12	9.73%	1.11	8.86

图 3-95　智钻全店认知转化计划的数据图

1. 智钻全店认知转化计划的基础参数设置

如图 3-96 所示，在认知转化场景下建议使用 CPM 模式，CPC 模式的最小预算是 30 元，CPM 模式的最小预算是 300 元。

2. 智钻全店认知转化计划的定向选择

如图 3-97 所示，选择智能定向下的店铺优质人群，对场景圈定与智能定向的圈定进行交集圈定，并将交集圈定的人群作为商家认知转化的人群。当然这里认知转化的定向人群有些效果比较好，如店铺加购人群、领券人群、收藏高人群、浏览多次人群，这些使用达摩盘实现会更精准。

第 3 章 智钻 | 129

图 3-96 智钻全店认知转化计划的基础参数设置

图 3-97 智钻全店认知转化计划的定向选择

3. 智钻全店认知转化计划的资源位选择

如图 3-98 所示，这里主要以手淘 App_手淘焦点图资源位为主，商家先投放手淘焦点图的资源位，再投放其他资源位。

图 3-98　智钻全店认知转化计划的资源位选择

至于出价，商家在做认知转化时可以出低价，日常的认知转化会以市场建议价的 60%～80% 出价，然后根据获取流量效果来评估是否需要增加出价。在大促活动时，认知转化出价可为市场均价的 80%～120%。

4. 智钻全店认知转化计划的创意选择

如图 3-99 所示，CPM 模式下的商家可以选择自己做好的创意图来投放，CPM 投放可以先测试图片后，再选用 1～2 张图作为核心的创意素材来投放。

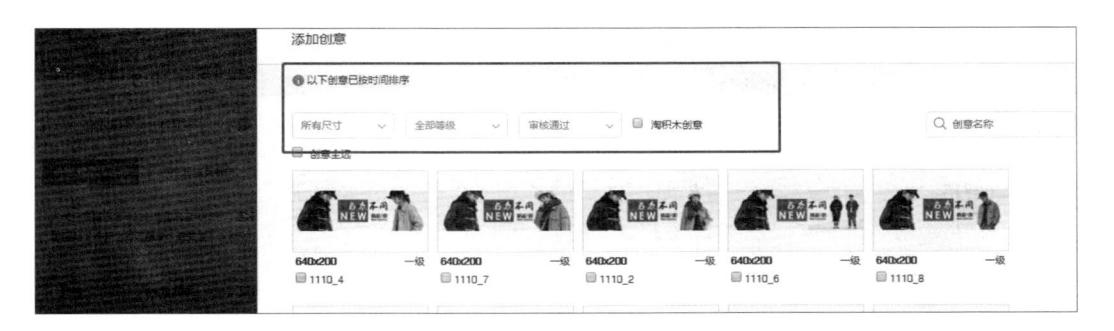

图 3-99　智钻全店认知转化计划的创意选择

3.3.3　智钻全店老客户召回计划

智钻全店老客户召回计划主要是通过投放成交客户，把他们重新召回来进行复购。主要的运用场景是在店铺上新和活动的预热爆发阶段，如图 3-100 所示为智钻全店老客户召回计划的数据图。

图 3-100　智钻全店老客户召回计划的数据图

1. 智钻全店老客户召回计划的基础参数设置

如图 3-101 所示，在老客户召回场景下建议使用 CPM 模式，CPC 模式的最小预算是 30 元，CPM 模式的最小预算是 300 元。

图 3-101　智钻全店老客户召回计划的基础参数设置

2. 智钻全店老客户召回计划的定向选择

如图 3-102 所示，选择重定向下的加强复购人群和购买忠诚人群，对场景圈定与智能定向圈定进行交集圈定，并将交集圈定的人群作为商家老客户召回的人群。当然这里老客户召回的定向人群有些效果比较好，如智能定向、粉丝购买等人群，这些使用达摩盘实现会更精准。

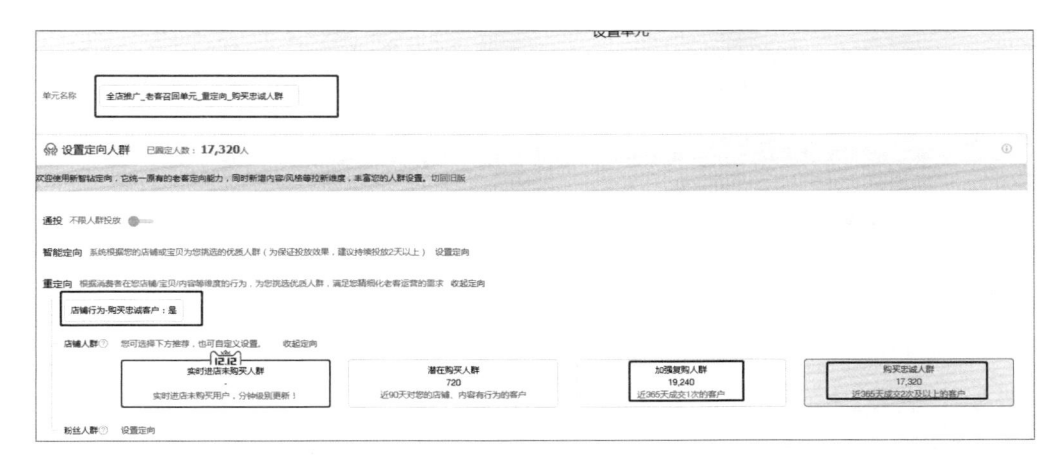

图 3-102　智钻全店老客户召回计划的定向选择

3. 智钻全店老客户召回计划的资源位选择

如图 3-103 所示，这里主要以手淘 App_手淘焦点图资源位为主，商家先投放手淘焦点图的资源位，再投放其他资源位。

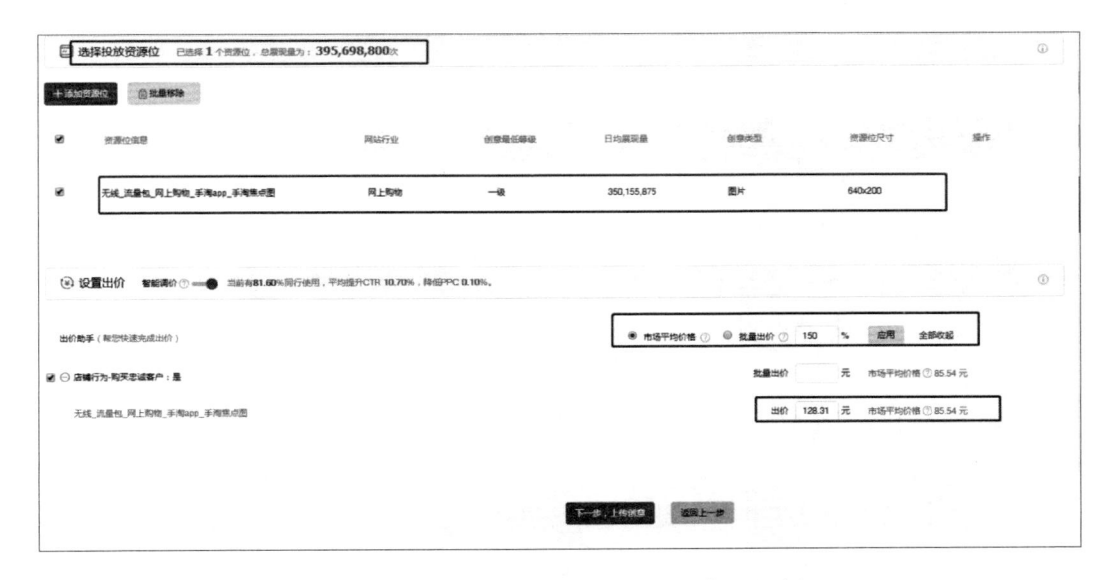

图 3-103　智钻全店老客户召回计划的资源位选择

至于出价，商家在做老客户召回时可以出低价，日常的老客户召回会以市场均价的

1.2 倍出价，然后根据获取流量效果来评估是否需要增加出价。在大促活动时，老客户召回出价可以为市场均价的 1.5 倍以上，虽然平均点击单价会高，但是老客户召回出价有保证。

4. 智钻全店老客户召回计划的创意选择

如图 3-104 所示，CPM 模式下的商家可以选择自己做好的创意图来投放，CPM 投放可以先测试图片后，再选用 1~2 张图作为核心的创意素材来投放。

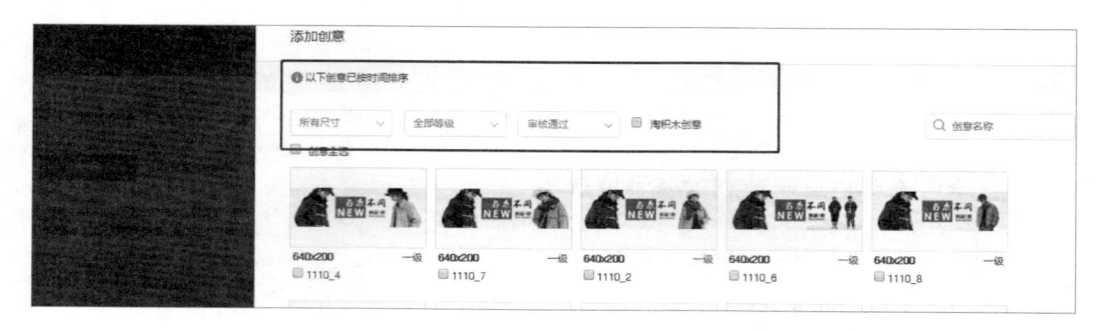

图 3-104　智钻全店老客户召回计划的创意选择

3.4　智钻单品计划搭建

目前，智钻单品推广的使用率越来越高，单品推广投放比较简单，产出效果有一定保证，特别适合中小商家。智钻单品计划搭建根据商家店铺的偏好进行设置，不同店铺在不同场景下会有不同的搭建方式。

3.4.1　智钻单品拉新计划

智钻单品拉新计划主要将潜在客户变成认知和成交用户，从而提高店铺的销售额，该计划使用场景有爆款打造、日常店铺拉新、大促活动的预热等，如图 3-105 所示为智钻单品拉新计划的数据图。

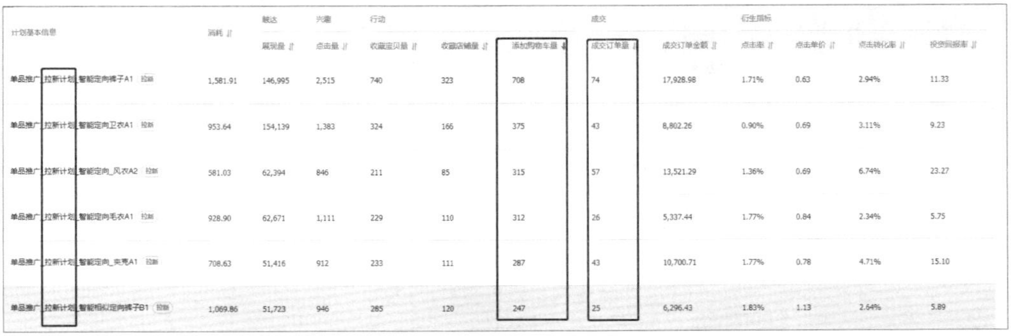

计划基本信息		消耗	触达		行动		成交			衍生指标			
			展现量	点击量	收藏宝贝量	收藏店铺量	添加购物车量	成交订单量	成交订单金额	点击率	点击单价	点击转化率	投产回报率
单品推广_拉新计划_智能定向_裤子A1 拉新		1,581.91	146,995	2,515	740	323	708	74	17,928.98	1.71%	0.63	2.94%	11.33
单品推广_拉新计划_智能定向_卫衣A1 拉新		953.64	154,239	1,383	324	166	375	43	8,802.26	0.90%	0.69	3.11%	9.23
单品推广_拉新计划_智能定向_风衣A2 拉新		581.03	62,394	846	211	85	315	57	13,521.29	1.36%	0.69	6.74%	23.27
单品推广_拉新计划_智能定向_毛衣A1 拉新		928.90	62,671	1,111	229	110	312	26	5,337.44	1.77%	0.84	2.34%	5.75
单品推广_拉新计划_智能定向_夹克A1 拉新		708.63	51,416	912	233	111	287	43	10,700.71	1.77%	0.78	4.71%	15.10
单品推广_拉新计划_智能相似定向_裤子B1 拉新		1,069.86	51,723	946	285	120	247	25	6,296.43	1.83%	1.13	2.64%	5.89

图 3-105 智钻单品拉新计划的数据图

1．智钻单品拉新计划的基础参数设置

图 3-106 所示为智钻单品拉新计划的基础参数设置，智钻单品投放只有 CPC 模式，所以最小预算是 30 元。单品计划比全店计划多了目标人群的选择，商家通过拉新场景来改变目标人群的圈定，使得商家智钻投放更加精准，更能满足商家细分的投放目的。

图 3-106 智钻单品拉新计划的基础参数设置

2. 智钻单品拉新计划的推广宝贝设置

图 3-107 所示为智钻单品拉新计划的推广宝贝设置，商家一般会将店铺宝贝按照新品、主推款、次推款的形式进行分类测试。商家根据推广的目的选择推广宝贝，智钻单品拉新计划的推广宝贝以主推款为主，这样商家更容易获取流量。

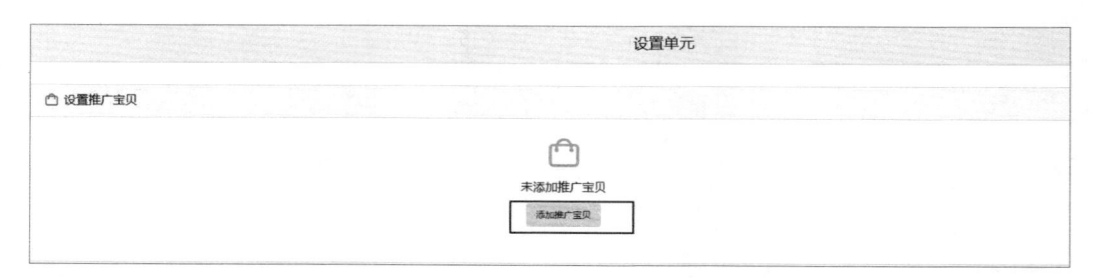

图 3-107　智钻单品拉新计划的推广宝贝设置

3. 智钻单品拉新计划的定向人群及出价设置

图 3-108 所示为智钻单品拉新计划的定向人群及出价设置，如果商家只采用智能定向来拉新，就不需要对优质人群溢价，如果商家同时采用智能定向结合优质人群溢价来拉新，则需要单独对人群进行溢价。由于选择的是拉新场景，因此任何一个定向人群和场景下圈定的人群是交叉关系，初次构建智钻单品拉新计划可以智能定向为主，后期可以增加其他定向进行补充性拉新。

这里定向的初始出价在拉新时建议低于市场均价，以市场均价的 60%～80% 出价，然后商家根据流量效果来评估是否需要增加出价。

4. 智钻单品拉新计划的资源位及溢价设置

图 3-109 所示为智钻单品拉新计划的资源位及溢价设置，单品资源位在移动时代主要以手淘—猜你喜欢位置为主。当然，商家也可以打开其他溢价资源位。

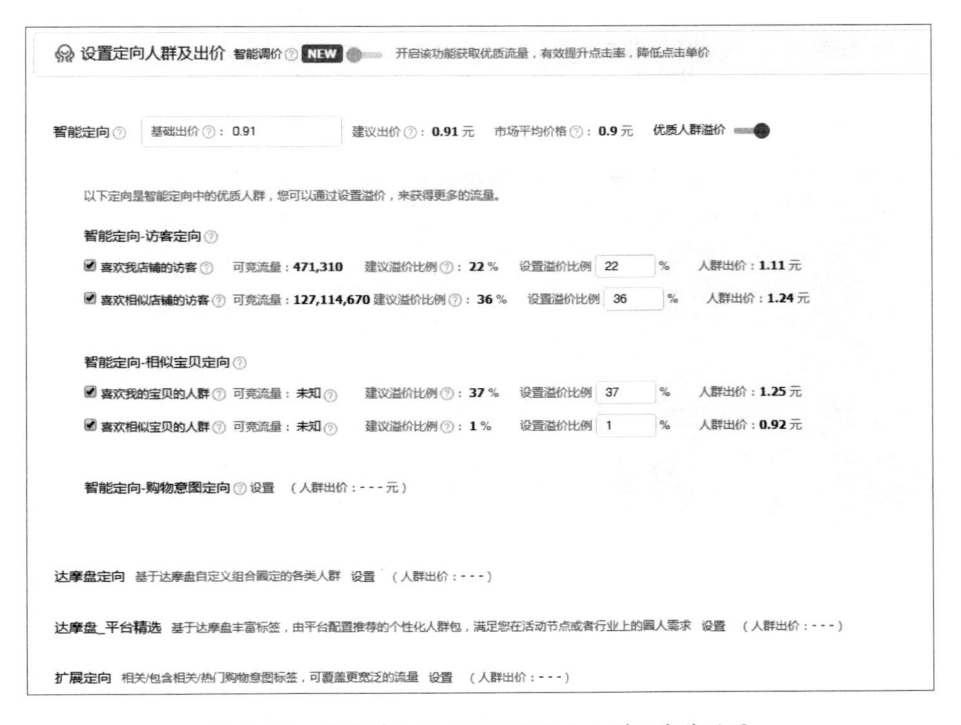

图 3-108　智钻单品拉新计划的定向人群及出价设置

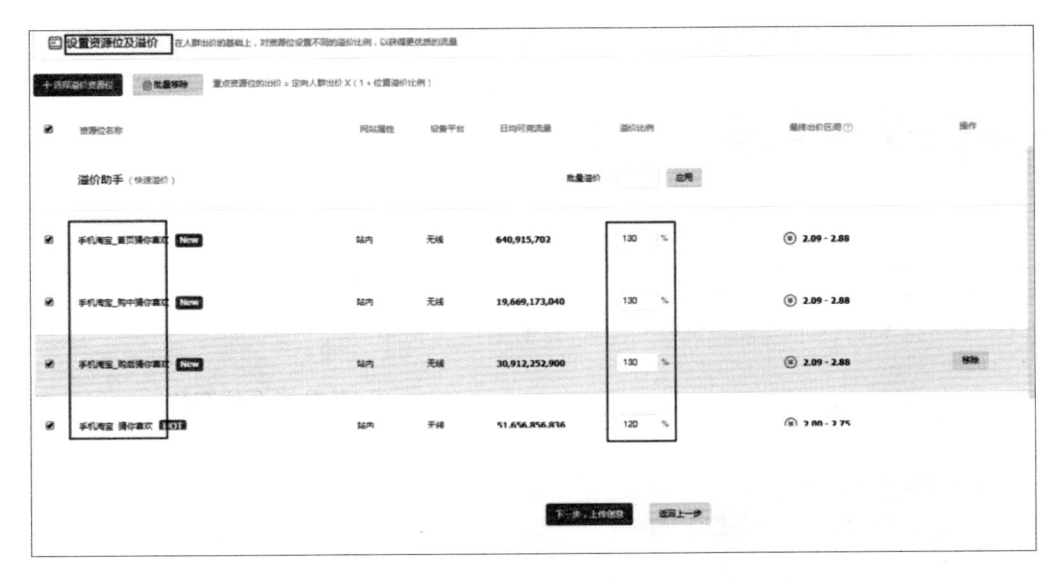

图 3-109　智钻单品拉新计划的资源位及溢价设置

5. 智钻单品拉新计划的创意设置

图 3-110 所示为智钻单品拉新计划的创意设置，智钻单品拉新计划的创意主要来自宝贝的 5 张主图，前期商家只对宝贝主图进行测试，获得一些点击率后再持续推广。默认打开"创意万花筒"，该功能在现有创意的基础上，根据消费者特征与浏览场景进行深度匹配，由系统智能生成内容化创意进行投放，获得更多的流量。

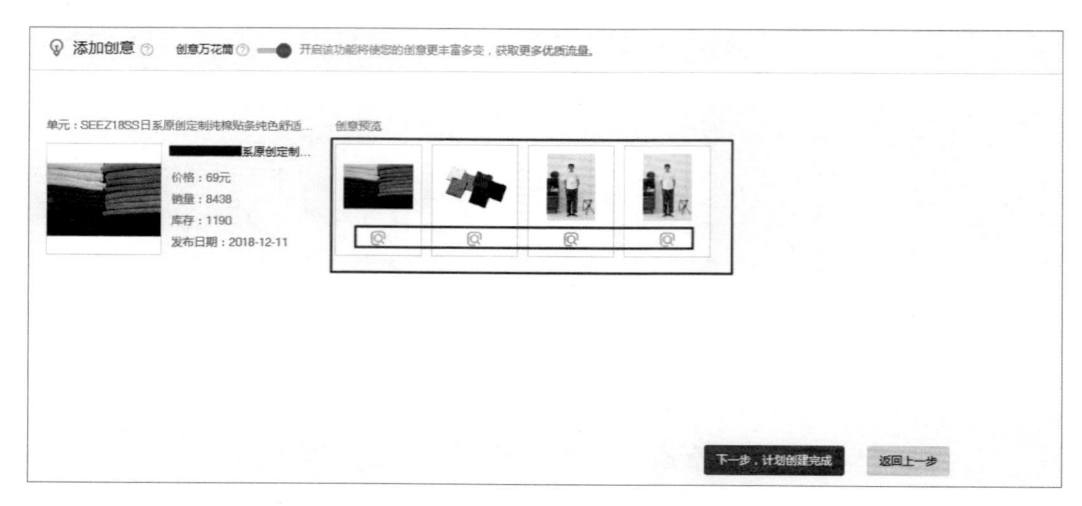

图 3-110　智钻单品拉新计划的创意设置

3.4.2　智钻单品认知转化计划

智钻单品认知转化计划对于商家来说非常重要，在单品推广中，商家的认知转化预算少于拉新计划预算，当活动大促时，特别是爆发周期内要以认知转化为主投放策略。图 3-111 所示为智钻单品认知转化计划的数据图。

1. 智钻单品认知转化计划的基础参数设置

图 3-112 所示为智钻单品认知转化计划的基础参数设置，智钻单品认知转化计划主要圈定的人群是认知用户，一个类目对应一个计划，这样，商家会获得更多的流量。

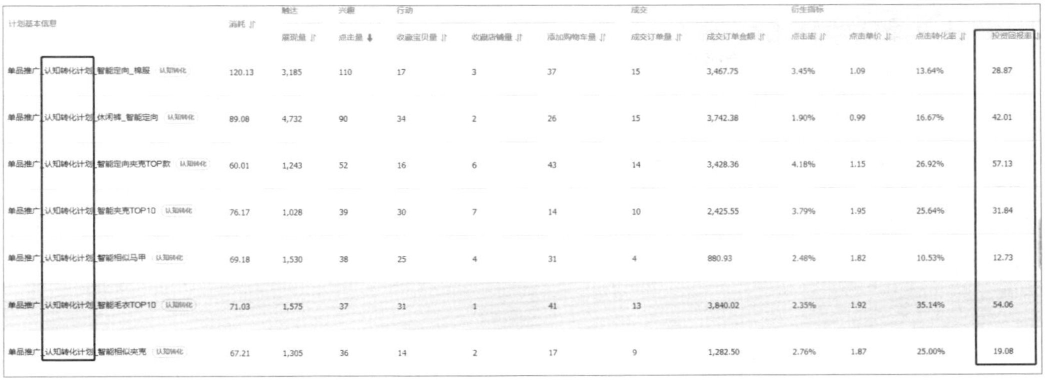

第 3 章 智钻 | 139

计划基本信息	消耗	触达		兴趣	行动			成交		伴生指标			
		展现量	点击量	收藏宝贝量	收藏店铺量	添加购物车量		成交订单量	成交订单金额	点击率	点击单价	点击转化率	投资回报率
单品推广_认知转化计划_智能定向_棉服	120.13	3,185	110	17	3	37		15	3,467.75	3.45%	1.09	13.64%	28.87
单品推广_认知转化计划_休闲裤_智能定向	89.08	4,732	90	34	2	26		15	3,742.38	1.90%	0.99	16.67%	42.01
单品推广_认知转化计划_智能定向夹克TOP款_认知转化	60.01	1,243	52	16	6	43		14	3,428.36	4.18%	1.15	26.92%	57.13
单品推广_认知转化计划_智能夹克TOP10_认知转化	76.17	1,028	39	30	7	14		10	2,425.55	3.79%	1.95	25.64%	31.84
单品推广_认知转化计划_智能相似马甲_认知转化	69.18	1,530	38	25	4	31		4	880.93	2.48%	1.82	10.53%	12.73
单品推广_认知转化计划_智能毛衣TOP10_认知转化	71.03	1,575	37	31	1	41		13	3,840.02	2.35%	1.92	35.14%	54.06
单品推广_认知转化计划_智能相似夹克_认知转化	67.21	1,305	36	14	2	17		9	1,282.50	2.76%	1.87	25.00%	19.08

图 3-111　智钻单品认知转化计划的数据图

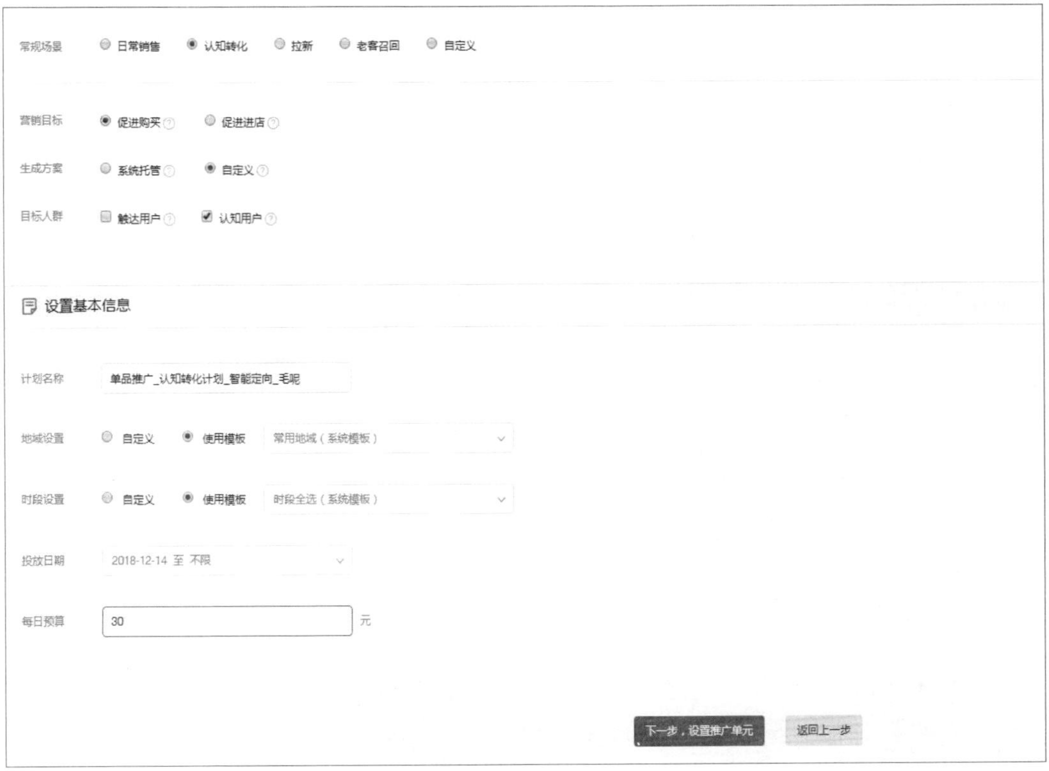

图 3-112　智钻单品认知转化计划的基础参数设置

2. 智钻单品认知转化计划的推广宝贝设置

图 3-113 所示为智钻单品认知转化计划的推广宝贝设置，商家一般会将店铺宝贝按照新品、主推款、次推款的形式进行分类测试。商家根据推广的目的选择推广宝贝，认知转化计划的推广宝贝以主推款为主，这样商家更容易获取流量。

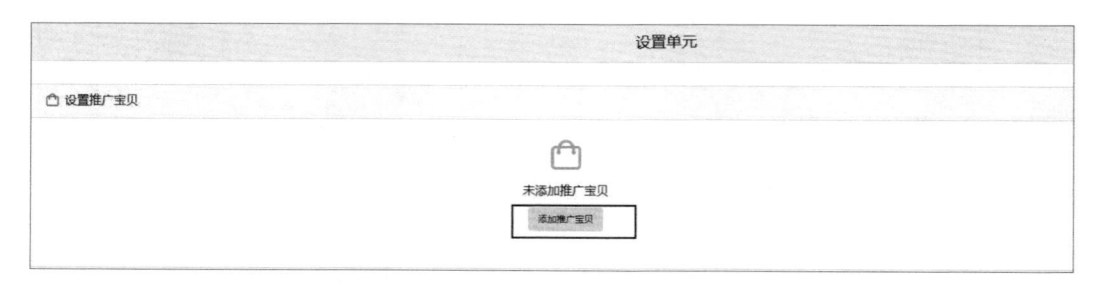

图 3-113　智钻单品认知转化计划的推广宝贝设置

3. 智钻单品认知转化计划的定向人群及出价设置

图 3-114 所示为智钻单品认知转化计划的定向人群及出价设置，如果商家只采用智能定向来认知转化，就不需要对优质人群溢价，如果商家同时采用智能定向结合优质人群溢价来认知转化，则需要单独对人群进行溢价。由于选择的是认知转化场景，因此任何一个定向人群和场景下圈定的人群是交叉关系，初次构建智钻单品认知转化计划可以智能定向为主，后期可以增加其他定向进行补充性拉新。

出价在认知转化时建议低于市场均价，以市场均价的 80%～100% 出价，然后商家根据流量效果来评估是否需要增加出价。

4. 智钻单品认知转化计划的资源位及溢价设置

图 3-115 所示为智钻单品认知转化的资源位及溢价设置。单品资源位在移动时代主要以手淘—猜你喜欢位置为主。当然，商家也可以打开其他溢价资源位。

图 3-114　智钻单品认知转化计划的定向人群及出价设置

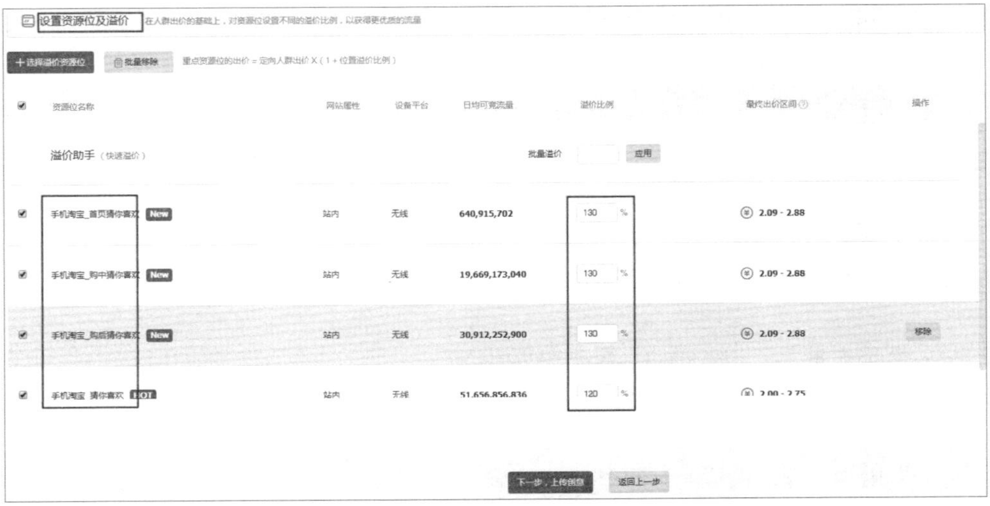

图 3-115　智钻单品认知转化计划的资源位及溢价设置

5. 智钻单品认知转化计划的创意设置

图3-116所示为智钻单品认知转化计划的创意设置，智钻单品认知转化计划的创意主要是来自宝贝的5张主图，前期商家只对宝贝主图进行测试，获得一些点击率后再持续推广。默认打开"创意万花筒"，该功能在现有创意的基础上，根据消费者特征与浏览场景进行深度匹配，由系统智能生成内容化创意进行投放，获得更多的流量。

图3-116 智钻单品认知转化计划的创意设置

3.4.3 智钻单品老客户召回计划

智钻单品老客户召回计划主要是通过核心单品及新品，把老客户重新召回来进行复购，主要的运用场景是在店铺上新和大促活动爆发阶段，如图3-117所示为智钻单品老客户召回计划的数据图。

1. 智钻单品老客户召回计划的基础参数设置

图3-118所示为智钻单品老客户召回计划的基础参数设置，老客户召回计划主要圈定的用户是成交用户，这里的成交用户是指180天内对商家的店铺宝贝有购买行为的用户，选择同一个类目投放会更好，命名清楚。

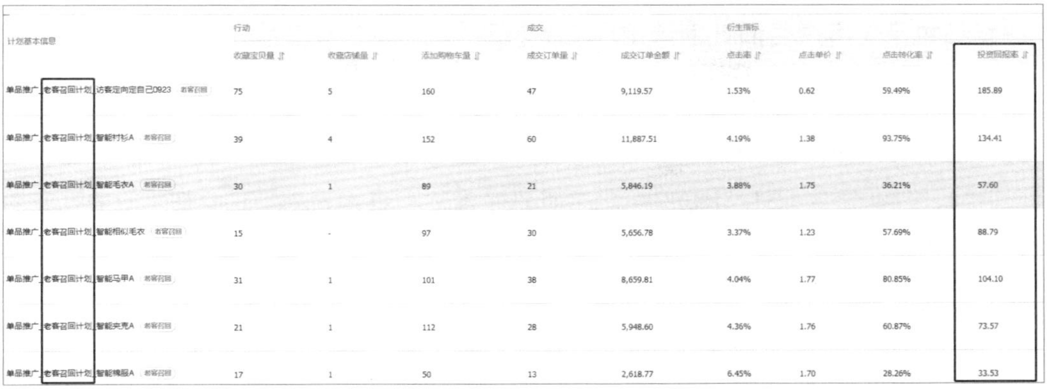

计划基本信息	行动			成交		衍生指标			
	收藏宝贝量	收藏店铺量	添加购物车量	成交订单量	成交订单金额	点击率	点击单价	点击转化率	投资回报率
单品推广_老客召回计划_访客定向定自己0923 老客召回	75	5	160	47	9,119.57	1.53%	0.62	59.49%	185.89
单品推广_老客召回计划_智能衬衫A 老客召回	39	4	152	60	11,887.51	4.19%	1.38	93.75%	134.41
单品推广_老客召回计划_智能毛衣A 老客召回	30	1	89	21	5,846.19	3.88%	1.75	36.21%	57.60
单品推广_老客召回计划_智能相似毛衣 老客召回	15	-	97	30	5,656.78	3.37%	1.23	57.69%	88.79
单品推广_老客召回计划_智能马甲A 老客召回	31	1	101	38	8,659.81	4.04%	1.77	80.85%	104.10
单品推广_老客召回计划_智能夹克A 老客召回	21	1	112	28	5,948.60	4.36%	1.76	60.87%	73.57
单品推广_老客召回计划_智能棉服A 老客召回	17	1	50	13	2,618.77	6.45%	1.70	28.26%	33.53

图 3-117　智钻单品老客户召回计划的数据图

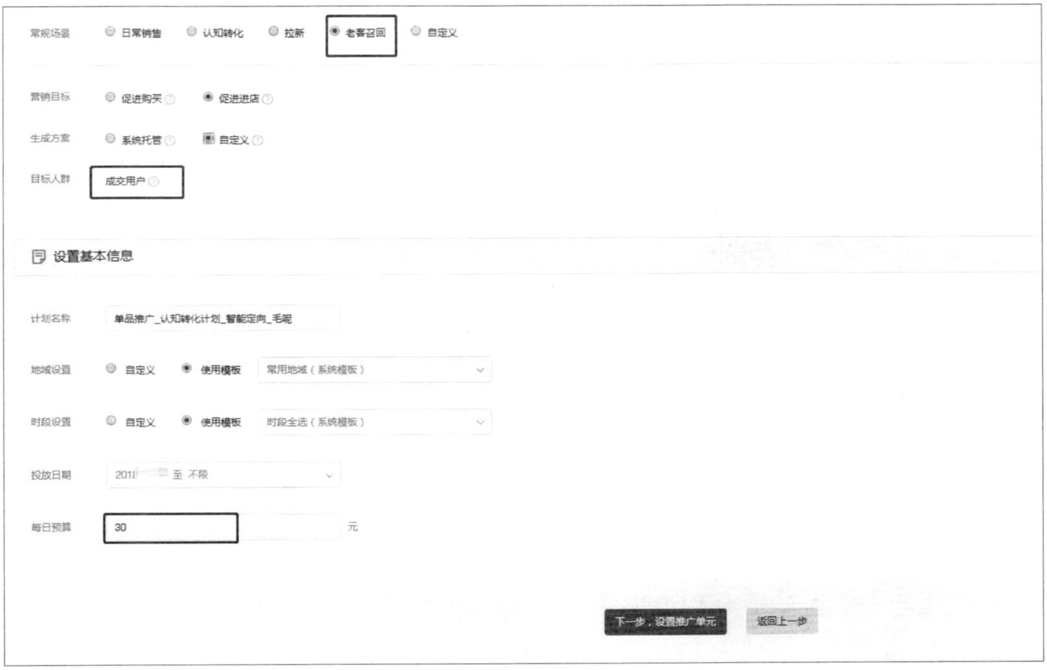

图 3-118　智钻单品老客户召回计划的参数基础设置

2. 智钻单品老客户召回计划的推广宝贝设置

图 3-119 所示为智钻单品老客户召回计划的推广宝贝设置,商家一般会将店铺宝贝按照新品、主推款、次推款的形式进行分类测试。商家根据推广的目的选择推广宝贝,智钻单品老客户召回计划的推广宝贝以主推款和新款为主,这样商家更容易获取流量。

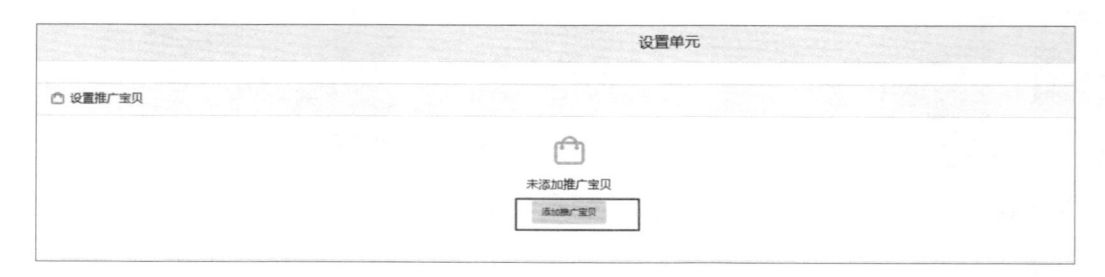

图 3-119　智钻单品老客户召回计划的推广宝贝设置

3. 智钻单品老客户召回计划的定向人群及出价设置

图 3-120 所示为智钻单品老客户召回计划的定向人群及出价设置,如果商家只采用智能定向来做老客户召回,就不需要对优质人群溢价,如果商家同时采用智能定向结合优质人群溢价来做老客户召回,则需要单独对人群做溢价。由于选择的是老客户召回场景,因此任何一个定向人群和场景下圈定的人群是交叉关系,初次构建智钻单品老客户召回计划可以智能定向为主,后期可以增加其他定向进行补充性拉新。

出价在老客户召回时建议高于市场均价,以市场均价的 120%出价,然后商家根据流量效果来评估是否需要增加出价。

4. 智钻单品老客户召回计划的资源位及溢价设置

图 3-121 所示为智钻单品老客户召回计划的资源位及溢价设置,单品资源位在移动时代主要以手淘—猜你喜欢位置为主。当然,商家也可以打开其他溢价资源位。在老客户召回时建议采用全部资源位覆盖所有的老客户,将手淘—购后猜你喜欢的溢价设置得高些,会对老客户精准召回有帮助。

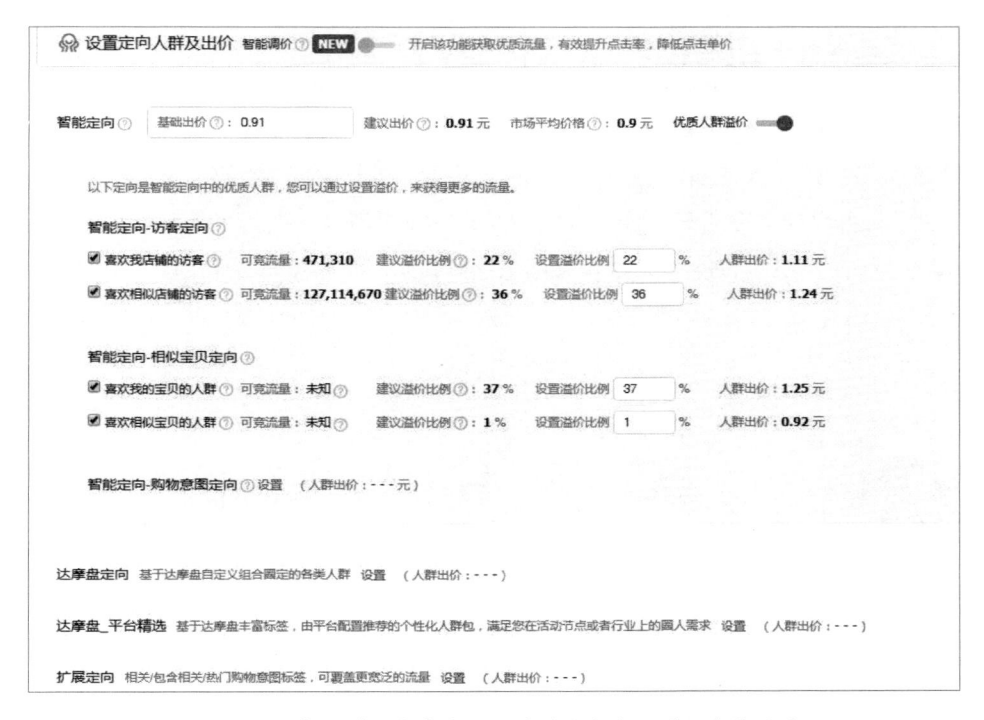

图 3-120　智钻单品老客户召回计划的定向人群及出价设置

图 3-121　智钻单品老客户召回计划的资源位及溢价设置

5. 智钻单品老客户召回计划的创意设置

图 3-122 所示为智钻单品老客户召回计划的创意设置,智钻单品老客户召回计划的创意主要是来自宝贝的 5 张主图,前期商家只对宝贝主图进行测试,获得一些点击率后再持续推广。默认打开"创意万花筒",该功能在现有创意的基础上,根据消费者特征与浏览场景进行深度匹配,由系统智能生成内容化创意进行投放,获得更多的流量。

图 3-122 智钻单品老客户召回计划的创意设置

3.5 智钻内容计划搭建

智钻内容计划主要的资源位是以微淘为主,比较适合具有较好内容产出的商家,以及在微淘活跃比较多的粉丝店铺。图 3-123 所示为智钻内容计划的报表数据图。

图 3-123 智钻内容计划的报表数据图

3.5.1 智钻内容拉新计划

智钻内容拉新计划主要是通过访客定向对手的店铺，通过微淘内容在微淘位置吸引粉丝关注店铺，进入店铺收藏加购商品。图 3-124 所示为智钻内容拉新计划的数据图。

图 3-124 智钻内容拉新计划的数据图

1. 智钻内容拉新计划的基础参数设置

图 3-125 所示为智钻内容拉新计划的基础参数设置，智钻内容拉新计划主要采用 CPM 模式进行投放，最小预算是 300 元。

2. 智钻内容拉新计划的定向人群设置

图 3-126 所示为智钻内容拉新计划的定向人群设置，选择拉新定向，访客定向选择核心竞争店铺。由于智钻系统对访客定向的 50 家店铺已经做了筛选，商家前期就可以直接用系统推荐的店铺进行一个计划下多个单元，一个单元一个店铺的定向测试投放，最终根据效果来选择核心竞争店铺。

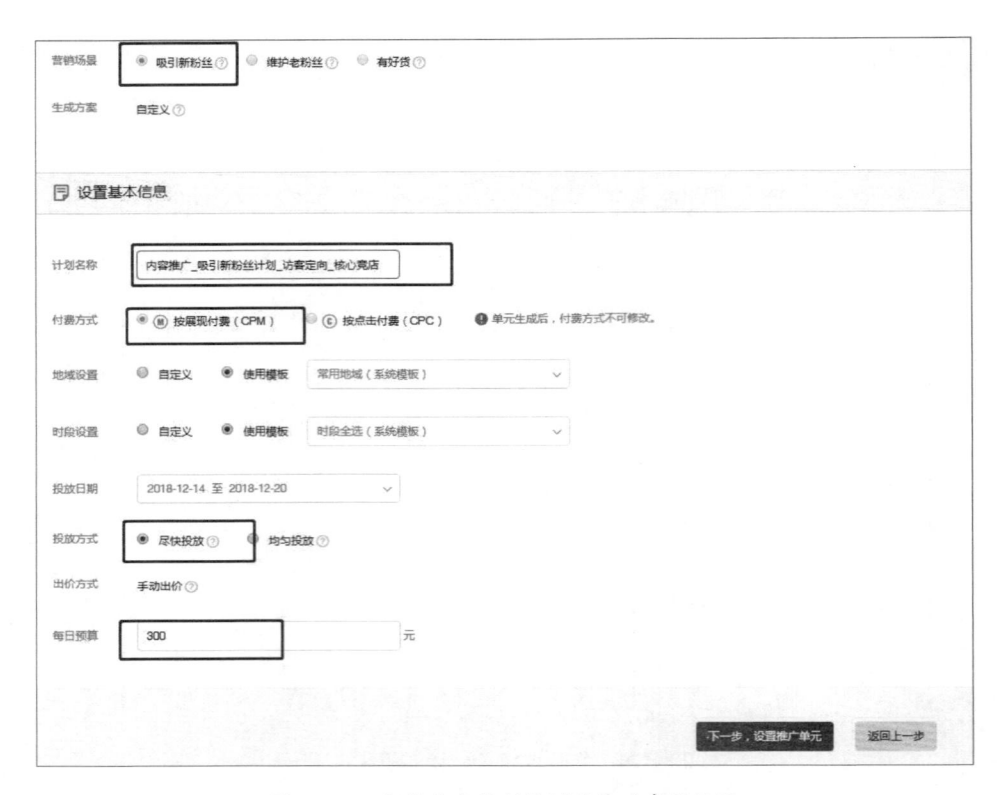

图 3-125　智钻内容拉新计划的基础参数设置

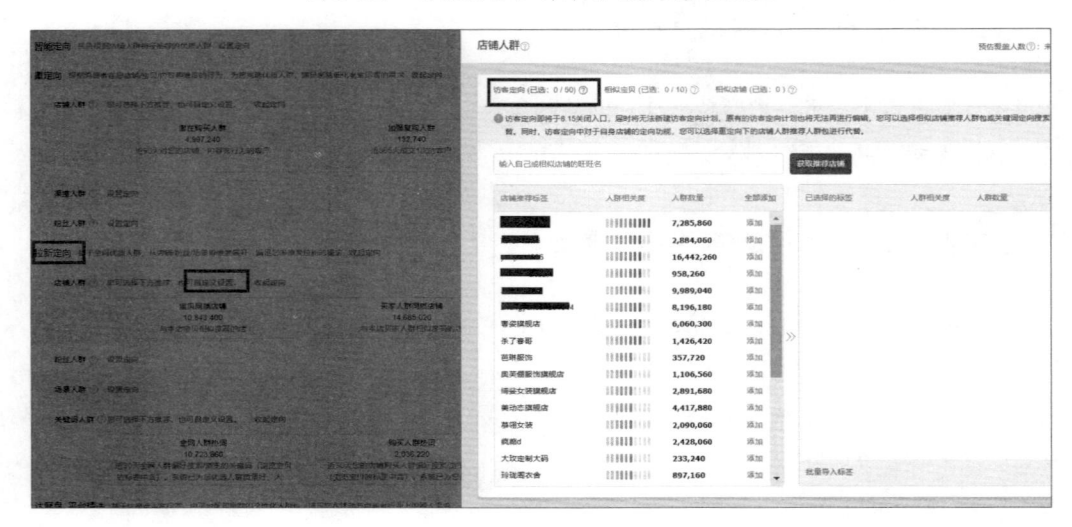

图 3-126　智钻内容拉新计划的定向人群设置

3. 智钻内容拉新计划的资源位及出价设置

图 3-127 所示为智钻内容拉新计划的资源位及出价设置，这里选择的是微淘 feeds 流热门推荐的资源位，这个位置主要在微淘中展示，如图 3-128 所示。

图 3-127　智钻内容拉新计划的资源位及出价设置

至于出价，前期基本以低出价为主，初始系统建议出价的 20%，然后根据展现情况逐步提高出价，采用系统出价必须是市场均价的 50%，所以采用手动计算出价，默认打开智能调价，有助于提升点击率。

4. 智钻内容拉新计划的创意设置

图 3-129 所示为智钻内容拉新计划的创意设置。创意库包括审核通过和待审核，先从内容中心添加后，才会出现在创意库，内容中心是微淘发布内容的适合场景。根据以往投放的经验，商家选择的创意一般是买家秀、新品剧透、单品解析。

图 3-128 微淘 feeds 流热门推荐

图 3-129 智钻内容拉新计划的创意设置

3.5.2 智钻内容维老计划

智钻内容维护老计划主要是为了盘活老客户，提高老客户对新品的吸引力，同时在开展活动时提高老客户的复购率，如图 3-130 所示为智钻内容维老计划的数据图。

计划基本信息	消耗	展现量	点击量	千次展现成本	点击率	点击单价	深度访店量	收藏宝贝量	收藏店铺量	添加购物车量	成交订单量	成交订单金额
内容推广_维护老粉丝计划_访客定向_自己	4,867.97	123,717	24,335	39.35	19.67%	0.20	3,953	1,123	11	2,288	454	103,550.08
内容推广_维护老粉丝计划_访客定向_自己_9	4,669.78	113,637	21,227	41.09	18.68%	0.22	5,778	1,138	11	2,124	527	117,536.39
内容推广_维护老粉丝计划_双11新品测试	6,826.61	64,009	10,714	106.65	16.74%	0.64	1,016	369	1	497	288	72,587.36
内容推广_维护老粉丝计划_测试	927.61	33,726	6,071	27.50	18.00%	0.15	556	145	2	157	49	12,223.53
内容推广_维护老粉丝计划_访客定向_自己_10	1,238.83	30,900	5,189	40.09	16.79%	0.24	836	186	1	428	110	24,979.96
内容推广_维护老粉丝_10	889.44	27,586	4,808	32.24	17.43%	0.18	659	125	1	321	60	14,529.23
内容推广_维护老粉丝计划	893.27	22,720	4,628	39.32	20.37%	0.19	719	116	1	204	43	8,659.40
内容推广_维护老粉丝计划_CPC	686.82	13,094	3,290	52.45	25.13%	0.21	695	105	-	331	118	28,106.50
内容推广_维护老粉丝计划_访客定向_自己_1210	473.15	13,729	2,481	34.46	18.07%	0.19	455	114	2	165	24	5,548.07

图 3-130　智钻内容维老计划的数据图

1. 智钻内容维老计划的基础参数设置

图 3-131 所示为智钻内容维老计划的基础参数设置，这里商家主要选择 CPM 模式进行投放，预算是 300 元，采用 CPM 模式投放方式能够更好地获取老客户的流量。

2. 智钻内容维老计划的定向人群设置

图 3-132 所示为智钻内容维老计划的定向人群设置，商家选择维护老客户，默认打开通投，通投方式对于客户不多的店铺比较实用，有些店铺需要对客户进行细分投放，商家可以根据客户与店铺的分层关系及客户的店铺行为轨迹进行投放，还可以选择定向投放店铺的访客人群。

图 3-131　智钻内容维老计划的基础参数设置

图 3-132　智钻内容维老计划的定向人群设置

3. 智钻内容维老计划的资源位及出价设置

图 3-133 所示为智钻内容维老计划的资源位及出价设置，这里选择的是微淘 feeds 流头条置顶资源位，商家看到老客户的投放出价可能会高一点，建议以市场均价的 50%出价，然后商家根据流量效果来评估是否需要调整出价。

图 3-133　智钻内容维老计划的资源位及出价设置

4. 智钻内容维老计划的创意设置

图 3-134 所示为智钻内容维老计划的创意设置，维老计划的创意设置和拉新计划的创意设置相同，老客户比较热衷于店铺的买家秀和新品。

图 3-134　智钻内容维老计划的创意设置

本章总结

本章节主要对智钻的构成要素、参数设置、定向原理、资源位、创意等方面进行了详细的说明,并通过群体定向、访客定向、高级兴趣点定向和 DMP 定向等多种定向方式,向人们展示了智钻丰富的展现形式。针对智钻投放策略的问题,本章详细地分析了智钻在不同使用场景下的投放方式及优化建议,帮助商家更好地精准锁定目标消费者,通过报表合理控制引流成本。通过对本章的学习,可以让读者全面地掌握智钻的定向原理及应用技巧。

本章习题

1. 智钻内容维老计划的 CPM 模式最低预算是(　　)。
A. 30 元　　　　B. 100 元　　　　C. 200 元　　　　D. 300 元
2. 内容投放资源位的出价必须大于(　　)。
A. 30%　　　　B. 40%　　　　C. 50%　　　　D. 60%
3. 智钻内容维老计划的目的是盘活老客户、_____、_____。

第 4 章
淘 宝 客

4.1 淘宝客概况

淘宝客是阿里妈妈官方旗下的一种付费推广工具，卖家通过淘宝客后台建立推广计划，根据自身宝贝的推广需求设置合适的佣金率。当发布计划后，淘宝客会帮助卖家将宝贝链接扩散推广到多个渠道（采集群、团购网站、App 等）并曝光给买家选购，淘宝客通过成交付费的模式收取一定的佣金，如图 4-1 所示。与直通车点击付费模式和钻石展位展现付费模式相比，淘宝客成交付费模式的风险更低。只要设置合适的佣金，中小卖家就可以放心尝试。

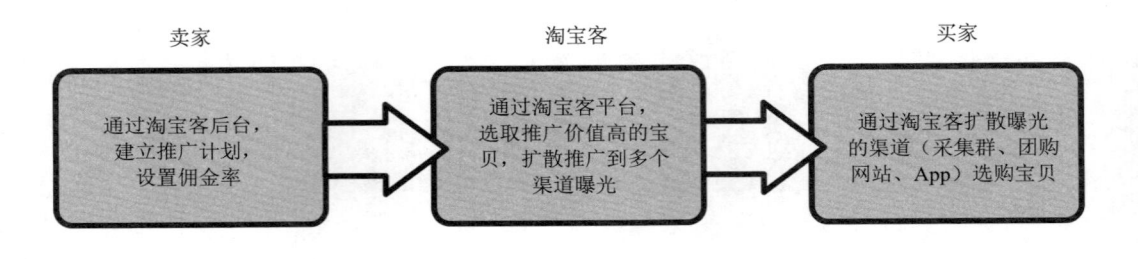

图 4-1 淘宝客流程

4.1.1 付费模式

成交付费（CPS）模式很好理解，卖家按广告点击之后产生的实际付款笔数，付给广告推广商（淘宝客）一定的销售提成费用。对于卖家而言，成交付费模式风险相对较小，因为广告的推广费用是在宝贝成交以后才支付给淘宝客的。简单来说，每通过淘宝客卖出一单，卖家支付一笔费用，那么如何计算这笔费用呢？

在淘宝客后台，这笔费用又被称为"佣金"，当卖家开通淘宝客推广功能后，默认全店加入推广计划，选择的主推宝贝可以单独设置佣金率，未单独设置佣金率的宝贝会按照类目佣金率计算。通过淘宝客推广计划的订单，按照实际成交金额乘以佣金率进行计算，运费不计算在实际成交金额内，当买家确认收货后，卖家支付宝会自动扣除这部分佣金。

举例：小明的订单付款金额总计是 108 元，运费是 8 元，佣金率是 10%，则佣金是（108-8）×8%=8 元。

4.1.2 淘宝客计划

卖家开通淘宝客功能后，可以根据自身的需求，选择建立合适的推广计划，下面简单介绍几种常见的淘宝客计划。

1. 通用计划

当卖家刚开通淘宝客时，通用计划选择默认开通，通用计划并不是针对某个宝贝设置佣金率，而是针对类目设置佣金率，卖家若要添加主推宝贝，可以单独设置较高的佣金率，也可以选择其他针对单个宝贝制订的推广计划（如营销计划）。淘宝不同类目的最低佣金率其设置各不相同，通常建议类目佣金率设置为规定要求的最低值即可，如图4-2所示。

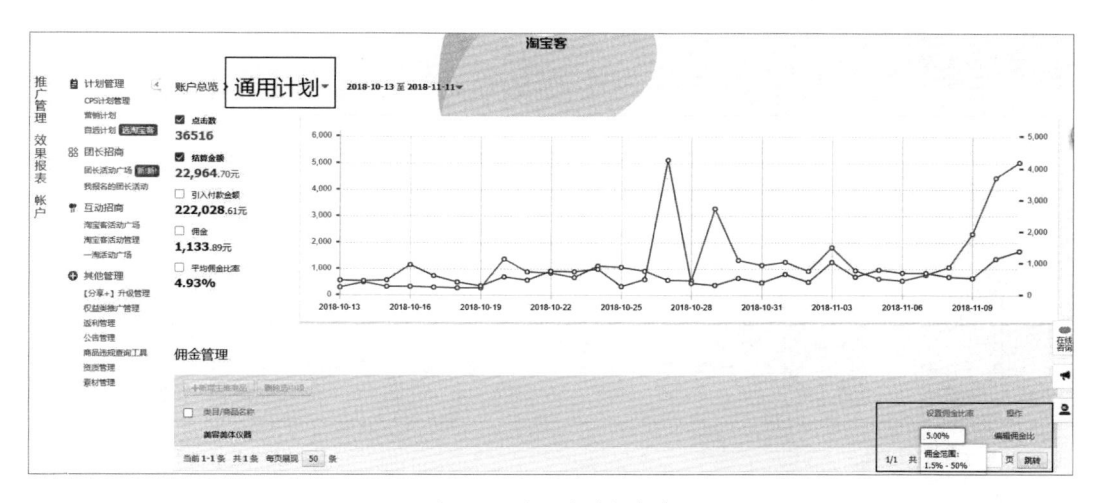

图 4-2 通用计划佣金率

2. 营销计划

营销计划属于单品推广计划的一种，也是近来淘宝联盟推出的新计划，由于营销计划的设置简洁、灵活，它已经成为大多数淘宝卖家与天猫卖家较熟悉的推广计划。营销计划的页面可以面向单品宝贝设置佣金率与推广时间，结合阿里妈妈优惠券进行推广，如图4-3

和图 4-4 所示。

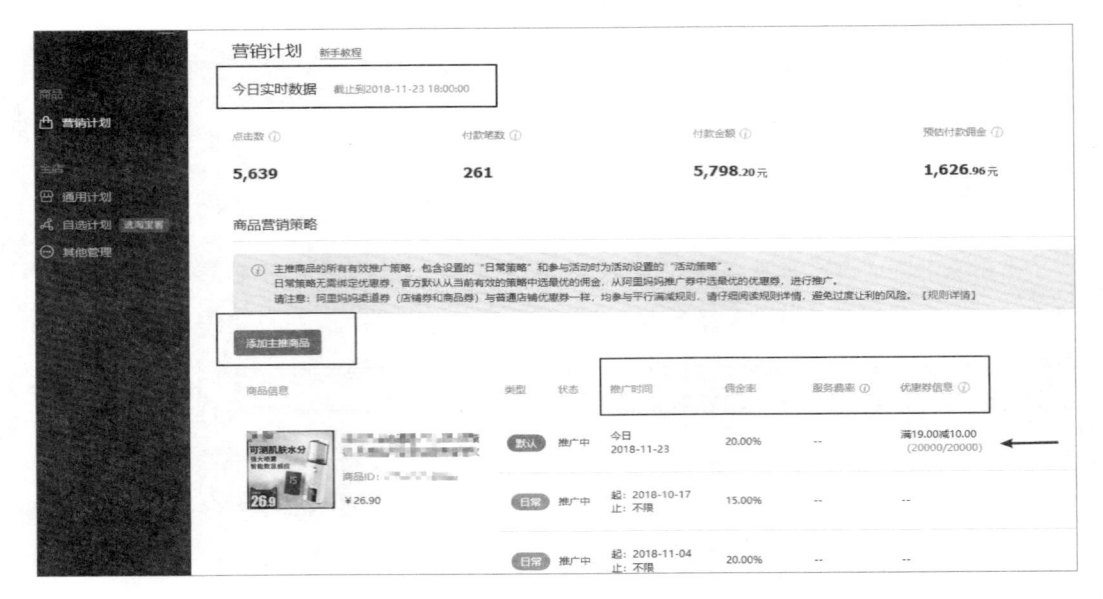

图 4-3　营销计划页面

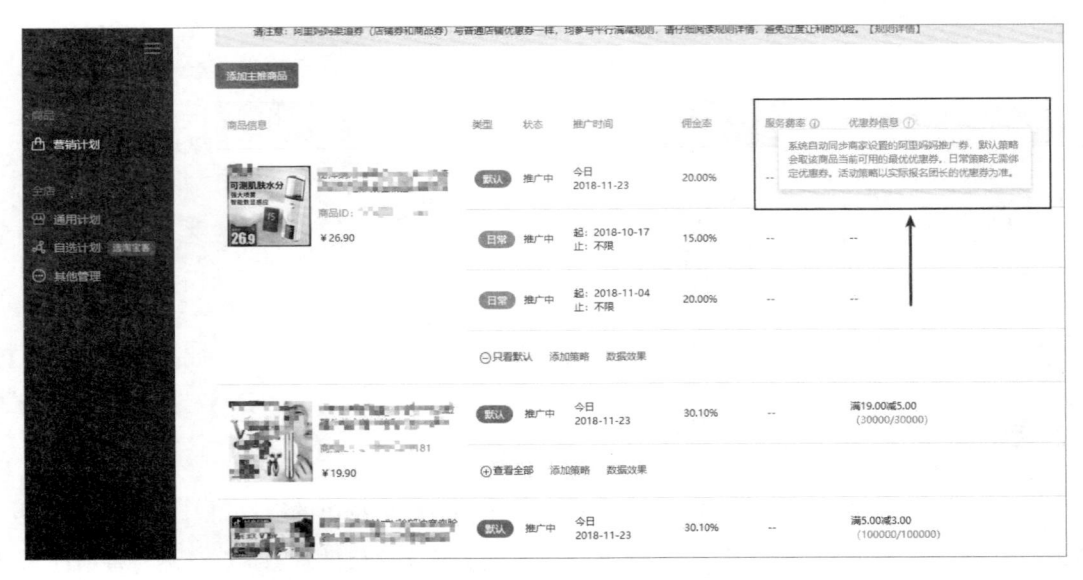

图 4-4　自动同步阿里妈妈优惠券

为了让初次接触淘宝客推广的中小卖家更加直观地了解营销计划，下面总结几点关于营销计划的优势。

- 后台实时更新数据，卖家可以实时了解到宝贝的推广效果，把握住主推宝贝的推广节奏。
- 卖家可以绑定营销工具，例如，添加阿里妈妈优惠券，让淘宝客更清晰地了解到宝贝的优惠力度，推广效果更佳。
- 公开面向所有淘宝客，卖家的店铺可以获得更高的流量曝光，并拥有确定性流量支持，淘宝客流量将优先推广加入营销计划的商品库。
- 针对单品宝贝设置佣金率和推广时限，卖家推广策略选择性更加灵活多变。营销计划后台设置简洁明了，推荐中小卖家多去实际操作。

3．定向计划

定向计划是面向经过卖家选择的某一部分淘宝客设置的推广计划。卖家最多可以创建30个定向计划，每个定向计划最多可以添加30个主推宝贝，而且各个计划在运行过程中互不冲突。那么为什么淘宝客后台推出了如此复杂的定向计划呢？

由于通用计划的佣金率是针对类目设置的，在同一个经营类目中，卖家出售的宝贝、利润率不尽相同，难以设置相同的佣金率，所以不建议设置较高的通用计划佣金率，而定向计划的存在很好地解决了这个问题。定向计划可以针对卖家的主推宝贝单独设置高佣金率，并面向卖家筛选的淘宝客开放，从而加强推广力度。目前的淘宝客后台，无法设置公开的定向计划，所以定向计划是所有推广计划中最私密的。

在很多卖家的实操场景中，定向计划广泛适用于结合主播秒杀活动进行推广。在定向计划设置页面，人们可以看到每个定向计划都会附带一个邀请链接，卖家只需要复制邀请链接，并发送给洽谈好合作要求的淘宝客即可。如图4-5所示，淘宝客在收到邀请链接后会申请加入定向计划，卖家同意审核后即可开始。

图 4-5　定向计划邀请链接

4．自选计划

　　自选计划是为卖家方便管理淘宝客而制订的新计划，与定向计划相似，它原本属于定向计划的一个分支，由于淘宝客后台更新版本后，无法设置公开的定向计划，所以推出了一个可以公开自动审核定向计划的自选计划。自选计划仅有一个，卖家可以自行选择是否开启自选计划，淘宝联盟平台会比较卖家设置各种计划的佣金率（不包含定向计划），在自选计划中选择最高的佣金率进行推广。卖家可以根据各个淘宝客的推广情况，选择优秀的淘宝客，与其建立具体的推广关系，如为某淘宝客开设人工审核的高佣金率定向计划。定向计划的页面展示了多种淘宝客推广信息，如推广者信息、推广者能力、近 30 天贡献点击、近 30 天贡献成交金额、近 30 天贡献佣金金额等，如图 4-6 所示。卖家可以根据这些信息分析店铺的淘宝客的推广能力。对于推广能力较差的卖家来说，淘宝客可以选择暂停推广；对于推广能力较强的卖家来说，淘宝客可以选择与其进行长期合作，如图 4-7 所示。

图 4-6　自选计划淘宝客推广信息

图 4-7　自选计划暂停推广者操作

5．团长招商

上文介绍的几种淘宝客计划均是以卖家作为主体，选择主推宝贝设置佣金率，吸引淘宝客进行合作推广的模式，相当于淘宝客在选卖家。团长招商活动最大的不同是卖家选择淘宝客，在团长招商广场页面中，卖家可以选择适合自身的活动进行报名，每个活动信息都包含营销场景、招商团长历史数据、报名截止时间、活动起止时间、预估单品平均成交、佣金率要求等，如图 4-8 所示。在以上活动信息中，读者可以多留意营销场景和招商团长历史数据。在营销场景中，包含品牌团、单品招商、券直播、白菜价、直播/达人招好货、聚划算拼团等，如图 4-9 所示，卖家可以根据自身的需求进行筛选。招商团长历史数据对于初次接触淘宝客推广的中小卖家来说作用较大，由于中小卖家自身并没有积累太多的淘宝客资源，可以在团长招商广场根据其历史数据，选择推广能力较强的淘宝客作为自身资源的积累。

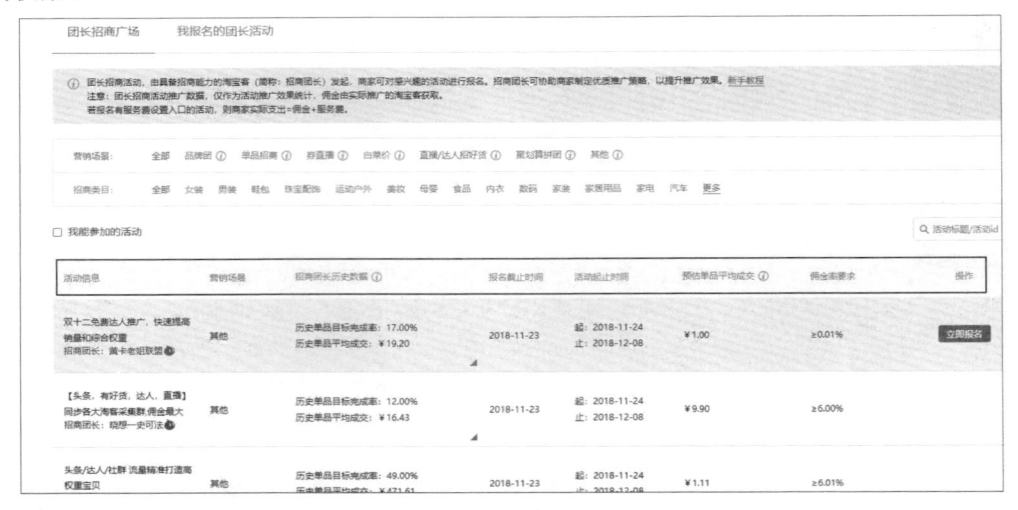

图 4-8　团长招商广场活动信息

图 4-9　团长招商广场活动的营销场景

4.1.3 淘宝客的优势

在前文概述中,笔者介绍了淘宝客付费模式和几种常见的淘宝客计划,也说明了淘宝客适合中小卖家操作的原因,下面总结淘宝客的优势。

1. 淘宝客流量大/起量快

淘宝客作为阿里妈妈官方旗下的付费推广工具,具有流量大的特点,且淘宝客引进的流量是有权重的。众所周知,在天猫卖家和淘宝卖家的经营思维中,核心要素是以各种免费、付费流量渠道的曝光带动手淘搜索量的增长,因此,淘宝客流量还是有很大帮助的。首先淘宝客流量遍布互联网,流量曝光率高,如 PC 端的打折返利网站、各大门户网站导航栏、无线端的各类团购省钱 App(柚子街、花生日记、小米生活、宝宝树等)、淘宝客自由采集群(QQ 群、微信群);其次对于推广力度大的宝贝,淘宝客会积极扩散到多种渠道共同助推,对于懂得熟练操作淘宝客的卖家而言,利用淘宝客一天推广上万单并不是一件难事,如图 4-10 所示为淘宝客推广数据较高的类目。

图 4-10 淘宝客推广数据较高的类目

2. 风险低

由于淘宝客的成交付费模式只有在宝贝成交的情况下，卖家才需要支付佣金，因此对于操作熟练的卖家而言，除去主动亏损引流的情况，基本不存在成本难控制导致亏损的风险。与直通车和钻石展位相比，淘宝客是三大付费推广渠道中风险最易控制的一种。

3. 适合中小卖家操作

与直通车和钻石展位相比，淘宝客不需要添加关键词，不需要考虑如何降低出价，不需要考虑定向展现某类客群等问题，因此，淘宝客适合中小卖家操作。

4.2 淘宝客的基本操作

下面介绍淘宝客的基本操作，包括佣金率的设置、推广计划的建立、各种计划应用场景等。

4.2.1 佣金率的设置

1. 根据宝贝利润率设置佣金率

对于中小卖家而言，亏损风险是必须考虑的要素，那么卖家如何在不亏损的前提下，实际操作淘宝客推广呢？卖家得明确如何计算淘宝客支付佣金，公式如下：

支付佣金=宝贝实际成交单价×佣金率×淘宝客推广销量

其中，宝贝实际成交单价是指在淘宝客推广渠道中，买家实付的单个商品的金额。为了提高淘宝客推广过程中的转化率，卖家通常会给淘宝客发送阿里妈妈优惠券（此优惠券并不影响正常买家购买的成交价格），如图4-11所示。

图 4-11　结合优惠券的推广文案

举例：A 宝贝实际成交单价为 5 元，佣金率为 20%，通过淘宝客渠道推广了 1000 单，那么支付佣金为：5×20%×1000=1000 元。

可以看到，在上述公式中，宝贝实际成交单价和佣金率均是由卖家控制的，那么卖家如何控制推广过程中的亏损风险呢？公式如下：

$$单个亏损金额 = 宝贝实际成交单价 \times (1-佣金率) - 宝贝综合成本$$

其中，宝贝的综合成本包含宝贝拿货价、运费、人工费、其他损耗费等。

举例：B 宝贝实际成交单价为 20 元，佣金率为 30%，宝贝综合成本为 15 元，那么此宝贝单个亏损金额为：20×(1-30%)-15=-1 元。

所以卖家在实际操作淘宝客推广时，需要根据每个宝贝的实际利润来设置佣金率，在控制最小风险的情况下，将推广效果做到最好。

2．根据同行卖家的佣金率设置自身的佣金率

卖家设置佣金率除了需要考虑宝贝的利润率，还需要考虑在整个行业中所设置的佣金率有没有优势。那么卖家如何能够看到同行卖家设置的佣金率呢？

我们通过淘宝客后台的淘宝联盟可以看到其他卖家设置的佣金率，在淘宝联盟页面的搜索栏中（见图 4-12），输入宝贝关键词或者同行宝贝链接，可以看到同行卖家设置的佣金率，如图 4-13 所示。

图 4-12　淘宝联盟页面搜索栏

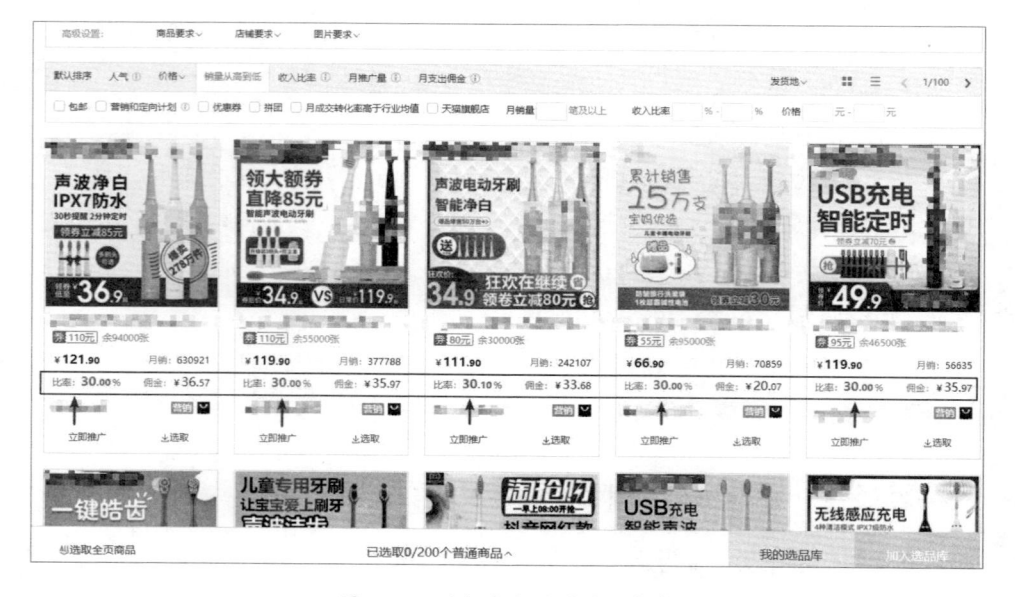

图 4-13　同行卖家设置的佣金率

如果卖家设置的佣金率高于行业平均值，那么就会造成不必要的损失；如果卖家设置的佣金率低于行业平均值，那么宝贝在淘宝客推广中并不能够获得足够的优势。作为卖家，在进行淘宝客推广之前，要充分了解自身所处行业的平均佣金率。

举例：A 卖家和 B 卖家卖的是同类型宝贝，它们的最终售价均为 50 元，基础销量等其他条件都差不多，行业的佣金率均值为 15%；而 A 卖家设置的佣金率为 5%，B 卖家设置的佣金率为 20%，哪一家的淘宝客推广效果会更好？

答案是 B 卖家的推广效果会更好。因为淘宝客每推广一个 A 卖家的宝贝，获取的佣金为 2.5 元，而淘宝客每推广一个 B 卖家的宝贝，获取的佣金为 10 元，在 A、B 两家店铺宝贝的其他外部条件差不多的情况下，淘宝客会选择性偏向 B 卖家。

3．根据竞争对手店铺设置佣金率

卖家除了需要了解行业平均佣金率，还需要分析竞争对手设置的佣金率，因为淘宝"千人千面"的存在，整个行业并不是所有的宝贝都展现在同一个层级，不可避免地要涉及同行业竞争对手的流量分析。充分分析竞争对手，有助于卖家更好地了解到自身宝贝的不足，做到"知己知彼，百战不殆"。卖家可以借助生意参谋竞争情报分析竞争对手，如图 4-14 所示，借助生意参谋市场行情，分析宝贝的流量来源，如图 4-15 所示。如果没有订购相关功能，卖家也可以根据相似宝贝的销量初步分析竞争对手。

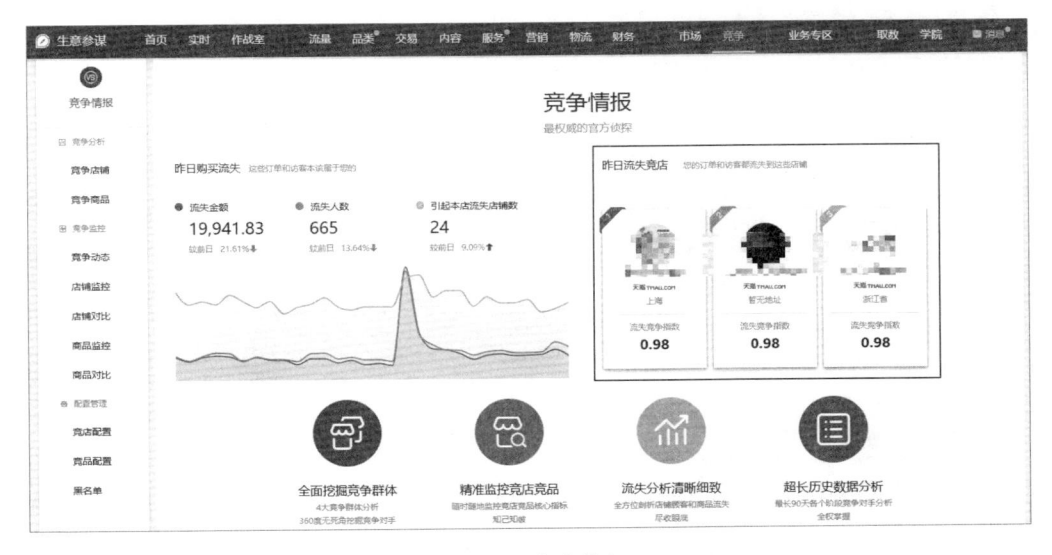

图 4-14　竞争情报

Top10流量来源

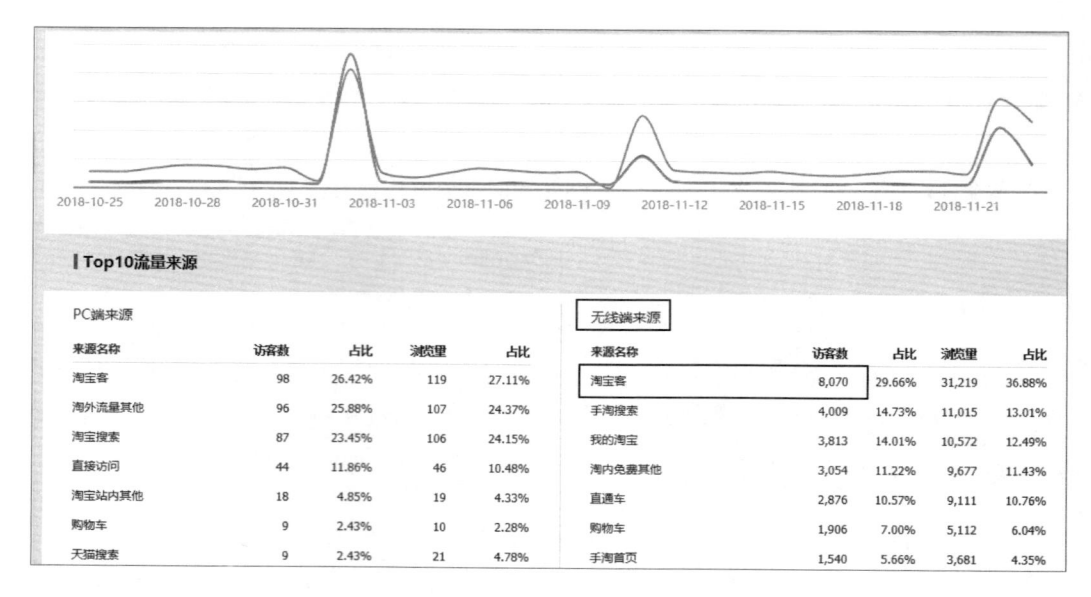

PC端来源

来源名称	访客数	占比	浏览量	占比
淘宝客	98	26.42%	119	27.11%
淘外流量其他	96	25.88%	107	24.37%
淘宝搜索	87	23.45%	106	24.15%
直接访问	44	11.86%	46	10.48%
淘宝站内其他	18	4.85%	19	4.33%
购物车	9	2.43%	10	2.28%
天猫搜索	9	2.43%	21	4.78%

无线端来源

来源名称	访客数	占比	浏览量	占比
淘宝客	8,070	29.66%	31,219	36.88%
手淘搜索	4,009	14.73%	11,015	13.01%
我的淘宝	3,813	14.01%	10,572	12.49%
淘内免费其他	3,054	11.22%	9,677	11.43%
直通车	2,876	10.57%	9,111	10.76%
购物车	1,906	7.00%	5,112	6.04%
手淘首页	1,540	5.66%	3,681	4.35%

图 4-15 分析宝贝的流量来源

如何分析竞争对手店铺的佣金率？卖家可以打开淘宝联盟，在"联盟产品"—"自助推广"—"单品店铺推广"—"店铺推广"中，输入店铺名称或卖家旺旺进行搜索查看，如图4-16所示。

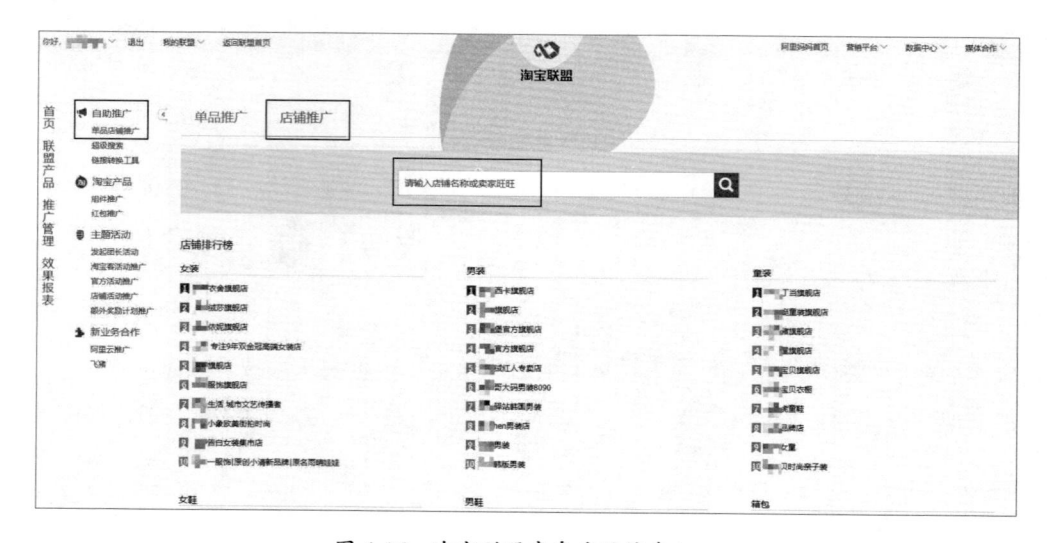

图 4-16 淘宝联盟竞争店铺搜索入口

在找到竞争对手店铺后，卖家可以看到该店铺淘宝客的推广情况，如图 4-17 所示。单击"查看计划"，卖家可以看到竞争对手店铺设置的佣金率，还可以对竞争对手店铺的佣金率做好记录表格，进行必要的统计分析。

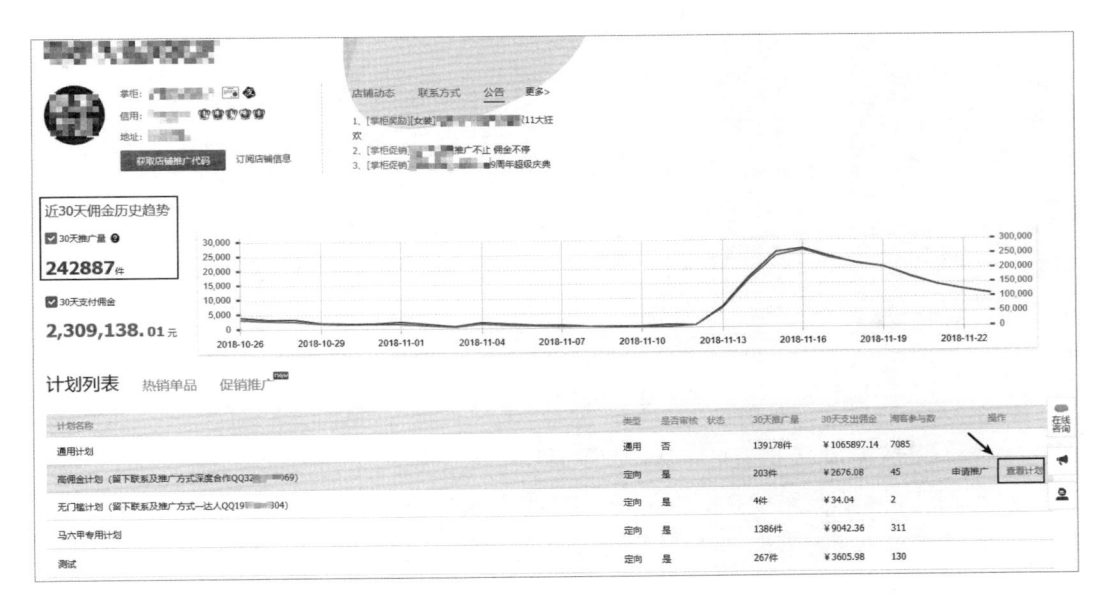

图 4-17　竞争对手店铺推广计划查询

4.2.2　推广计划的建立

1. 通用计划的建立

当卖家刚开通淘宝客时，通用计划需要选择为"默认"开通，所以通用计划在所有卖家开通淘宝客时已经建立好。在通用计划建立好后，卖家设置佣金率的步骤为：卖家打开淘宝客后台的"通用计划"页面，在页面的右下角可以根据要求，设置卖家的佣金率，在一般情况下，类目最低佣金率是 1.5%，不同类目的佣金率可能存在略微差别，如图 4-18 所示。

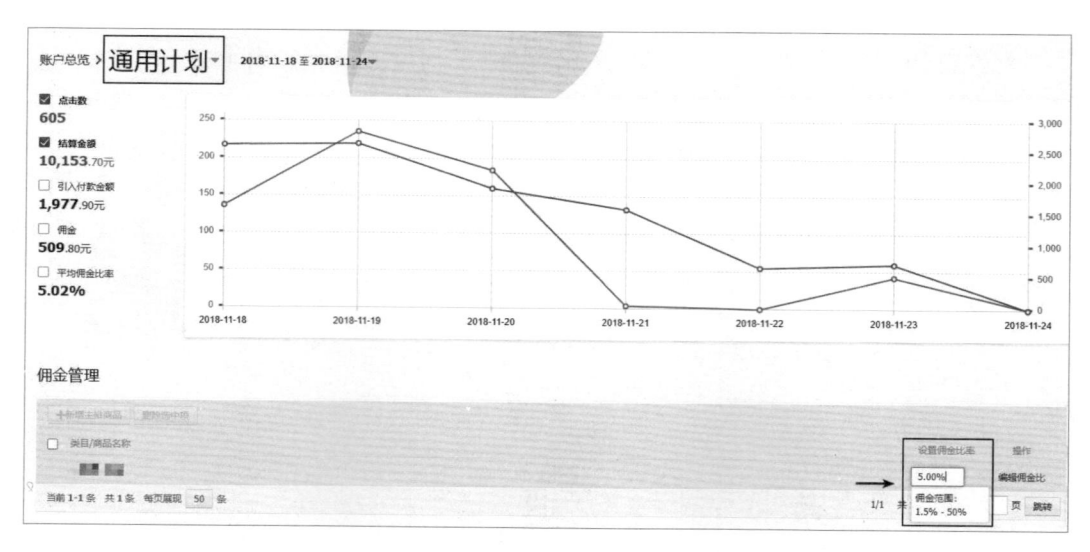

图 4-18 通用计划佣金率设置

通用计划设置的佣金率普遍较低，主要有以下两个原因。

- 通用计划的佣金率针对店铺内整个类目的所有宝贝适用，而卖家并不是所有宝贝都需要主推，主推宝贝可以设置高佣金率进行单品推广，所以有些需求量并不大的宝贝或者利润率很低的宝贝，并不适合淘宝客设置高佣金率，只需设置一个较低的佣金率即可。
- 针对一些第三方返利类型 App（花生日记、省钱快报等），买家在 App 中可以搜索宝贝，并领取阿里妈妈优惠券进行购买，此时推广方式由淘宝客推广变成了买家主动搜索，如图 4-19 所示。通常第三方返利类型 App 或者网站都是自动获取宝贝后台淘宝客推广链接的，是否有高佣金率的计划都会展现在此类渠道，所以对于某些不冲销量的宝贝，并不需要设置过高的佣金率。

2. 营销计划的建立

淘宝客后台改版后上线的营销计划，其简洁的页面设计和灵活的计划应用受到广大卖家的青睐。作为一个公开面向所有淘宝客的单品推广计划，推荐卖家选择适合的主推商品进行添加推广。那么，如何建立一个营销计划？

我们打开淘宝客后台，单击"营销计划"选项，进入营销计划页面，如图 4-20 所示。

图 4-19 第三方返利平台页面

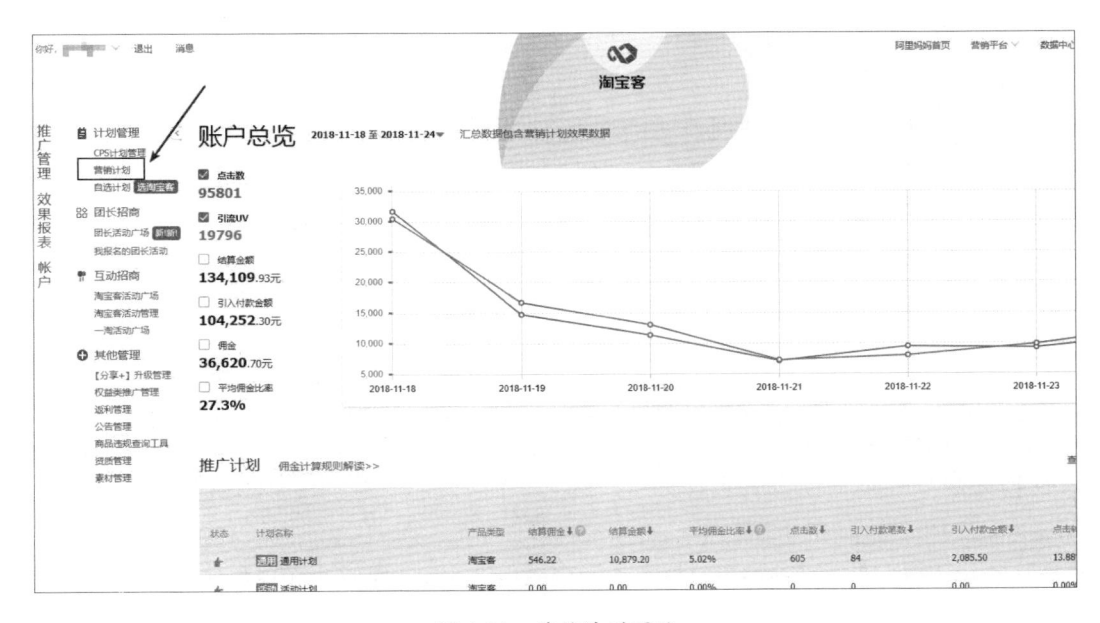

图 4-20 营销计划页面

在营销计划页面中，单击"添加主推商品"按钮，添加需要推广的商品，如图 4-21 和图 4-22 所示。

图 4-21 单击"添加主推商品"按钮

图 4-22 添加需要推广的商品

在营销计划中，单品推广最多可以添加 1000 个宝贝进行推广，而且不可重复添加宝贝，已经添加过的宝贝不能再次选择。

选择需要主推的宝贝后，卖家可以根据推广节奏设置佣金率。在一般情况下，将营销计划的佣金率控制在 5%～90%之间，不同类目的佣金率可能有略微差异，卖家需要根据宝贝的利润率、主要竞争店铺宝贝的佣金率或者行业平均佣金率等多个维度作为参考依据设置佣金率。在此需要注意的是，营销计划的佣金率最快的生效时间是次日，也就是说今天设置的营销计划佣金率，当日淘宝客不能以本次的佣金率参与推广。

同一个宝贝，在营销计划中可以设置 3 个日常推广策略，如图 4-23 所示。读者可以看到，在 3 个时间段设置了 3 个不同的佣金率，分别是 2018 年 11 月 26 日至 2018年 11 月 29 日设置为 15%的佣金率，2018 年 11 月 30 日至 2018 年 12 月 7 日设置为 30%的佣金率，2018 年 12 月 8 日至 2018 年 12 月 18 日设置为 15%的佣金率。根据设置的不同佣金率可以判断，针对这个宝贝，卖家的推广节奏是平稳期—爆发期—维护期。只要卖家在不同的时间段设置了推广策略，那么营销计划将会按照提前设置的佣金率自动执行。

图 4-23　营销计划推广策略设置

卖家设置了相应的策略后，可以在营销计划主页面进行修改策略和删除策略，以方便及时调整推广节奏，需要注意的是，修改策略和删除策略也是次日生效。在营销计划主页面中，我们可以看到宝贝通常会有 3 种类型的策略，即默认策略、日常策略、活动策略，如图 4-24 所示。

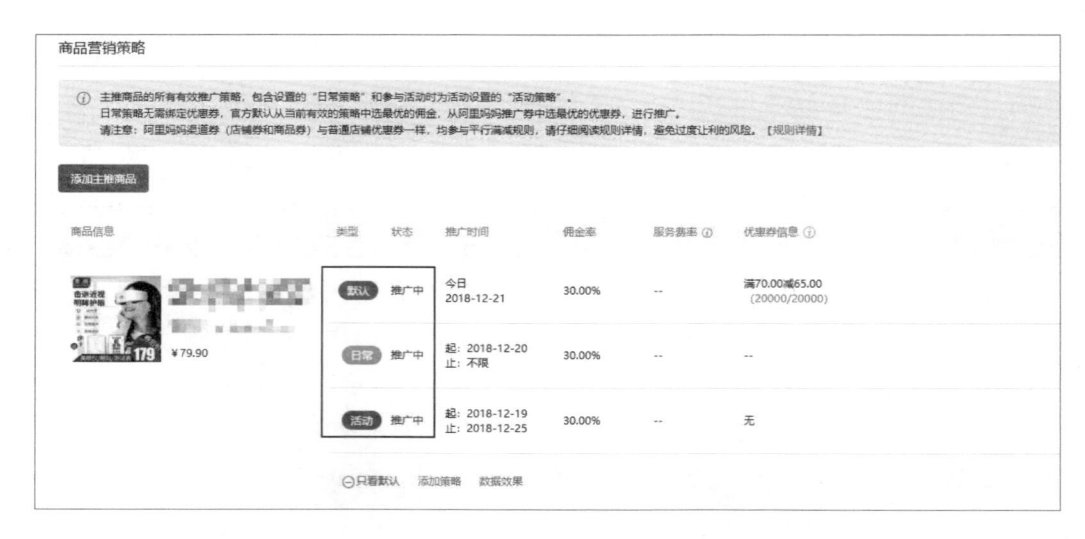

图 4-24　营销计划的 3 种策略

- 默认策略是系统自动选取的平台推广策略，在默认策略中，系统会根据当前有效策略中最优的方案（最优佣金率结合最优阿里妈妈优惠券）进行推广，若当前时间段并没有有效策略，那么系统会抓取开始时间最近的有效策略到默认策略中，卖家是不可以操作默认策略的。
- 日常策略是卖家自主设置的策略，卖家可以设置 3 种不同的日常策略，在此不做说明。
- 活动策略是指卖家主推某款宝贝，报名团长招商活动后，通过审核，系统将相关策略自动同步到营销计划的活动策略中，以方便卖家管理。

3. 定向计划的建立

定向计划作为所有淘宝客后台推广最私密的一种计划，只针对卖家选择的淘宝客开放，并不是面向所有的淘宝客开放。定向计划指的是卖家可以定向招募、邀约或者满足计划设置要求的淘宝客才能申请参与定向计划的推广，对于不满足要求的淘宝客，卖家可以主动拒绝申请。那么，卖家如何建立定向计划呢？

打开淘宝客后台，找到定向计划，单击"新建定向计划"按钮，如图 4-25 所示。

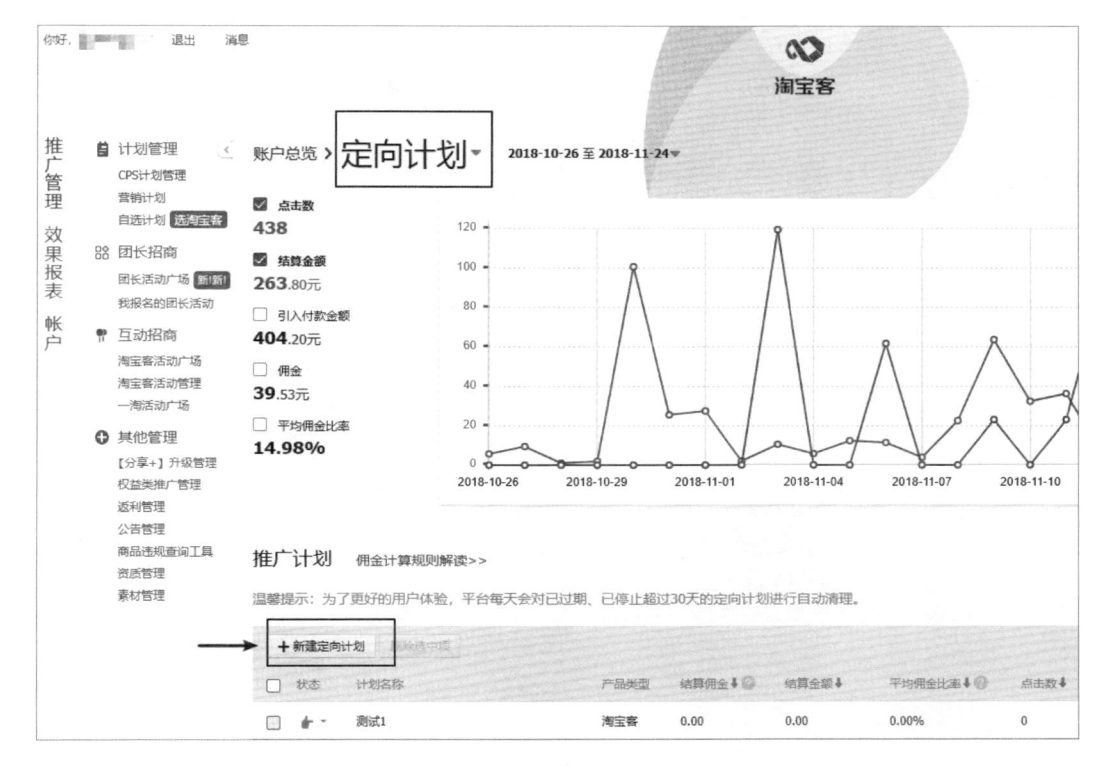

图 4-25　单击"新建定向计划"按钮

在新建定向计划页面，卖家可以设置计划名称、审核方式（现在只能设置手动审核）、起止时间、类目佣金率等。卖家可以为佣金率设置多个级别，有助于提升淘宝客推广的积极性。对于合作时间长久、推广能力较强的淘宝客而言，卖家可以设置高佣金率作为回报，鼓励这些淘宝客更加尽力地帮助店铺推广；对于一些刚开始合作的、相互没有建立好完善合作默契的或者推广能力并不出众的淘宝客而言，卖家可以适当降低佣金率，有利于激发他们推广的积极性。佣金率的提高代表了淘宝客收入的增加，这样设置有助于淘宝客和店铺进行更加紧密的合作。当然卖家也可以与淘宝客设置阶梯性的佣金率，如月推广量保证达到 200 件以上，可申请 15%佣金率；月推广量保证达到 500 件以上，可申请 20%佣金率；月推广量保证达到 1000 件以上，可申请 30%佣金率，如图 4-26 所示。

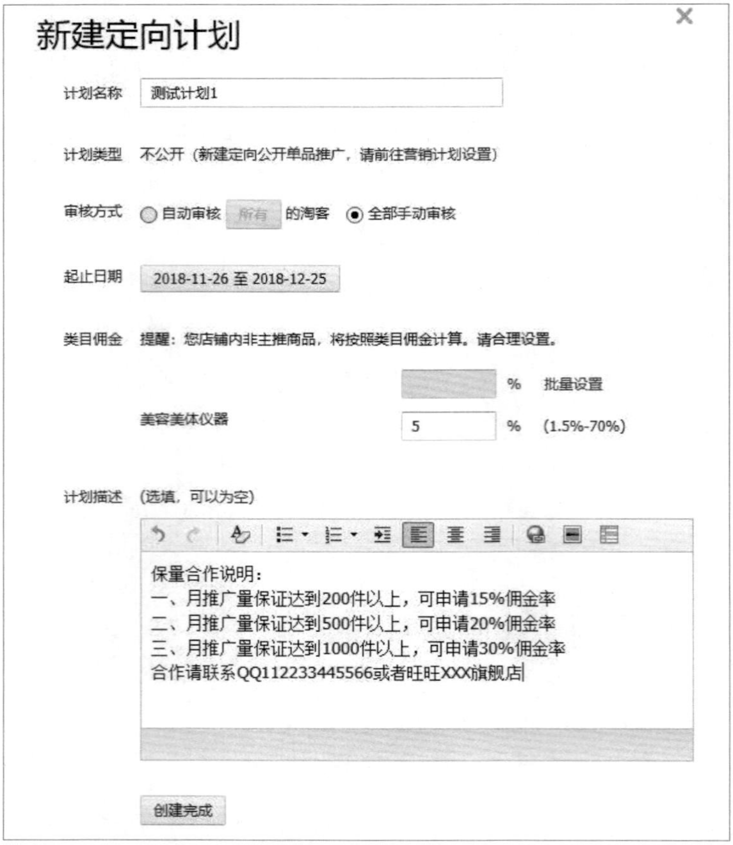

图 4-26　设置阶梯性佣金率

作为一个私密的计划，建立好的定向计划并不向所有的淘宝客展示，那么，卖家如何将设置的定向计划发送给已经选择的淘宝客呢？在"定向计划"选项中，单击"查看计划信息"，在页面下方有一个邀请链接，卖家可以将其自由地发送给选择的淘宝客，如图 4-27 所示。

4．团长招商的建立

团长招商以淘宝客为主体，由淘宝客发出邀请链接或者由淘宝客建立招商活动，卖家报名参加的一种淘宝客计划。所以团长招商跟上文介绍的几种计划略微不同，卖家本身并不需要建立计划，那么，卖家如何参与淘宝客团长招商活动呢？

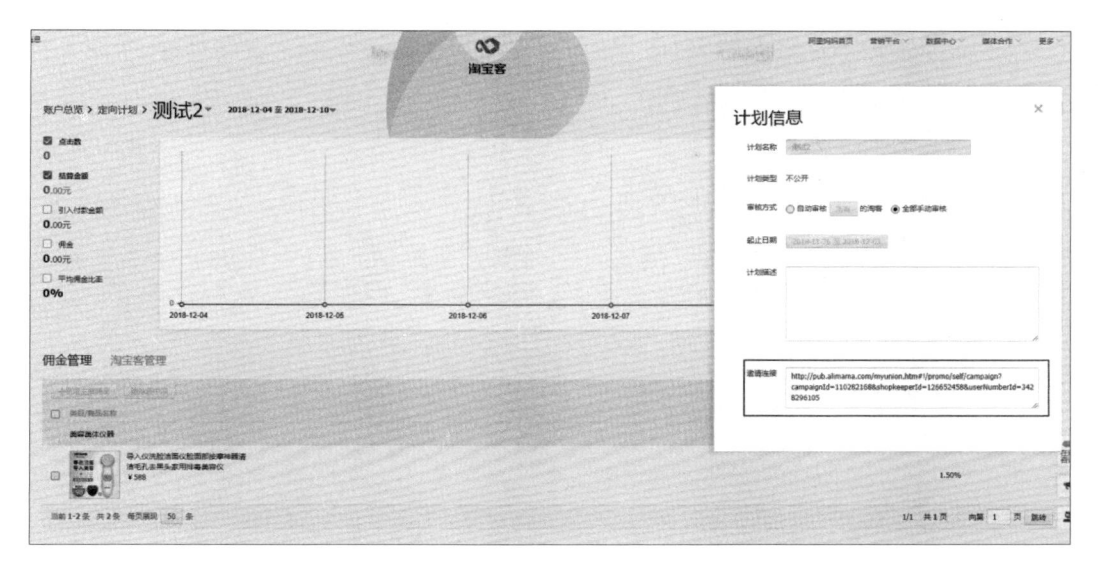

图 4-27 定向计划的邀请链接

打开淘宝客后台，单击"团长活动广场"选项，如图 4-28 所示。

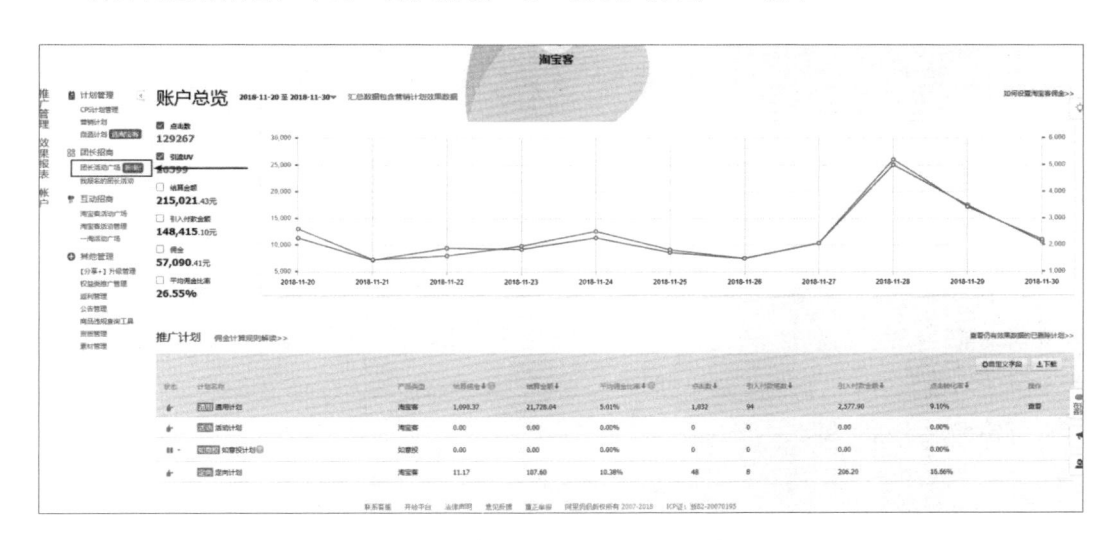

图 4-28 单击"团长活动广场"选项

在团长招商广场页面包括营销场景、招商类目，卖家对能参加的活动筛选报名条件，如图 4-29 所示。营销场景包括品牌团、单品招商、券直播等类别，卖家可以根据自身营销诉求，选择合适的营销类别进行筛选；通过设置"招商类目"和"我能参加的活动"，卖家能够快速筛选出可以报名的活动。

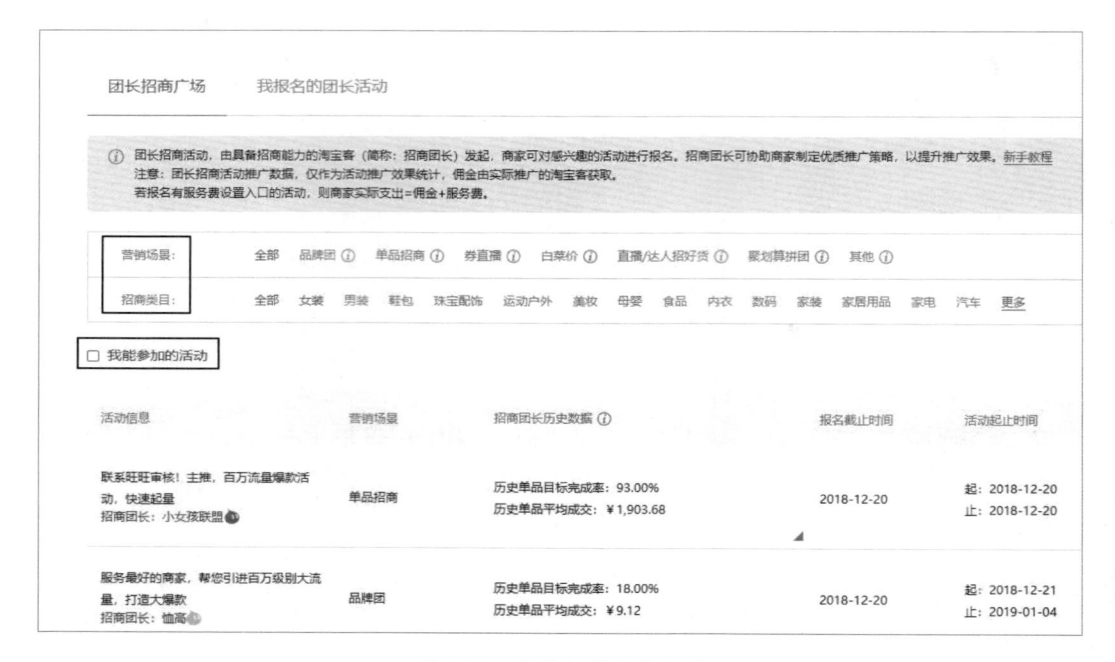

图 4-29　团长招商的筛选项

每个团长招商活动都有活动信息的简介，卖家可以快速了解对应活动的简要概况，如本场活动的主要展现渠道、营销场景、活动目标等。卖家根据自身需求可以选择需要进一步了解的活动，单击"简介我们"打开对应的页面，卖家可以看到基本信息说明，如发起者、营销场景、活动起止时间、预估单品平均成交、发起者历史数据（历史目标完成率、历史单品平均成交、历史推广商品总数、历史总成交）；店铺要求包括淘宝店铺等级、店铺DSR，如图 4-30 所示。

图 4-30 团长招商活动基本信息

卖家根据上述信息，选择想要参加的活动后单击"立即报名"按钮，跳转至选择报名商品页面，如图 4-31 所示。需要注意的是，每场活动卖家最多可以报名 20 款宝贝，每款宝贝最多可以报名 10 场活动，选择需要报名的宝贝后，单击"确定"按钮，即可跳转至活动商品编辑页面，如图 4-32 所示。

图 4-31 选择报名商品页面

图 4-32　活动商品编辑页面

在活动商品编辑页面，我们可以看到有排期时间、佣金率、阿里妈妈渠道专用优惠券等信息。

- 排期时间是卖家自行设置的一个在团长招商活动起止时间范围内的时间，如本次报名的团长招商活动起止时间是 2018 年 12 月 21 日至 2018 年 12 月 23 日，那么卖家可以自行选择一个在这个时间范围内的排期时间。需要注意的是起止时间并不意味卖家必须满足这个时间段中的每一天，因为团长招商活动的发起者往往会选择一个较长的起止时间，一般都会设置一个月左右，而卖家的推广时间并不需要延续这么久，所以只需要设置一个满足自身推广需求的时间即可。在团长招商活动中，一旦宝贝报名审核通过后，就会锁定在本次活动渠道中，也就是说卖家在本次活动期间，不能修改参与推广宝贝的佣金率、服务费率、阿里妈妈渠道专用优惠券等。

举例： A 卖家有一款售价为 20 元的宝贝，参与报名一个起止时间为 2018 年 11 月 1 日至 2018 年 11 月 30 日的团长招商活动。宝贝佣金率设置为 30%，服务费率设置为 10%，结合满 10 元减 5 元的阿里妈妈渠道专用优惠券进行推广（可以计算出本次活动单个宝贝 A 卖家实收金额为 9 元）。A 卖家计划在"双十一"之前，进行一波短期为 3 天的亏本冲量，由于 A 卖家没有理解规则，没有设置推广宝贝排期，默认与本次活动计划的起止时间相同。也就是说在 2018 年 11 月 1 日至 2018 年 11 月 30 日，本款宝贝在团长招商活动中均不能按照所对应的佣金率、服务费率、优惠券进行推广，所以 A 卖家的损失较大。

- 佣金率顾名思义，卖家设置选择参与本次活动的对应宝贝佣金率即可，完成报名之后，招商团长会根据佣金率筛选出相对适合的宝贝进行推广。

- 卖家可以选择性添加阿里妈妈渠道专用优惠券。阿里妈妈渠道专用优惠券是指在淘宝客中，为了实现更好的推广效果，卖家通常为淘宝客开通一张优惠券进行配合推广。

举例：A 卖家和 B 卖家都报名了一个相同的团长招商活动，两位卖家报名的宝贝具有很高的相似度，而且各方面的成交数据均相似，但是 A 卖家推出了一张满 20 元减 5 元的阿里妈妈渠道专用优惠券，而 B 卖家没有推出阿里妈妈渠道专用优惠券活动。因此，招商团长会选择 A 卖家参与本次活动。因为在后续的淘宝客推广过程中，A 卖家的宝贝多了一个阿里妈妈渠道专用优惠券的优势卖点，在淘宝客扩散渠道的宣传中可以着实强调本次活动的力度，并且结合发送优惠券的优势，吸引更多的买家选购。

对于很多中小卖家来说，如果结合优惠券进行淘宝客推广，这个优惠券不会影响到本款宝贝其他渠道的成交价，也就是说阿里妈妈渠道专用优惠券并不会影响到其他渠道宝贝的成交价。

举例：A 卖家的某款宝贝售价为 59 元，推出了一张满 50 元减 20 元的阿里妈妈渠道专用优惠券进行淘宝客推广，通过淘宝客引进来的访客可以领取这张优惠券，这些访客能够以 39 元的价格购买此款宝贝。而通过手淘搜索、直通车、手淘首页等渠道引进来的访客看不到这张优惠券，也不能领取优惠券，这些访客仍然以 59 元的价格购买此款宝贝。

卖家编辑完活动商品后即可单击"提交"按钮，此时本次团长招商活动状态会显示待审核。一般，团长招商活动有 3 种状态，即待审核、通过、拒绝。

- 待审核：招商团长还未审核卖家所报名的宝贝，卖家可以对已经报名宝贝的排期时间、佣金率、阿里妈妈渠道专用优惠券等进行修改。
- 通过：招商团长已经通过本次卖家所报名的宝贝，宝贝的排期时间、佣金率、阿里妈妈渠道专用优惠券等均被锁定，宝贝需要按照报名的排期时间进行推广，卖家不能修改相关报名的活动策略。
- 拒绝：招商团长拒绝本次卖家所报名的宝贝，宝贝不能参与本次团长招商活动的推广，卖家也不能修改本次报名的活动策略。

卖家在设置完团长招商活动后，所有的报名活动都会在活动管理页面中显示，卖家可以根据活动场景和活动状态查找对应的活动，如图 4-33 所示。

图 4-33　活动管理页面

至此，读者已经大致了解了团长招商活动的报名流程和注意事项，下面总结几点关于团长招商活动的优势。

- 在团长招商活动中，每个团长的能力都显而易见，我们可以在活动信息中了解到发布者（团长）的历史数据，如历史目标完成率、历史单品平均成交、历史推广商品总数、历史总成交等。对于中小卖家来说，若没有熟练的分析把控能力，数据公开可以避免卖家报名参与一些低质量的活动。
- 活动效果公开，在每个活动信息中，除了招商团长的历史数据，中小卖家还可以将预估单品成交数据作为一个参考，了解更多店铺宝贝的数据效果。

结合上述两点团长招商活动的优势，方便了中小卖家筛选合适的团长招商活动进行报名参加，确保活动的效果，在中小卖家自身并没有积累很多淘宝客资源的情况下，可以多去尝试参加团长招商活动。

4.2.3　各种计划应用场景

读者已经通过上文了解了各种淘宝客计划的区别和特点，那么在日常推广中，一个宝贝在推广期内需要结合多种计划共同助推，有主有辅；每个推广时期也需要不同的计划进行安排节奏，这些不同的淘宝客计划是否有大致的应用场景？在本节，我们列举了几个主要的淘宝客计划，说明其应用场景。

1. 通用计划应用场景

通用计划针对类目设置佣金率，建议设置较低的通用计划佣金率后，一般不进行过多的修改。通用计划应用场景适合一些非主推宝贝或者一些没有明显优势的宝贝，卖家并不需要花费太多的时间和精力设置宝贝的佣金率。

2. 营销计划应用场景

营销计划作为目前单品推广中使用最广泛的一个计划，因其页面简洁、流量确定、操作可控、效果清晰等优势，受到众多卖家的青睐。在单品推广中，推荐首选设置营销计划。若某款宝贝非常有优势，卖家也可以加大营销计划的前期推广力度，可以作为一个主力爆款进行推广引流，卖家在后期稳定后可以适当降低推广力度，从而获取更可观的利润。

3. 定向计划应用场景

定向计划适用于淘宝客资源积累丰富的卖家使用，由于不能设置公开的定向计划，因此需要由卖家邀请已有的淘宝客参与推广，一些中小卖家暂时还没有这种能力筛选足够数量的实力淘宝客。定向计划适用于具有优势宝贝的推广，结合直播秒杀之类的活动，进行需求量较大的推广；定向计划也适合一些偏好使用阶梯性佣金率设置的卖家使用。

4. 团长招商活动应用场景

团长招商活动比较适合没有太多淘宝客资源的卖家使用，卖家在使用的过程中也可以积累淘宝客资源。卖家可以报名参加淘宝客发布的活动，并对活动数据可视化，操作也较为简单。团长招商活动佣金率通过审核即可生效，由于其他计划的佣金率均需要次日生效，因此对于淘宝客推广比较急切的宝贝，卖家可以使用团长招商活动。

4.3 淘宝客进阶技巧

淘宝客作为阿里妈妈官方旗下三大付费推广渠道之一，其引进的销量也具有一定的权重性。下面将介绍几种常见的淘宝客进阶技巧。

4.3.1 找到淘宝客资源的方法

1．通过淘宝客官方平台积累淘宝客资源

淘宝客后台团长招商活动由淘宝客发布活动，卖家报名参加的所有活动数据都是可视化的，淘宝客的能力也是显而易见的，所以，卖家可以选择能力更好的淘宝客。作为中小卖家而言，可以利用淘宝客官方平台积累淘宝客资源。

打开"团长招商"主页面，在团长招商活动广场，根据团长历史数据，选择一些历史单品目标完成率、历史单品平均成交、历史总成交等数据较高的活动，单击"活动信息"，卖家可以查看到本次活动发起人（团长）的旺旺联系方式，单击"旺旺头像"，卖家可以联系到淘宝客。卖家可以主动联系能力较好的淘宝客，进行沟通推广事宜，如图4-34和如图4-35所示。因为淘宝客每天的咨询量非常大，并不会回复一些没有意义的旺旺消息，所以卖家在沟通过程中，建议最好先将合作模式（券后价、佣金率、服务费）编辑好后再发给淘宝客，这样可以提高沟通效率。通过和这些相对优质的淘宝客长时间的合作，卖家可以筛选出更符合自身推广思路的淘宝客资源。

图4-34　招商团长的历史数据查询

图 4-35　招商团长的基本信息

2. 通过社交群积累淘宝客资源

目前，还有很多淘宝客资源可以在各种社交群中找到，这种方法比较传统，对于中小卖家来说也比较简单。例如，在搜索栏中输入"淘客"会在社交群中显示非常多的淘宝客资源，如图 4-36 所示。但是注意，卖家在与淘宝客初次合作时不建议设置太高的佣金率和服务费率，因为这些淘宝客资源难免存在参差不齐的问题，通过社交群积累的淘宝客资源，建议中小卖家进行多次合作后，再展开深度合作，以建立双方的信任关系。卖家在经过长时间的合作筛选后，也会积累一部分优质的淘宝客资源，如图 4-37 所示。

3. 通过第三方网站积累淘宝客资源

除了上述两种积累淘宝客资源的方法，卖家还可以从第三方网站积累淘宝客资源，卖家打开大淘客或好单库等第三方淘宝客发布网站，根据搜索相似宝贝或根据领券量排序，即可找到淘宝客需求量较大的同行卖家的淘宝客资源，寻找同行卖家的淘宝客资源的原因是每个淘宝客擅长的类目不一样，也就容易造成淘宝客推广效果因类目不同而参差不齐。

图 4-36　显示的淘宝客资源

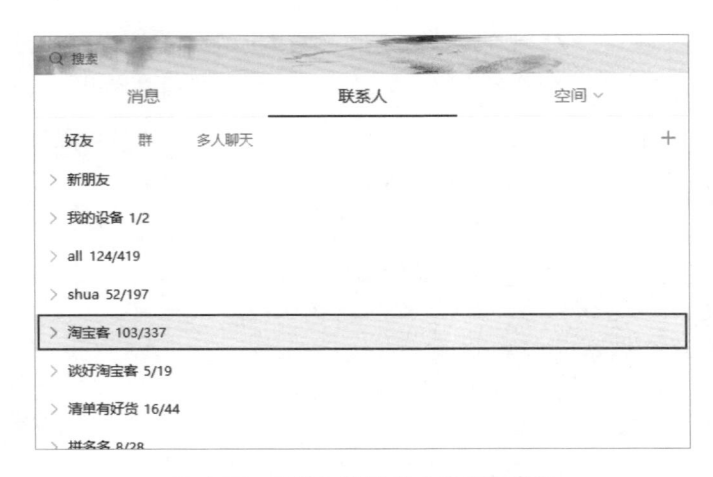

图 4-37　卖家积累优质的淘宝客资源

举例：A 卖家主营母婴商品，通过 B 卖家介绍联系了一个出单量很大，效果很好的淘宝客。B 卖家主营大学生宿舍用品。A 卖家是否可以与 B 卖家进行合作？

我们可以深度分析一下，B 卖家的主要顾客群体是大学生，那么 B 卖家合作效果好的淘宝客，可能自身推广资源都集中在大学生群体。B 卖家出于好意，将自己优质的淘宝客资源分享给 A 卖家，但是，A 卖家的主要顾客群体是孕妇及新手妈妈，若 A 卖家也在大学生群体中推广，转化效果不会太好。对于 A 卖家而言，需要找到同行卖家的淘宝客资源，这类淘宝客资源会更加精准。

举例：A 卖家主营母婴商品，B 卖家也主营母婴商品，两位属于同行竞争关系。根据后台分析数据得出，B 卖家的某款尿不湿每天通过淘宝客引进很多的访客，转化效果也非常不错。对于 A 卖家而言，若能够找到 B 卖家的淘宝客资源，有可能引进更多的访客，获得较好的转化效果。

下面通过第三方网站（大淘客、好单库等）举例说明如何找到同行卖家的淘宝客资源，如图 4-38 和图 4-39 所示。

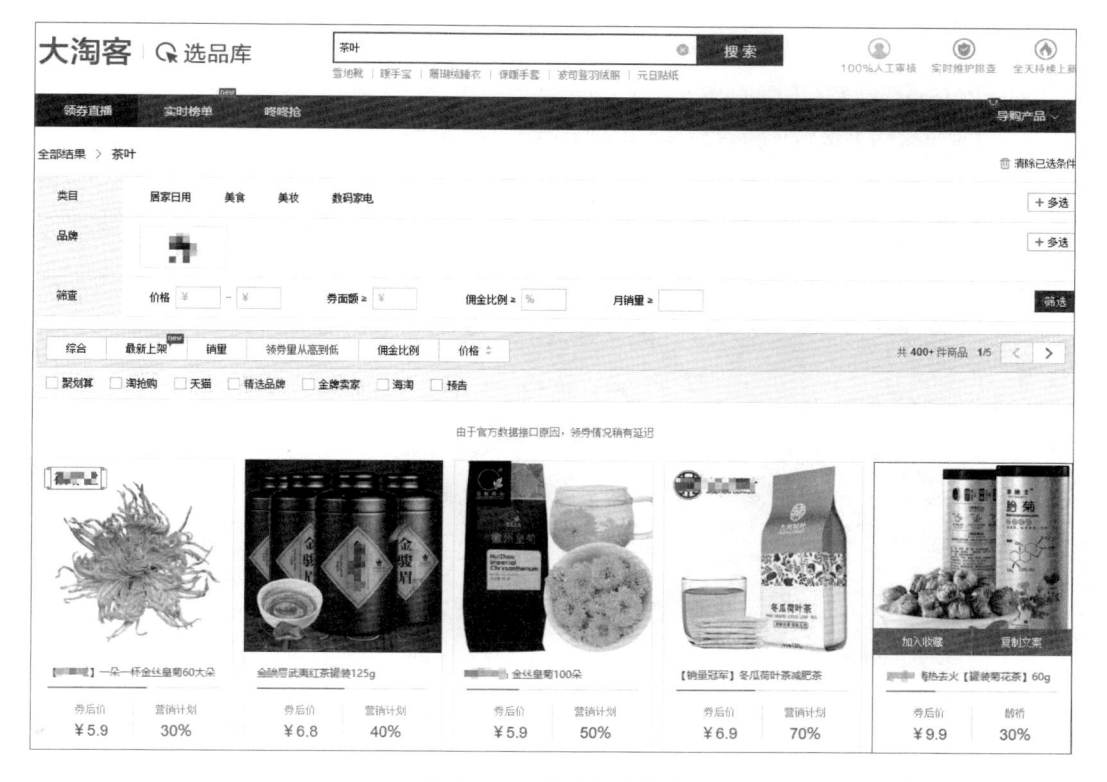

图 4-38　大淘客搜索页面

图 4-39 好单库搜索页面

单击淘宝客需求量较大的同行卖家宝贝的图片，即可跳转至淘宝客发布页面。在页面右侧可以看到同行卖家与此淘宝客的合作模式细节，在左侧可以看到此淘宝客的联系方式，如图 4-40 和图 4-41 所示。中小卖家可以根据自身的需求，选择较为优质的淘宝客进行沟通洽谈。

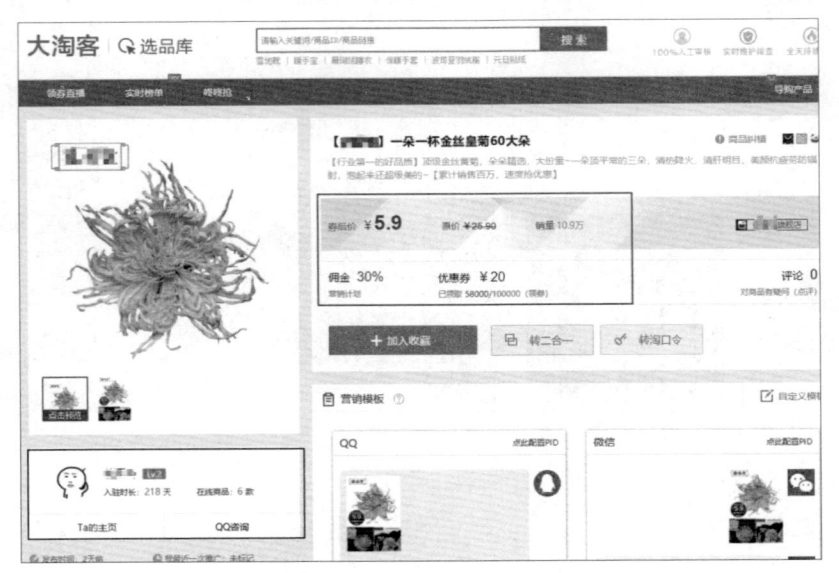

图 4-40 大淘客平台竞争宝贝基本信息

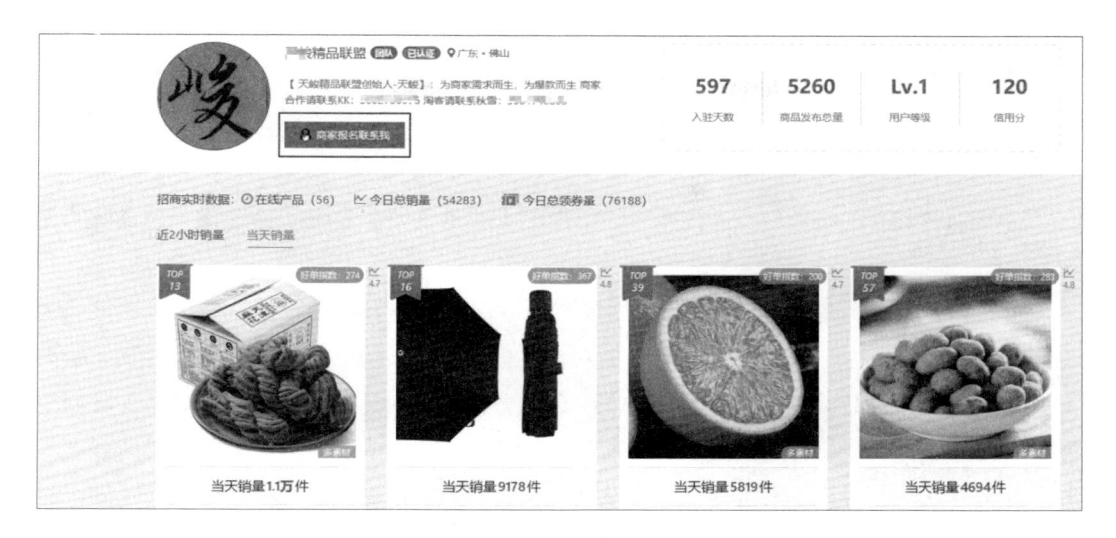

图 4-41 好单库平台竞争宝贝基本信息

卖家在积累自身淘宝客资源过程中，需要不断地进行沟通和维护，增加自身和淘宝客之间的黏性。在维护淘宝客的过程中，需要相互了解合作规划与淘宝客的需求点。

淘宝客不可能只接触一个店铺，可能在推广某个卖家宝贝的同时还有上百个宝贝也在进行推广，此时，卖家需要在合作过程中充分说明合作的优势，在交涉的过程中注重沟通方式，不善言辞的卖家可能比较难和淘宝客沟通，难以驾驭通过第三方网站积累淘宝客资源的任务。

卖家需要注意，无论定向招募淘宝客还是通过社交群积累淘宝客，可能与几百个淘宝客接触下来，真正能与卖家合作的淘宝客并不多，若是有转化效果好且出量大的淘宝客，卖家一定要做好沟通与维护工作，与淘宝客争取能够进行长期合作。

卖家需要抽出一部分时间维系与淘宝客之间的感情，如节日祝福或发送红包，活跃气氛。总之，卖家最好能与淘宝客以朋友的形式相处，在合作时做好准备工作，主动提供素材图片、说明书、宝贝卖点描述，对于一些有好货、必买清单的淘宝客可以提供一些质量较高的宝贝图片、买家秀图片、宣传视频等，帮助淘宝客更高效、更便捷地完成工作。

4.3.2 提高淘宝客效果的方法

1. 选择合适的主推宝贝

对于卖家来说，选择一个适合推广的主推宝贝非常重要，卖家如何选择一个合适的主推宝贝？

卖家先要考虑的是买家体验。因为淘宝客单品快速起量合作模式通常会压低卖家的利润，甚至进行亏本推广也是常态，所以卖家可能会降低宝贝的品质，以便减少亏损。如果卖家不注重宝贝的品质和买家体验，即使通过淘宝客单品快速积累了大量的销量，后期也会因为店铺 DSR 和宝贝评价分数的下降，造成退换货率上升，增加了很多不必要的开支。

由此可见，一个合适的主推宝贝应该满足宝贝的质量，这是整个推广过程的基础，对于质量不佳的宝贝来说，即使价格低，也不建议选择淘宝客方式推广。

2. 选择合适的合作模式

对于需求量比较大的卖家来说，在和淘宝客合作洽谈中，会被要求以券后价+服务费+佣金率的模式进行洽谈，如图 4-42 所示。下面主要介绍这种模式的运作思路。

图 4-42　淘宝客合作模式

- 券后价：淘宝客使用的阿里妈妈渠道专用优惠券不会影响到正常搜索进店的买家，中小卖家不用担心利用券后价合作模式会造成过多的损失。对于淘宝客来说，主推宝贝结合优惠券的模式会提升转化效果。卖家设置一张合适面额优惠券的方法：打开淘宝客后台的淘宝联盟页面，在搜索栏中输入搜索宝贝的关键词即可查询到同行卖家设置的优惠券面额，卖家在结合宝贝的特点设置一张合适的优惠券即可，如图 4-43 所示。

图 4-43　设置淘宝客优惠券

- 服务费：对于推广量较大的宝贝来说，淘宝客也会收取一定的服务费来平衡自身的开支。因为淘宝客在扩散渠道的过程中，也会有必要的开支，如预约主播秒杀、结合活动平台等，这部分的开支依靠佣金收入并不能够满足淘宝客自身的利润，所以淘宝客通常会向卖家收取一定的服务费。服务费的收取标准根据宝贝的客单价和综合评分数据进行计算。

举例：A 卖家的主推宝贝售价为 70 元，结合一张满 70 元减 20 元的阿里妈妈渠道专用优惠券。A 卖家和淘宝客洽谈的合作模式是券后价 50 元，服务费率为 10%，佣金率为

30%，A 卖家的主推宝贝实收多少金额合适。

实收金额：50-（50×10%+50×30%）=30 元。

- 佣金率：佣金和服务费都与淘宝客的直接收入相互关联，卖家一定要注意设置一个合适的佣金率，过低的佣金率淘宝客可能不愿意合作，过高的佣金率会导致卖家存在较大的亏损风险。卖家首先要结合自身宝贝的成本，大致预算出佣金率的范围，如卖家预算出佣金率的设置控制为 20%～40%，在这个区间内，卖家无论亏损、盈利都能接受，打开淘宝客后台的淘宝联盟页面，查询同行卖家相似宝贝的佣金率，如图 4-44 所示，即可设置一个相对合适的佣金率。

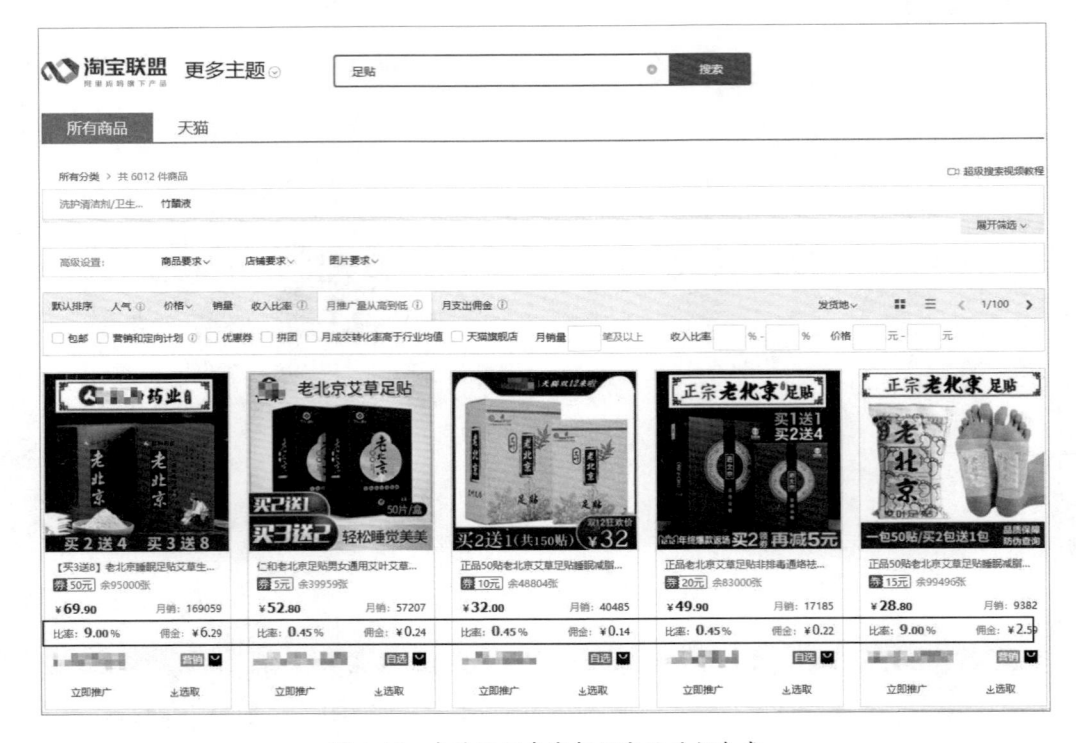

图 4-44　查询同行卖家相似宝贝的佣金率

目前，在淘宝客进阶推广中，对于需求量大的宝贝，卖家要注意战略亏损，除了需要全面分析同行卖家相似宝贝对应推广渠道的数据，卖家一定要结合自身推广宝贝做好足够的风险预判，避免风控不足、胡乱设置造成不必要的亏损。

本章总结

本章通过具体的举例说明，详细地介绍了通用计划、营销计划、定向计划、团长招商、自选计划等不同计划之间的优势与劣势，以及适用的场景，帮助卖家更加充分地理解淘宝客的基础操作；本章还对淘宝客渠道需要冲击高销量的形式，提出了控制风险的建议，希望能够帮助卖家更加全面、客观地了解淘宝客的相关知识。

本章习题

1. 在下列淘宝客计划中，（　　）是默认必须开通的。
   A．营销计划　　　　B．定向计划　　　　C．通用计划

2. 淘宝客按照（　　）方式进行扣分。
   A．按点击扣分　　　B．按千次展现付费　C．按成交付费

3. 小明的订单付款金额总计为 108 元，运费为 8 元，佣金率为 10%，每成交一笔，卖家支出佣金为（　　）元。
   A．10.8 元　　　　 B．10 元　　　　　　C．8 元

4. 在一般情况下，以下（　　）的佣金率设置最低。
   A．自选计划　　　B．通用计划　　　C．定向计划　　　D．营销计划

5. 以下（　　）的佣金率设置可以实时生效。
   A．团长招商　　　B．通用计划　　　C．营销计划　　　D．自选计划

6. 作为卖家而言，以下（　　）可以主动报名参加。
   A．通用计划　　　B．团长招商　　　C．定向计划　　　D．默认计划

7. A 卖家的主推宝贝售价为 70 元，结合一张满 70 元减 20 元的阿里妈妈渠道专用优惠券。A 卖家和淘宝客洽谈的合作模式是券后价为 50 元，服务费率为 10%，佣金率为 30%，A 卖家通过淘宝客渠道卖出一个宝贝，最终实际得到的金额为（　　）。
   A．50 元　　　　　B．30 元　　　　　C．70 元

8. 以下（　　）适合结合淘宝客渠道使用。
   A．客户关系管理优惠券

B．阿里妈妈渠道专用优惠券

C．卖家群专享优惠券

9．下列（　　）属于营销计划的优势。（多选）

A．后台实时更新数据，有助于把握主推宝贝的推广节奏

B．可以绑定阿里妈妈渠道专属优惠券，推广效果更佳

C．针对单品宝贝设置佣金率和推广时间，卖家推广策略选择性更加灵活多变

D．具有较好的私密性，面向卖家手动筛选的淘宝客开放

10．佣金率的设置需要考虑以下哪几点（　　）。（多选）

A．宝贝的利润

B．竞争宝贝的佣金率

C．主要竞争店铺的佣金率

11．营销计划有 3 种类型的策略，分别是_____、_____、_____。

12．在一般情况下，对于需求量较大的推广合作，卖家在与淘宝客沟通过程中，必须说明的 3 个条件是_____、_____、_____。

第5章

自媒体

5.1 自媒体推广介绍

随着电商流量竞争的加剧,卖家获取新客户的成本越来越高。近几年,很多卖家都开始重视在站外做品牌运营和客户维护,基本上都会在电商平台以外的自媒体平台注册官方账号,通过对关注粉丝和老顾客碎片化时间的利用,对其进行品牌曝光和促进成交。

目前,电商竞争早已进入激烈化趋势,卖家在获取新客户成本日益高涨的今天,维护好新老客户关系显得至关重要。中小卖家应该多去模仿优秀卖家的运营思维,多看一些可实操、可复制的案例,说不定会对自身店铺的营销战略起到显著的作用。下面介绍一家优秀的淘宝店铺,在微信自媒体上的运营值得我们学习。

"暴走的萝莉"是一家专门销售女性瑜伽/健身服装的淘宝店铺,店主是一个微博健身达人,在微博走红后创立了这家淘宝店铺。由于店主本身就是社交网红,该店铺非常重视在各大平台中维护客户关系和宣传品牌形象,其宝贝转化效果和粉丝黏性也远比同行其他卖家好很多。以官方微信公众号来说,"暴走的萝莉"并没有使用很大的篇幅来宣传店铺的宝贝,反而用大量的文案、素材、教程宣传如何锻炼出完美的身材,例如《私教不会告诉你的塑臀 8 招轰炸来袭》《你的闺蜜只用 12 周穿上了 S 码的紧身牛仔裤》《6 周速成比基尼女王》等图文结合的教学文章,如图 5-1 和图 5-2 所示。久而久之,该淘宝店铺吸引了众多顾客的持续关注,粉丝黏性大大提高。我们试想一下可知,如果一家店铺可以对粉丝进行知识输出其营销力量会非常强大。粉丝关注卖家的公众号学习健身知识,可能每周都会主动来翻看卖家的新文章,慢慢地就会变成卖家的忠实粉丝,她就会产生购买健身衣服的欲望,卖家再顺势做一些转发送礼的小活动,推广量自然也就提升了。

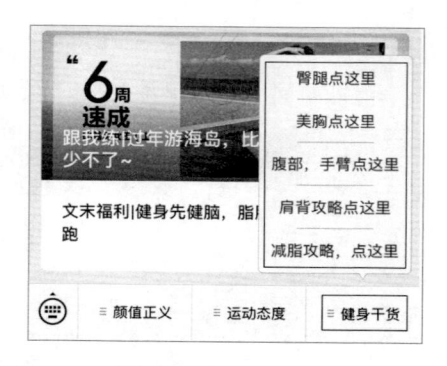

图 5-1 "暴走的萝莉"微信公众号页面

图 5-2 微信公众号文章

其实我们可以再做进一步类比，如果卖家主营母婴类目，那么卖家可以在店铺自媒体平台上发布一些关于宝宝养护知识的文章或者宝宝教育培养类型的文章；如果卖家主营服装类目，那么卖家可以发布一些搭配指南类型的文章或者衣服保养洗护类型的文章。其实只要抓住店铺粉丝的需求点，用心去挖掘，电商自媒体的运营并不难，当卖家持续为店铺粉丝提供需求输出后，他们自然会成为店铺的忠实粉丝，这时去做推广才是最佳时机，卖家发布一些有奖互动，提高店铺的访问量，日积月累的店铺数据就会超过同行。

5.2 站内自媒体的应用

目前，自媒体的平台除了微信公众号还有微博、今日头条等，中小卖家需要认真观察和分析，优秀的电商卖家总有相似的点值得学习，将他人的优势加以总结和利用，对于中小卖家来说进步是非常快的。除了站外自媒体平台的维护和推广，在此还要介绍一个淘宝站内自媒体利器——微淘的应用。

作为中小卖家，管理好自身店铺需要花费大量的时间和精力，如果再去做微信公众号、微博、今日头条等自媒体平台，可能付出的时间也是有限的，建议先把淘宝站内的微淘做好，这样卖家在一定时间内会获得不错的收益。微淘发布商品步骤如下。

首先，打开阿里创作平台，单击页面左侧"发微淘"，在上方筛选栏中有帖子清单、上新、短视频、图片、单品、互动、转发、买家秀的选项，每一个选项都对应有不同的发布模板，如图 5-3 所示。

其次，单击"上新"选项即可跳转至编辑页面，如图 5-4 所示。卖家根据对应的要求添加相关素材即可发布，要注意最好选择一个互动，如群聊、盖楼等，这样会有更多的展现机会。

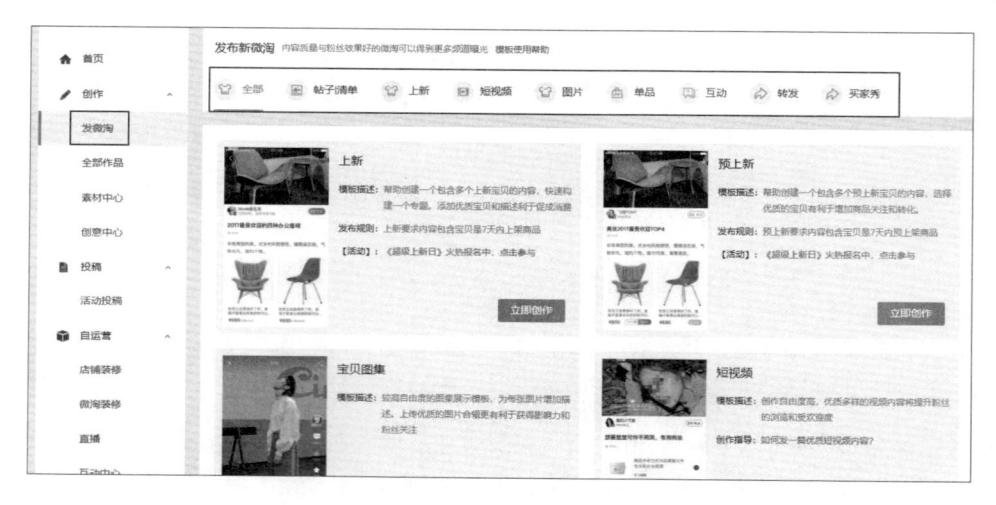

图 5-3　微淘发布主页

图 5-4　微淘编辑页面

卖家发布的微淘数据主要展示在两个板块：第一个是公域板块，将会向店铺已关注粉丝展示，若是微淘数据较好，也将展示给更多未关注的粉丝，如图 5-5 所示。第二个是私域板块，将在店铺页面展示，向访问店铺的买家进行展示，如图 5-6 所示。

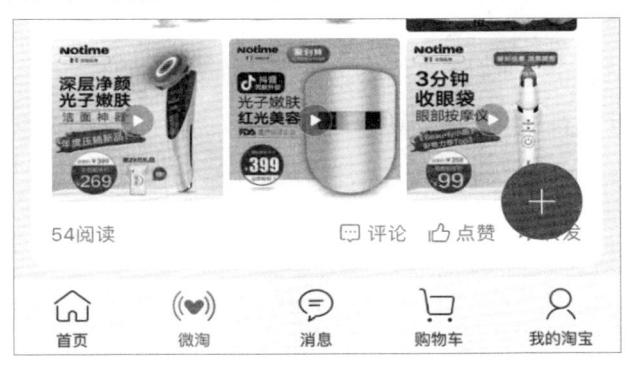

图 5-5　公域微淘展示

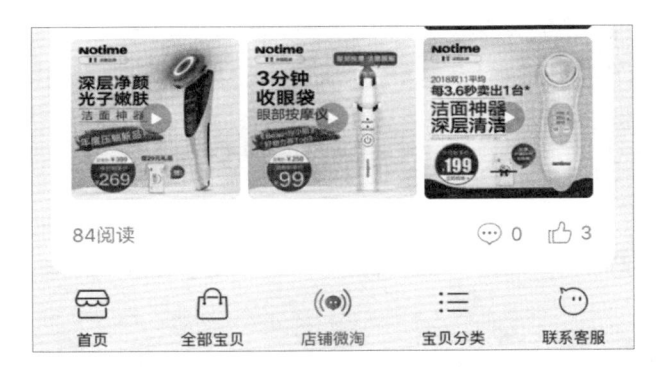

图 5-6　私域微淘展示

5.3　短视频的应用

随着移动互联网的发展，近年来短视频已成为当下热门的工具软件，短视频的时长通常控制在 1 分钟以内，通过移动互联网传播内容。短视频之所以热门，离不开移动互联网终端的普及和移动互联网技术的发展，在这个激烈竞争的领域，一些优秀的短视频工具软件不断升级版本，增强功能。下面简要介绍短视频在电商中的应用。

5.3.1 短视频在站内的应用

在电商领域中，对短视频应用比较普遍的平台有淘宝、京东、小红书等，由于文章篇幅有限，在本节中以淘宝平台为例介绍。

卖家应该知道，淘宝近年来频繁提及卖家要重视内容营销和短视频的创作，对于优质视频内容的创业型卖家来说，系统会优先抓取进行曝光展示，做好短视频无疑也是推广环节的重点。

淘宝为卖家提供了创作短视频的分层计算规则，下面介绍淘宝短视频的分层计算规则和对应的权益。

- **分层标准**：淘宝官方将卖家创作的短视频为5个层级，即V0（总分200以下）、V1（201～400分）、V2（401～600分）、V3（601～800分）、V4（801～1000分）。分层标准取决于卖家的视频生产能力，量与质量（在线商品主图视频数、主图视频覆盖率、优质视频率）和视频生产活跃度（月新增发布视频数、月新增公域展示视频数）。当店铺在线商品数大于或等于100个时，参考在线商品主图视频数；当店铺在线商品数小于100个时，参考在线商品主图视频覆盖率。每个单项指标对应一个单项计数分值，根据计算得出卖家对应的短视频分层总分值（分层单项指标分值不代表最终分层总分值，计算公式不对外公布）。每个单项指标分值乘以权重系数，相加后即为最终分值（权重系数不对外公布）。卖家可以根据表5-1对照自身分值。

表 5-1 单项指标分值对照表

单项指标分值（分）	在线商品主图视频数（个）（在线商品数≥100个）	主图视频覆盖率（在线商品数<100个）	优质视频数（个）（在线商品数≥100个）	优质视频率（在线商品数<100个）	月新增发布视频数（个）	月新增公域展示视频数（个）
200	5	5%	>0	>0	1	1
400	10	10%	2	≥5%	2	2
600	20	20%	4	≥10%	3	3
800	30	30%	6	≥20%	5	5
1000	40	40%	12	≥30%	7	7

- **对应权益**：其中上述标准将以"月"为周期进行结算和统计，淘宝官方将对卖家每个月的表现情况进行降级和升级操作。当卖家达到V2层级时，具备私域短视频向公域输出的资格，根据资格验证推送针对某些视频的投稿入口。当卖家达到V3层

级时，根据资格验证推送针对某些视频的投稿入口；在素材中心开放视频裁剪主图视频投稿入口，卖家素材库中的短视频进行素材编辑后无须进行资格验证，可以直接进行公域投稿且优先审核，审核通过后投放公域。当卖家达到 V4 层级时，根据资格验证推送针对某些视频的投稿入口；在素材中心开放视频直接投稿入口，卖家素材库中的短视频进行素材编辑后无须进行资格验证，可以直接进行公域投稿且优先审核，审核通过后投放公域；开通绿色快速通道，可以直接上传新视频开通直接投稿的入口，且优先审核投放。

我们将淘宝短视频分为私域和公域两类。从字面意思理解，私域即私有领域，包括卖家店铺页、宝贝详情页、淘宝群、自由的直播间、微淘等，在这些领域中，卖家可以自主控制与买家的互动。例如，如何与买家在微淘/淘宝群形成良好的黏性，如何创作并发布宝贝详情页视频等。公域即公共领域，包括淘宝首页有好货、必买清单、猜你喜欢等，公域的内容或者宝贝的曝光展现是根据平台内部的算法得出的，卖家可以根据自身从事电商的经验和思考，分析平台算法的逻辑，但是公域流量展现的主动权并不完全掌握在卖家手中，所以卖家也无法对公域的内容进行干预。我们可以通过淘宝后台、旺铺素材中心板块，区分店铺的私域视频与公域视频，如图 5-7 所示。

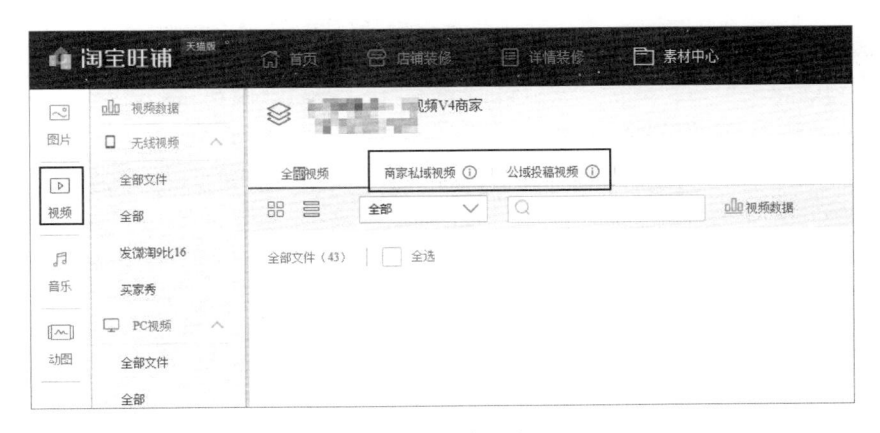

图 5-7　旺铺素材中心

下面从私域视频和公域视频两个方面，介绍站内短视频的应用。

（1）私域视频

私域视频主要用于上传淘宝店铺页、宝贝装修页（宝贝主图视频、宝贝详情页视频）、微淘，系统将表现效果好的私域视频抓取至公域进行曝光，获取更大的曝光流量。

我们可以通过旺铺素材中心上传视频，特别需要注意的是，PC端和无线端上传视频的要求相同，如图5-8和图5-9所示。

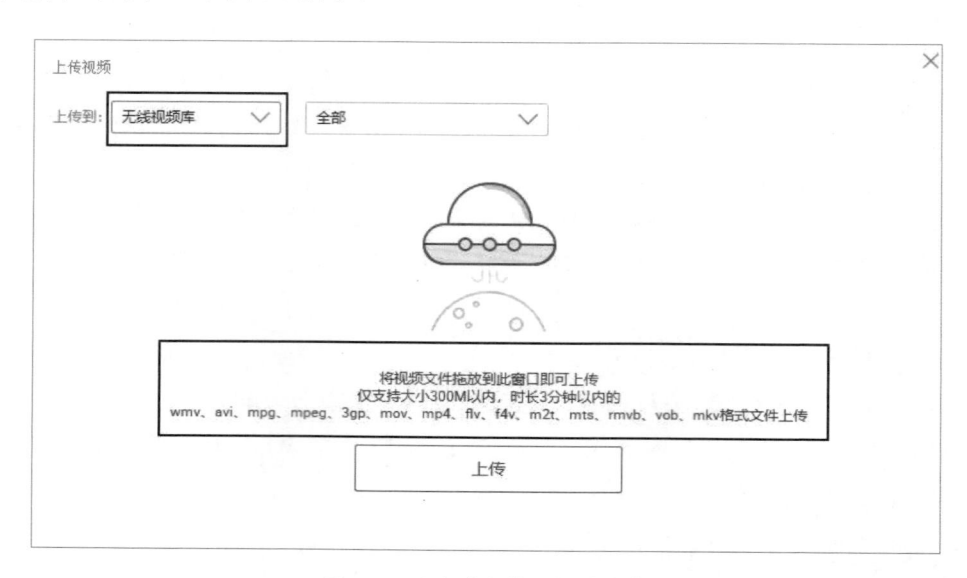

图 5-8　无线端上传视频的要求

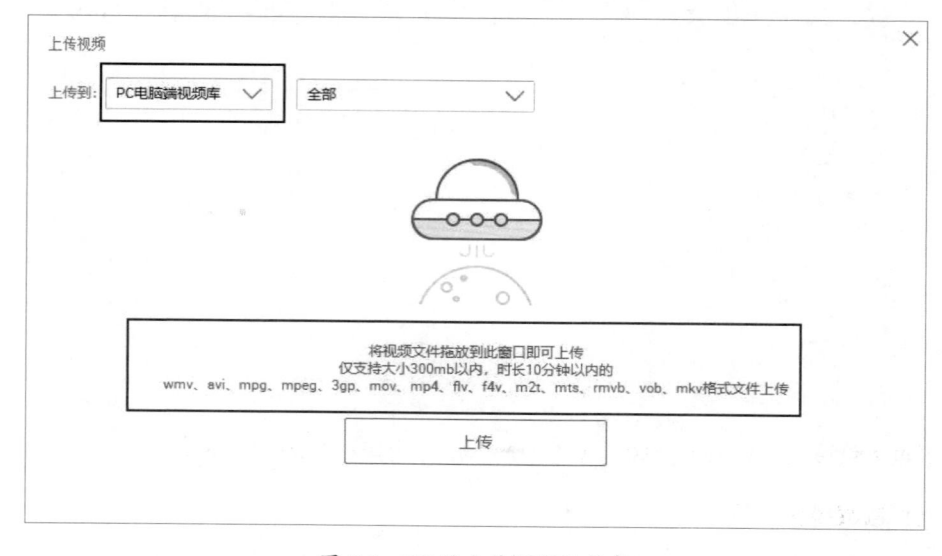

图 5-9　PC端上传视频的要求

在创作视频之前，卖家一定要注意拍摄视频的硬性要求，如视频格式、视频时长、视频文件大小等，卖家创作完视频后，可以根据自身的要求将视频上传至店铺页面、宝贝主图、微淘等。下面介绍上传已经制作好的视频。

- 店铺页面：卖家将视频上传至店铺页面，有助于买家快速认知店铺的形象，建议上传品牌宣传、店铺介绍类型的视频，对于中小卖家而言，此类视频拍摄成本较高，也可以选择将店铺热销宝贝视频放在店铺页面。若想要将视频放在店铺页面，人们可以通过淘宝旺铺店铺装修板块进行操作，首先添加视频模块，如图 5-10 所示，然后再添加视频，如图 5-11 所示。

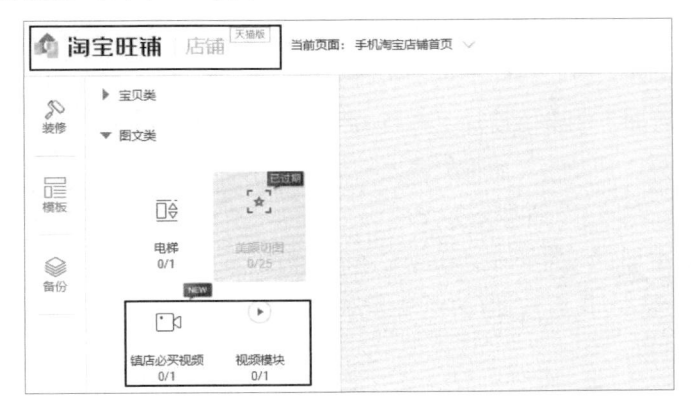

图 5-10　添加视频模块

图 5-11　添加视频

- 宝贝主图：目前宝贝主图的视频有两种比例，分别是 1:1 主图视频和 3:4 主图视频，其中 3:4 主图视频是淘宝官方推出的新要求，由于目前大屏手机的上市，3:4 主图视频有极佳的视觉体验，有助于买家的成交转化，当私域视频被公域抓取时，也将视频的成交转化效果考虑进计算权重，所以建议卖家多使用和创作 3:4 主图视频。其中，上传宝贝主图视频的卖家也将会在手淘搜索页面进行展示，对于卖家而言，创作主图视频至关重要，优质主图视频可以获得更多的曝光途径，如图 5-12 所示。3:4 主图视频的上传方式有多种，在此介绍较为简便的方式。首先打开"淘宝旺铺—详情装修"页面，单击"设置主图视频"按钮，如图 5-13 所示。然后根据要求上传对应的主图视频即可，如图 5-14 所示。特别注意 3:4 主图视频需要对应相应比例的主图进行上传，其对应的主图分辨率是 750px×1000px。

图 5-12 手淘首页视频板块

图 5-13 "淘宝旺铺—详情装修"页面

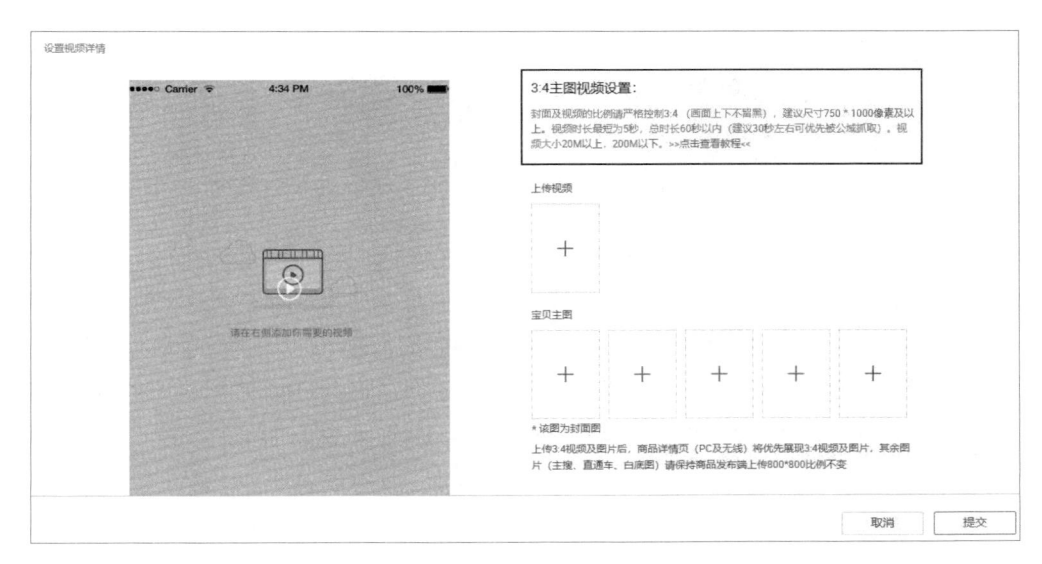

图 5-14 上传 3:4 主图视频

- 微淘：微淘作为私域流量推广中的一个重要板块，也实现了上传短视频的功能，卖家可以在微淘中利用短视频，更加形象地将宝贝卖点、店铺上新等信息展示给粉丝，提高粉丝黏性和互动率。下面简单介绍微淘短视频推广步骤。打开阿里创作平台，单击"发微淘"—"短视频"，再选择上传的短视频即可，如图 5-15 所示，当短视频上传成功后，系统将短视频自动推广至微淘页面，买家可以浏览到相应的短视频内容。

图 5-15 微淘视频推广页

（2）公域视频

上文已经介绍，私域视频若表现效果好，就有机会被抓取至公域视频进行更大流量的推广和曝光，除了抓取表现好的私域视频，卖家还可以招募达人创作短视频上传到公域流量中。下面分别介绍两种公域视频展示方式。

- 抓取私域视频：目前系统对于优质的私域视频，将有机会抓取至公域进行曝光展示，主要公域展示渠道包括有好货、猜你喜欢等，如图5-16和图5-17所示。公域视频由于曝光量大、流量大，在推广费用越来越高的情况下，中小卖家可以多留意和分析此渠道的推广和曝光逻辑。下面说明一些公域视频的硬性要求，关于视频质量方面：分辨率≥720px×480px；视频比例为16:9、1:1或3:4；时长＞9秒；其他基础要求无黑边、无二维码、无水印、非幻灯片视频、无片头等。关于数据效果方面：相比同类宝贝视频，播放次数、播放时间、对宝贝的成交转化率较好等。关于视频内容方面：场景感强、有少量字幕辅助、视频叙事完整等。

图 5-16　有好货、哇哦视频展示渠道　　　　图 5-17　猜你喜欢展示渠道

- 达人创作：除了系统自动抓取优质的私域视频至公域，卖家还可以聘请达人创作短视频并将其上传至公域，达人创作的短视频投放至公域渠道，主要展示集中在有好货、猜你喜欢等手淘首页位置。卖家联系可以发布短视频达人的方法：首先，打开阿里V任务首页，单击"内容型短视频"，如图5-18所示。

图 5-18 阿里 V 任务首页

其次，进入内容型视频页面后会有一系列的筛选项提供给卖家，如视频类型、视频长度、垂直领域等，如图 5-19 所示。卖家只要根据自身的类目和短视频的需求，通过导航栏就可以快速筛选出符合自身类目创作短视频的达人，如图 5-20 所示。单击达人头像即可跳转至达人主页，在该页面卖家可以看到对应达人的粉丝数、服务详情、粉丝分析等，如图 5-21 所示。卖家可以单击"合作咨询"按钮，打开聊天页面即可与达人进行沟通，卖家只要说清楚需求，达人都会在 24 小时内给予回复。

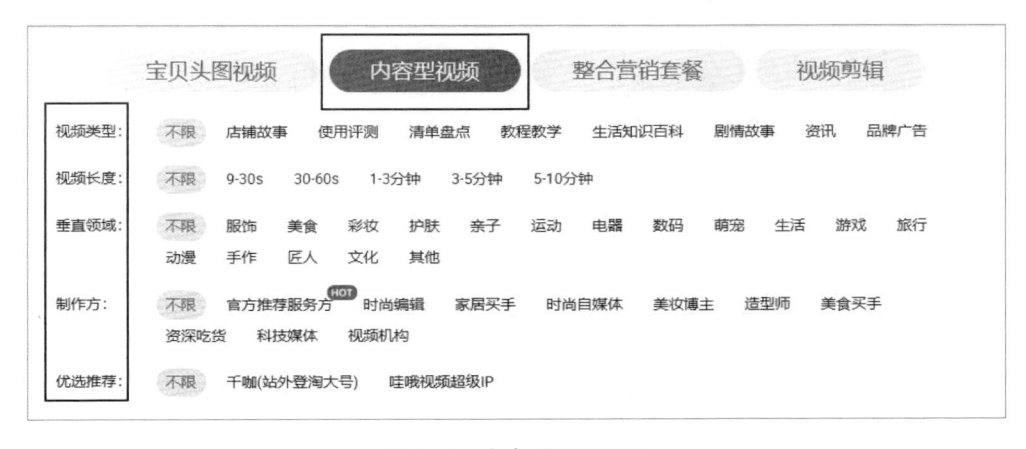

图 5-19 内容型视频页面

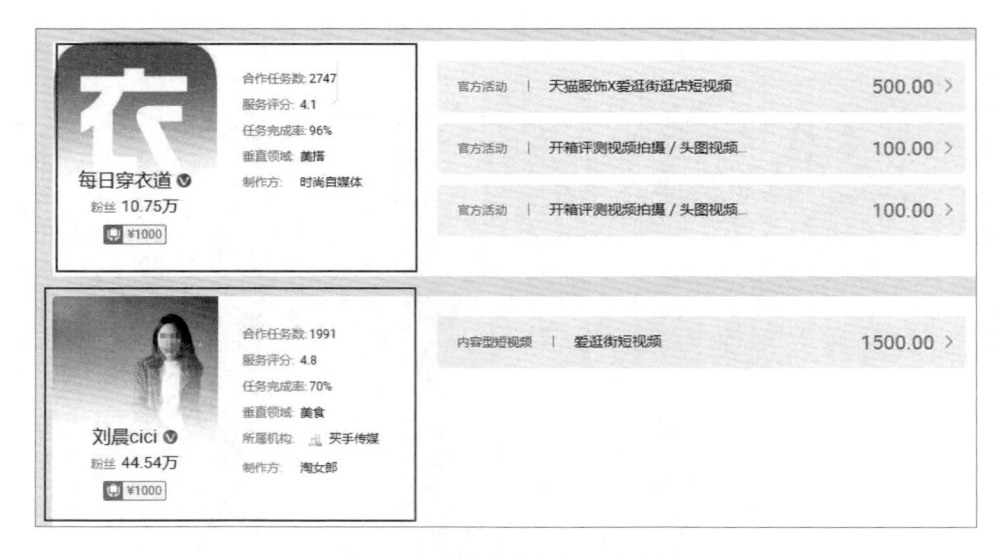

图 5-20　筛选创作短视频的达人

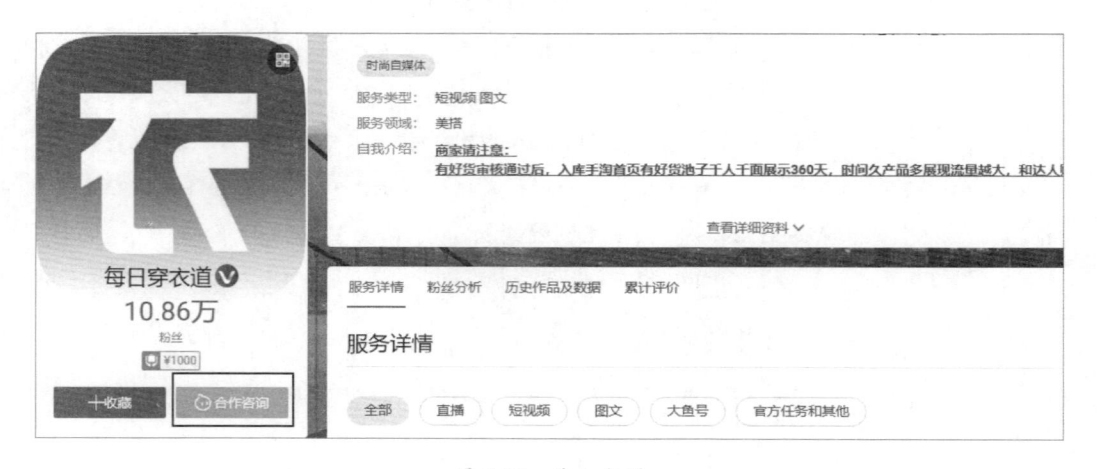

图 5-21　达人主页

5.3.2　短视频在其他平台的应用

在淘宝站内，短视频作为内容营销中不可缺少的一个环节，在私域流量推广和公域流量推广中都起到了不可替代的作用。短视频除了在站内的应用，在其他平台也有应用。下面以抖音短视频平台为例，简单介绍一个结合当下热门短视频项目，让电商快速成长的优秀案例。

　　某爸评测项目的创始人魏老爸原本是一个普通的热心市民，2015年，在对女儿"包书皮"刺鼻气味的怀疑下，将其送到质检机构进行权威检测，魏老爸出于责任和愤怒曝光了"有毒包书皮"事件。由于事件影响力较大，很多家长不断地要求魏老爸检测更多的相关商品，在这个过程中也让魏老爸积累了一部分家长粉丝，魏老爸无偿为家长提供评测，并在微信公众号公布符合儿童安全的相关商品及品牌。由于检测费用高和出于对魏老爸的信任，很多家长都支持他在微信公众号上发布合格的商品，并到此购买。由于评测结果公开透明，可信度高，某爸评测的商品在微信公众号上扩展到了十几万个粉丝。后来，魏老爸在抖音短视频平台上开通账号并积累了600多万个粉丝，迅速提高了某爸评测的知名度，如图5-22所示。通过短视频快速简短、主旨扼要的特点，短短1分钟内的视频就可以说清楚评测对比结果，并且通过短视频的方式，更加直观反映出评测结果的真实有效性，创作内容生动有趣，很快就获得了抖音短视频平台超高的曝光量，获取流量巨大。

　　在短视频创作推广过程中，需要注意以下事项。

- 短视频风格统一，无论是封面图还是短视频拍摄主题，最好拥有统一的风格，这样才能筛选出符合卖家所处领域真正的潜在粉丝，如图5-23所示。

图5-22　某爸评测抖音短视频平台　　　　图5-23　短视频风格统一

- 短视频创作坚持维护粉丝的价值，如粉丝的信任度、短视频内容的专业性、短视频内容的趣味性等，这样卖家的短视频才能长久得到支持，抖音短视频的展现逻辑和电商的展现逻辑类似，考核指标有观看时长、评论数、点赞数等。
- 卖家结合自身创作短视频的特点，在抖音上累计1000个粉丝后，即可开通商品橱窗功能，并挖掘出适合的垂直领域，提高商业的变现能力，如图5-24所示。

图 5-24 开通商品橱窗功能

很多中小卖家并不具备粉丝基础，也很难在抖音短视频平台发布效果精美、风格统一的短视频，卖家想要在抖音短视频平台投放广告的方法如下。

中小卖家可以通过联系抖音短视频平台的达人，选择适合类目的广告进行投放，一般在达人的主页都会有商务合作的联系方式，如图 5-25 所示。具体价格根据达人的粉丝数量、活跃度的不同也会有相应浮动。若是第一次合作，中小卖家可以多联系几个达人进行比较分析，目前很多抖音达人机构的旗下有多个网红，卖家可以直接联系抖音达人机构洽谈广告合作。

图 5-25 达人主页联系方式

卖家除了联系达人进行广告推广，还可以投放抖音的官方广告，一般有两种模式：一种是投放自己账号的短视频，卖家可以通过自身的抖音账号投放已经拍摄的短视频，打开抖音账号个人中心后，选择"DOU+订单管理"，这是付费推广短视频展现的功能，卖家选择合适的金额和人群后，即可根据步骤选择投放，如图 5-26 和图 5-27 所示。

图 5-26　DOU+订单管理

图 5-27　自定义定向投放

另一种，抖音官方也可以进行商务广告合作，抖音下拉第四条短视频展示位，即为广告位，它可以进行竞价投放，如图 5-28 所示。卖家可以从个人中心后台联系合作的具体事项，如图 5-29 所示，也可以通过今日头条广告账户进行投放或者联系今日头条代理商进行投放。

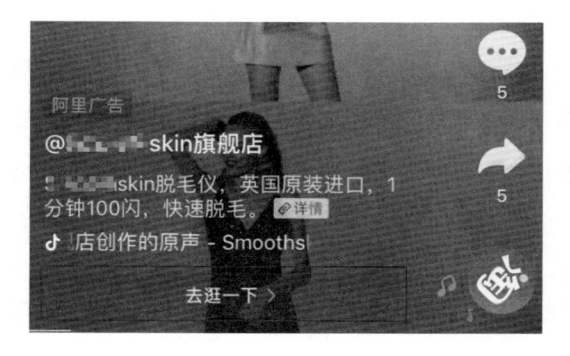

图 5-28　抖音下拉第四条短视频展示位

图 5-29　抖音个人中心广告合作

5.4 直播的应用

2016年是移动互联网直播的爆发年,在直播最火爆时,甚至出现了几百个直播类型App。在互联网直播初期时,淘宝就快速切入了市场,通过近几年的发展与维护,淘宝直播已经成为卖家不可忽视的一块流量重地,中小卖家可以参与淘宝直播或者利用淘宝直播提升自身的流量。下面通过店铺直播、达人直播与机构直播介绍淘宝直播的应用。

5.4.1 店铺直播

1. 开通店铺直播

目前,卖家在淘宝和天猫均可以申请开通店铺直播权限。淘宝开通店铺直播权限的要求包括店铺等级达到一个钻以上;微淘层级达到L1以上。个别店铺的类目不可以开通直播权限,如女士内衣、男士内衣等。天猫开通店铺直播权限的要求包括店铺类目不在天猫管控的类目中;卖家账户直播不存在违规行为。

2. 获取淘宝直播流量

淘宝直播经过多年的发展,店铺直播与达人主播的数量快速增长,然而,并不是每个卖家开通直播权限后都会引进很多流量,这时就需要中小卖家注意淘宝直播浮现权的概念。

淘宝直播浮现权是指获取淘宝直播官方流量的扶持展现,拥有浮现权的直播间才能在淘宝直播官方渠道展现,如图5-30所示。

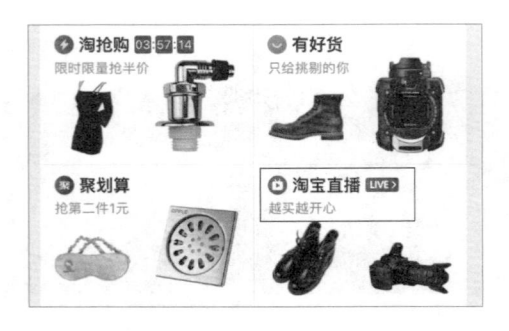

图5-30 淘宝直播官方渠道

天猫申请淘宝直播权限后,默认采用淘宝直播浮现权。目前,淘宝官方按照主播赛马机制进行考核,其考核指标包括点赞数、观看人数、关注人数、直播时长、粉丝互动、停留时长、购买成交转化、直播频率、内容精彩程度等。

卖家应该注意直播考核的方方面面,如在每次直播之前都做好本次预告,如图5-31所示。如果希望在手淘直播官方渠道展示预告视频,必须符合以下几点:第一,需要符合对应频道—预告模块的视频要求,必须上传两张封面图;第二,建议将内容标题、内容简介、封面图、预告视频的拍摄风格和人物造型保持一致;第三,预告视频时长控制在20秒以内,视频大小不能超过2MB,格式要求为MP4,并且在预告视频过程中,不能有字幕、异形特效等处理。除了预告视频,卖家也可以将直播间装修至店铺首页,尽量多去获取店铺访客的流量资源;还可以将直播间分享至淘宝群,呼吁老顾客支持和观看。

图 5-31 淘宝直播预告

3. 客服直播

2018年,淘宝推出了客服直播,客服直播以淘宝直播技术为基础,为店铺客服提供了直播导购的功能,并且面对面和买家进行互动,更加直观地反映宝贝的特色。客服直播和店铺直播有着一定的区别,客服直播相当于店铺的咨询服务台,通过直播展示服务,提升服务体验、导购效率和成交转化率;店铺直播相当于店内秀台,通过产出优质的直播内容,提升互动气氛和用户黏性。通过淘宝官方统计数据显示,客服直播在各方面数据均优于店铺直播，如图 5-32 所示。相比店铺直播的单一性，客服直播可以装修至店铺多个板块展示，如咨询聊天（旺旺）页面、店铺首页面、详情页面、订单详情页面等，如图 5-33 所示。目前，客服直播暂时未对所有卖家开放，卖家需要自行申请报名。

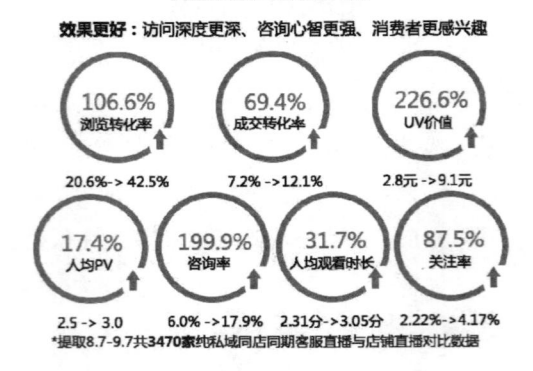

图 5-32　客服直播 VS 店铺直播

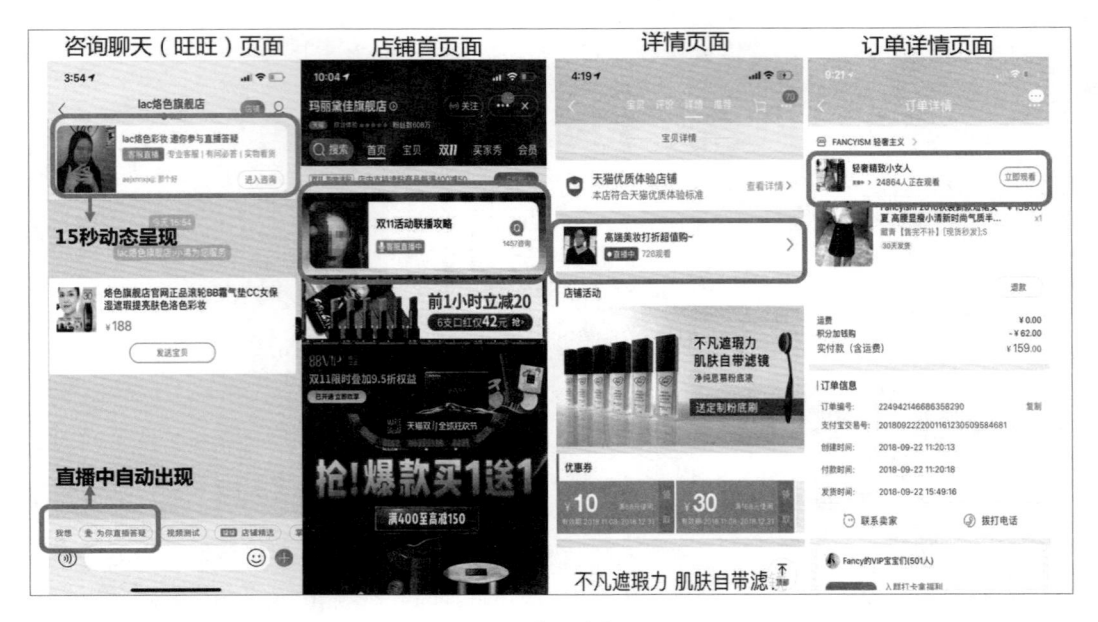

图 5-33　客服直播入口

5.4.2 达人直播与机构直播

对于中小卖家而言，可能难以精细化运营一个自主的店铺直播间，建议可以寻求达人直播与机构直播进行合作，获取淘宝直播渠道流量。达人是独立于机构直播的个人主播，一般为淘宝网红；机构直播则为直播运营公司，旗下拥有多名签约主播。

卖家联系达人、机构主播通常有两种办法：第一种是直接在直播间咨询主播的联系方式或者在直播主页的信息栏中找到主播的联系方式，如图 5-34 所示。第二种是打开阿里 V 任务页面，在直播栏目中搜索符合卖家类目主播的联系方式，如图 5-35 所示。

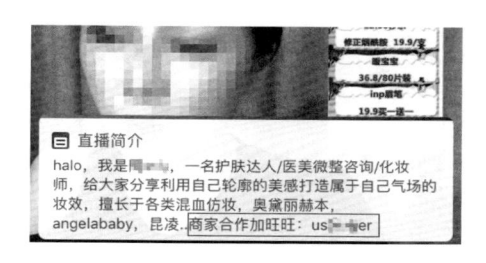

图 5-34　在直播主页中搜索主播

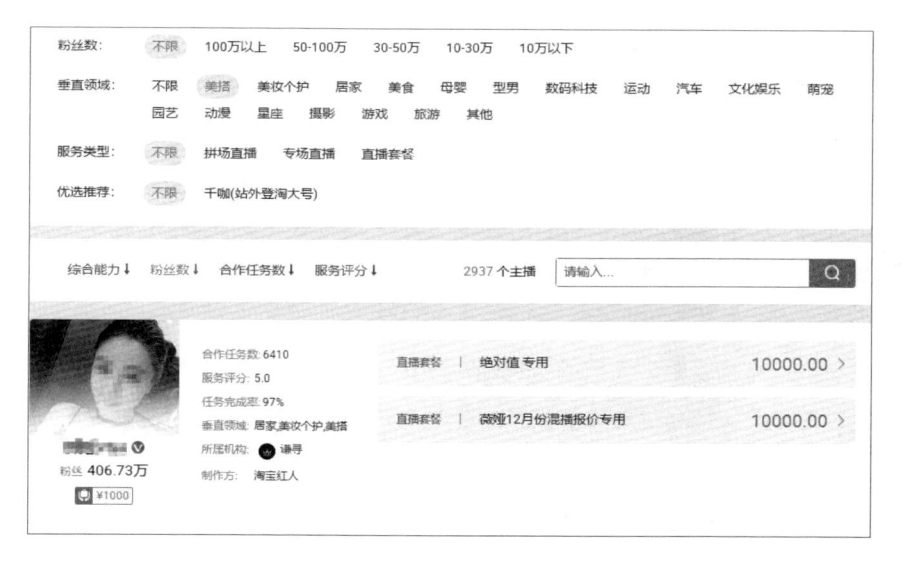

图 5-35　在阿里 V 任务页面中搜索主播

与主播取得联系后，卖家需要向主播提供宝贝链接、宝贝卖点等，而主播需要向卖家告知合作计划、服务费等，双方洽谈完毕后即可商议开播日期、场次及相关合作细节的问题。需要注意的是淘宝直播合作需要淘宝客链接，主播的收入来源主要由淘宝客佣金和直播服务费两大部分构成，卖家通常为主播开通一个淘宝客定向计划。

本章总结

本章主要针对几种自媒体推广进行了介绍。首先介绍了微淘、短视频的运营方法；其次介绍了微信公众号、抖音短视频等主流平台的自媒体运营方法；最后介绍了店铺直播、达人直播与机构直播的应用。

本章习题

1. 在下列选项中，（　　）属于卖家私域视频。（多选）

   A．淘宝群　　　　　B．有好货　　　　　C．店铺直播　　　　D．哇哦短视频

2. 若将短视频投放至公域渠道，有下列（　　）方法。（多选）

   A．系统自动抓取优秀私域视频投放

   B．卖家可自行投稿私域视频至公域渠道

   C．寻求达人合作投放

3. 下列关于店铺直播叙述错误的是（　　）。（多选）

   A．卖家可以自行申请店铺直播权限

   B．所有类目都可以开通店铺直播

   C．只要开通直播权限，卖家的宝贝就可以在手淘首页直播官方渠道中展现

4. 下列有助于获得淘宝直播浮现权的选项有（　　）。（多选）

   A．直播时长　　　　B．点赞数　　　　　C．观看人数　　　　D．购买成交转化

5. 以下（　　）模式可以装修至咨询聊天（旺旺）页面、详情页面、订单详情页面。

   A．店铺直播　　　　B．客服直播　　　　C．达人直播

第 6 章
淘宝官方营销活动

6.1 淘宝营销活动平台概述

6.1.1 淘宝营销活动平台简介

目前,对电商流量的争夺愈发激烈,卖家需要从多种渠道寻找适合自己的精准流量。而付费推广成本不断提高,从单笔订单的获取成本和单个流量的获取成本来分析,活动流量已经成为时间短、见效快的不二选择。

淘宝营销平台主要由天天特卖、淘抢购、聚划算等组成。淘宝按消费能力及消费偏向指标将买家分为 L1~L5 五个等级。天天特卖平台主要买家群为 L1 和 L2 层级,该平台更适合高性价比的商品。淘抢购与聚划算主要面向的买家群为 L3~L5 层级。

1. 聚划算

聚划算属于淘宝品质团购平台,如图 6-1 所示,该平台收费较高,主要适合品牌卖家,买家可以在手淘首页找到聚划算入口,如图 6-2 所示,该平台的特点是玩法多样,有商品团、品牌团、主题团等。商品团以单个商品为单位参加聚划算活动。品牌团以品牌为单位参加聚划算活动。主题团品类相近的卖家通过某一主题活动,共同参加聚划算,分摊聚划算费用。

图 6-1 聚划算平台

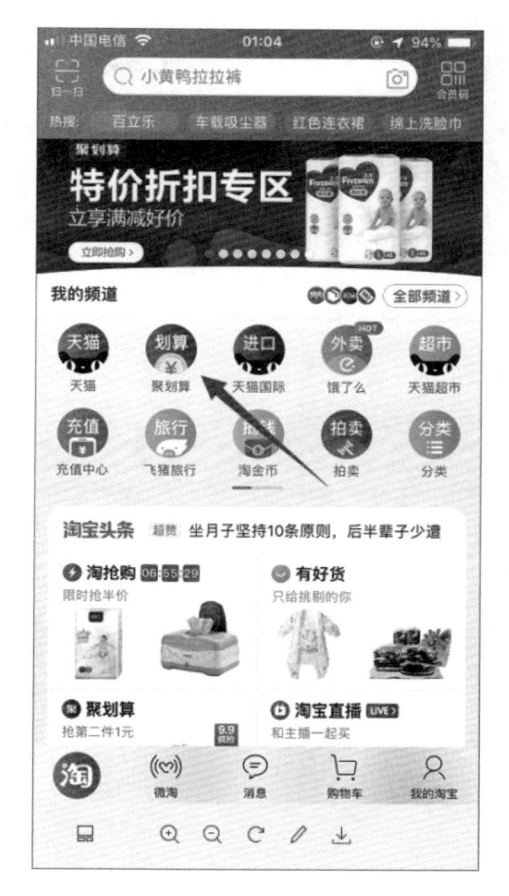

图 6-2　手淘首页聚划算入口

2．淘抢购

　　淘抢购是淘宝无线端重要的营销平台，如图 6-3 所示，其入口也在手淘首页，如图 6-4 所示。值得注意的是，该入口只有 L3～L5 等级的买家能够看到，L1 和 L2 等级的买家在此处看到的是天天特卖的入口。淘抢购平台的收费较低，更适合爆款型卖家，该平台的活动形式以时间为维度，每天分 12 个场次进行商品展示，所有商品限时限量售卖，12 个场次分别为：0 点场、6 点场、8 点场、10 点场、12 点场、13 点场、15 点场、17 点场、19 点场、21 点场、22 点场、23 点场。

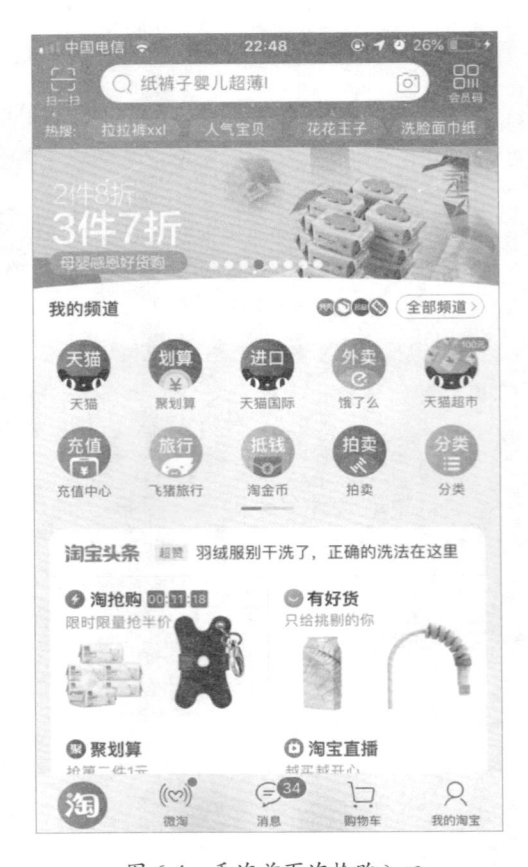

图 6-3　淘抢购平台　　　　　　图 6-4　手淘首页淘抢购入口

3. 天天特卖

天天特卖是帮助淘宝卖家成长的营销平台，如图 6-5 所示，其手淘入口位置与淘抢购相同，L1 和 L2 等级的买家在此处看到的是天天特卖平台。目前，天天特卖平台不收费，其玩法更适合高性价比、客单价低的商品。通过淘宝提供平台，优质卖家提供应季折扣商品，买家限时抢购的互动模式实现三方受惠。卖家获得高流量的展示机会，推广店铺，增强店铺的营销能力。此外，众多淘宝卖家将优质实惠的商品展示在买家面前，并促成双方的交易，全力帮助淘宝卖家快速成长，真正做到让买家淘得满意，买得放心。

图 6-5　天天特卖平台

6.1.2 营销活动平台流量分配机制

1．千人千面

营销活动平台的展位是千人千面的。

2．赛马机制

营销活动平台会根据预热时的数据反馈及活动时的数据反馈实时调整参加活动商品的权重，商品的权重越高，获得的展现量就越大。

3．不同的坑位流量不同

同一营销平台具有不同的活动坑位，不同的活动坑位具有不同的流量获取能力，由于每个类目适合的活动平台不同,卖家可以参考同类目卖家参加活动的流量来源判断坑位流量大小。如淘抢购分为日常淘抢购、必抢、场景购等坑位,由于必抢坑位是置顶显示的,如图6-6所示,因此,与日常淘抢购坑位相比,必抢坑位可以获得更多的流量。

图 6-6　淘抢购必抢坑位

6.1.3　活动报名入口

1. 通过卖家中心/商家中心进入营销活动后台

　　淘宝卖家单击"卖家中心"—"营销中心",进入营销活动后台,如图6-7所示。
　　天猫商家单击"商家中心"—"营销活动中心",进入营销活动后台,如图6-8所示,再单击"活动报名",进入天猫商家的营销活动报名页面,如图6-9所示。

图 6-7　卖家中心——营销中心

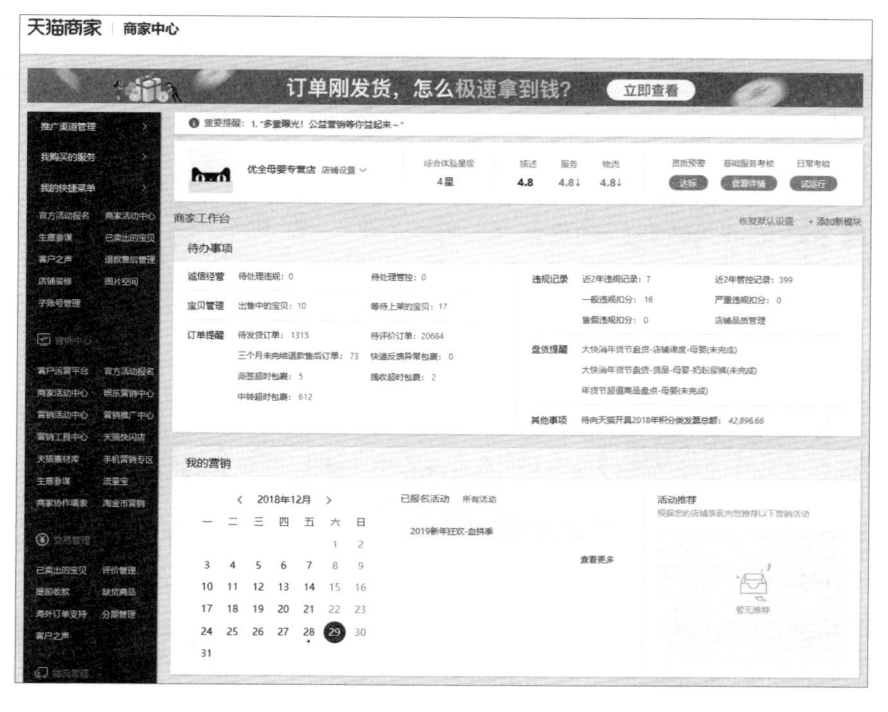

图 6-8　商家中心——营销活动中心

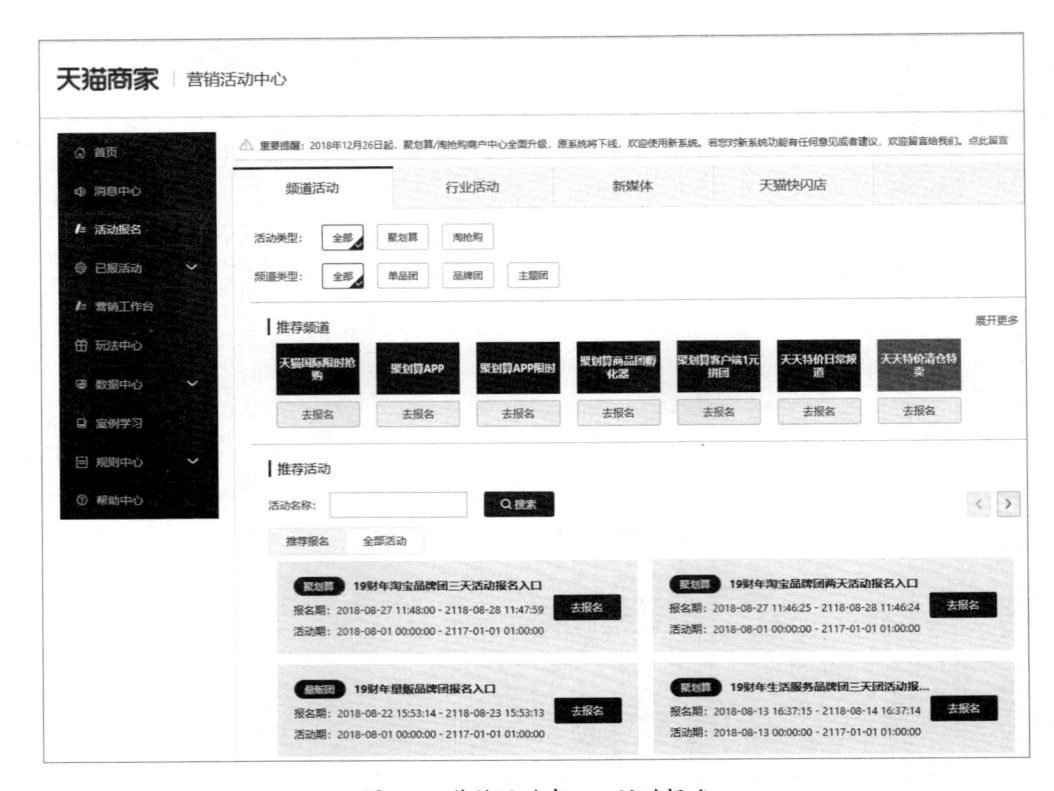

图 6-9 营销活动中心—活动报名

2. 通过域名地址进入营销活动后台

商家还可以通过域名直接进入营销活动平台，单击"商户中心"或"商家报名"进入营销活动后台。

（1）聚划算

进入聚划算平台的域名地址为 ju.taobao.com，单击聚划算首页的"商户中心"，如图 6-10 所示。

（2）淘抢购

进入淘抢购平台的域名地址为 qiang.taobao.com，单击淘抢购首页的"商家报名"，如图 6-11 所示。

图 6-10 聚划算商家后台入口

图 6-11 淘抢购商家后台入口

（3）天天特卖

进入天天特卖平台域名地址为 tejia.taobao.com，单击天天特卖首页的"商家报名"，如图 6-12 所示。

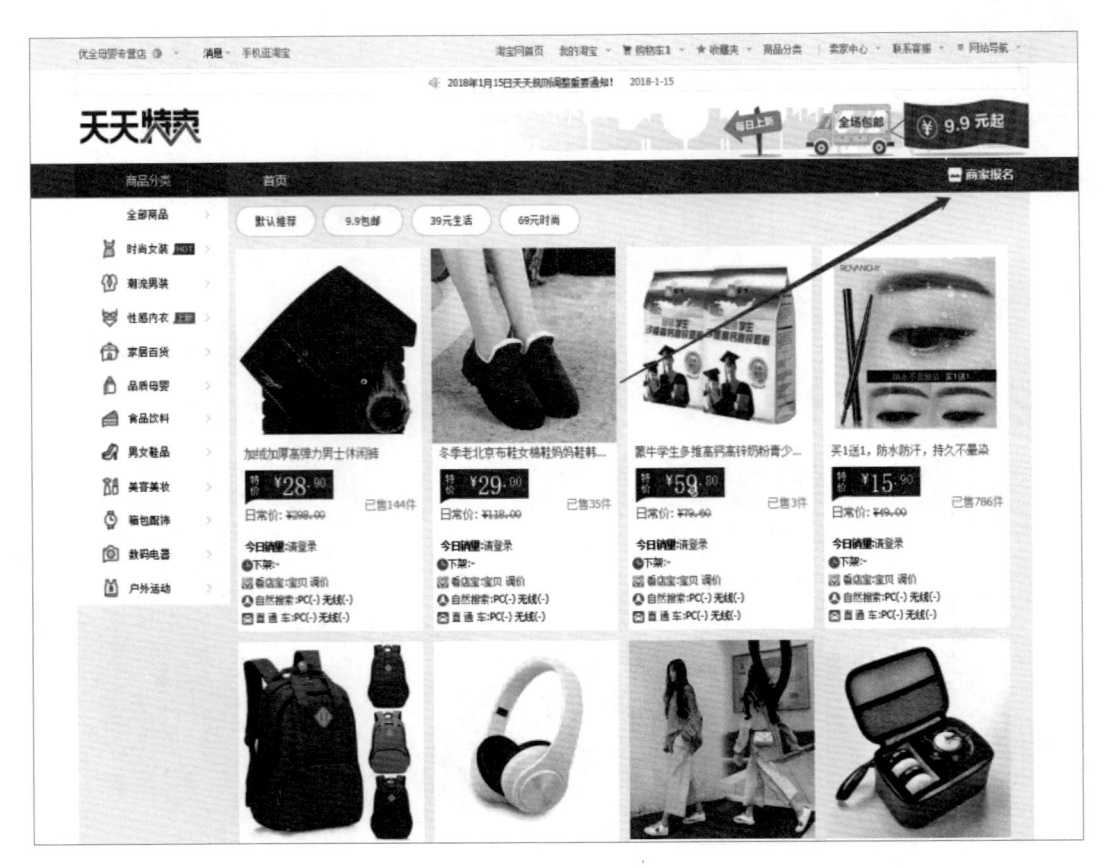

图 6-12　天天特卖商家后台入口

6.1.4　熟悉营销平台规则

电商平台有很多活动，卖家若想参加活动，先要了解每个活动的报名规则和活动的收费情况，报名规则包括对卖家的考核和对报名商品的考核。在活动报名坑位选择处，会有每个活动规则的详细说明。

1．查看坑位要求

坑位要求分为对店铺的要求和对报名商品的要求。单击"活动坑位报名",如果店铺不符合要求,则卖家无法进入活动报名页面,电商平台会告知卖家符合要求的内容。如果店铺符合要求,则卖家会进入商品选择页面,如果商品不符合要求,则卖家无法选择,可以单击"查看原因"按钮,查看商品不符合要求的原因,如图 6-13 所示。

图 6-13　查看商品不符合要求的原因

对卖家店铺资质的要求,一般有店铺类别、开店时长、营销基础服务考核分、是否有违规在处罚期等。对报名商品的要求有历史销售记录、违规扣分情况、是否处于处罚期等。

2．收费规则

在报名营销活动中,卖家还需要考虑"坑位"的收费情况。收费规则在活动报名页面会有明细规定,现在营销平台也提供了预估费用计算功能,如图 6-14 所示。

图 6-14　计算活动收费

除了营销活动平台的直接坑位费，卖家还需要关注坑位是否强制要求设置运费险、保证金、保价险等，如聚划算要求卖家设置高额的聚划算保证金或者参聚险，并且强制要求卖家设置运费险等。卖家要仔细核算营销活动的收费与相关成本，避免出现大规模亏损的情况。

3. 保价规则

除此之外，卖家还需要关注营销活动保价期的设置，以防出现营销平台扣分的情况。在一般情况下，官方营销活动平台都会设置活动后 15～30 天的保价期，若此期间商品的成交价格低于营销活动时的价格，营销活动平台则会扣分，扣分达到一定节点，会对卖家实施营销活动的处罚，具体规则请查看每个营销平台的规则页面。

6.1.5 报名活动小技巧

1．从来没上过活动的卖家

（1）第一时间报名

卖家最好在新坑位出现的第一时间报名，如图 6-15 所示，营销平台的审核活动按照时间先后顺序，在同等条件下，报名时间越早的商品，参与活动的概率越大，活动坑位满后，报名时间晚的商品不能参与活动。

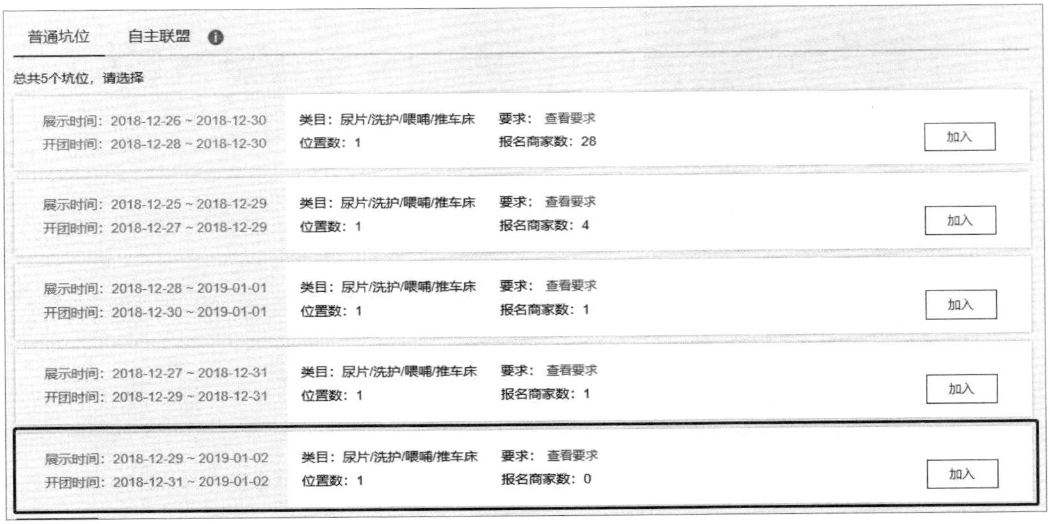

图 6-15　坑位报名

（2）同款比价

与同行同款活动的竞争商品相比，商品的价格越低，参与活动的概率越大。

（3）销量增长速度快的应季商品

当店铺有应季商品的增长趋势非常好时，且该商品非常适合营销平台的顾客群，卖家选用该商品报名参与活动通过的概率较高。

（4）成熟爆款

如果店铺有成熟爆款的商品，如图 6-16 所示，其日常销量/销售额，能接近甚至超过同行竞争商品参与活动的日常销量/销售额，卖家选用该商品报名参与活动通过的概率较高。

图 6-16 成熟爆款的商品

2. 想持续上活动的卖家

报名活动的卖家能否通过营销活动平台的审核，主要参考的指标为历史活动数据。我们经常看到一些店铺长期参加各种各样的活动，就是因为这些店铺能够长期稳定地完成营销平台的考核指标。天天特卖、淘抢购与聚划算三大平台对卖家的考核略有不同。天天特卖平台对卖家的主要考核指标为成交订单数，淘抢购对卖家的主要考核指标为售罄率，聚划算对卖家的主要考核指标为坑产（活动产出的销售额）。这三大平台每个类目的考核指标也有所差异，卖家可以参考同类目商品参与营销活动时的数据。

（1）完成活动指标

历史活动数据是店铺活动的核心指标。天天特卖要完成的订单量与聚划算要完成的坑产可以参考同品类经常参加活动的竞争商品在活动时完成的订单量/坑产。淘抢购完成的售罄率要在 80%以上，报名的货值可以参考竞争商品。只要完成了以上指标，卖家基本就能继续报名参与营销活动。

（2）设置活动预案

在活动前，卖家要有预案，当完不成活动指标时，可以通过淘宝客、直通车、智钻等方式引流，通过改变优惠方式提高转化率，尽量提高活动指标，防止指标太低，被营销平台拉黑。

（3）加入旺旺/钉钉营销活动群

卖家多次参加营销平台活动，并出色完成活动指标后，一般会收到营销平台旺旺群/钉钉群邀请或者通过朋友介绍等方式进群。在进群后，卖家可以与活动服务人员直接沟通，从而获得更多的帮助。

6.2 淘宝活动策划

卖家知道了具体的活动之后，就可以对活动进行策划，先要明确活动目的、确定活动选品、确定活动方案、落实库存与人员分配。

6.2.1 明确活动目的

活动的目的一般有如图 6-17 所示 5 种。

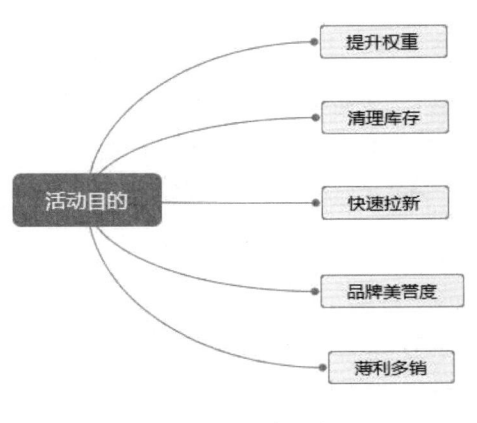

图 6-17　活动目的

1．提升权重

有些卖家会在商品推广期不计成本提升销量，从而提升商品权重获得流量。参加聚划算、淘抢购等平台的营销活动的卖家，甚至进行日常低于成本价格的促销，都是为了获得流量，这种营销模式又被称为战略性亏损。如卖家为了提升流量，原价为 46.0～97.0 元的电子秤，在促销时 19.9～46.9 元包邮，不计成本引流，实现了月销售量达到 3 万多件的销量目标，如图 6-18 所示。

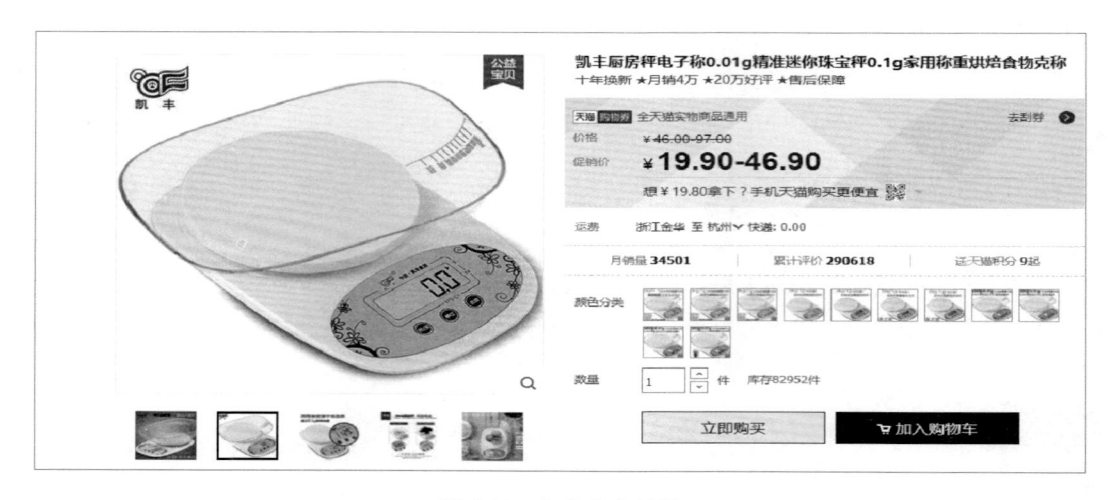

图 6-18　电子秤案例图

2．清理库存

当服装过季或食品快要到保质期时，卖家为了将损失降到最低，通过营销活动引流，并通过折扣提高销量，实现清理库存回收资金的目的。如保质期还有 40 天的商品，原价为 40.0 元，促销价为 19.9 元，如图 6-19 所示。

3．快速拉新

有些商品的复购率比较高，如纸尿裤、奶粉等，卖家可以通过营销活动快速积累新顾客，即使在活动时不赚钱，在复购时，卖家也会有相应的利润，如图 6-20 所示。

第 6 章 淘宝官方营销活动 | 233

图 6-19 零食案例图

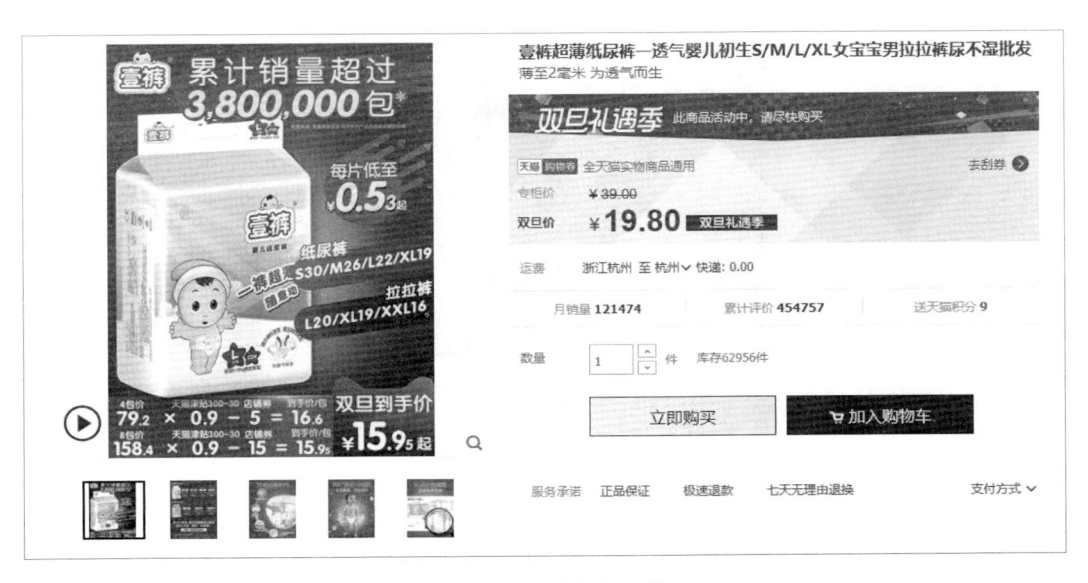

图 6-20 纸尿裤案例图

4. 品牌美誉度

卖家通过让新品参加聚划算品牌团或者做新品活动页面,再通过直通车推广或者智钻推广,引导买家到店成交。如三只松鼠在元旦期间参与促销活动,卖家让美工制作活动页面,同时制作广告图给推广人员,引导买家到店购买新品,提升品牌的美誉度,当卖家在进行店铺促销时,也会配合营销平台更新促销的活动,如图6-21所示。

图6-21　聚划算品牌团

5. 薄利多销

卖家为了提升销量,会在节假日利用官方促销和时事热点进行促销。在促销活动中,卖家会选择一些官方活动配合,淘抢购、淘金币等,在官方活动的影响下,卖家快速提高销量，薄利多销是赚取利润很好的方式。如背心卖家参加官方活动淘抢购，原价为 59 元，活动价 25.8 元，成本为 20 元。当活动前的日销量约为 100 件时，赚取的日销售利润为 3900 元；当活动后的销量约为 3000 件时，赚取的日销售利润为 17 400 元，如图 6-22 所示。

图 6-22　背心卖家案例

6.2.2　确定活动选品

1．行业数据分析

首先进入营销活动平台，寻找同行竞争产品。统计同行的活动产品、销量、客单价、原价、促销价、折扣率相关信息，并制成如表 6-1 所示的表格。

表 6-1　竞争产品分析

活动产品	销量	客单价	原价	促销价	折扣率

卖家通过查看生意参谋的竞争产品监控，查看主要竞争产品活动时期的流量来源，如图 6-23 所示。再通过对行业竞争产品的了解，熟悉该类产品的活动流量构成，为自己的选品提供数据参考。

图 6-23　查看竞争产品流量来源

2．选品原则

从整体市场出发考虑，卖家的主推款应该是行业市场容量大、平均转化高的产品。

从卖家自身考虑，卖家可以将店铺中的产品进行波士顿矩阵分类，如图 6-24 所示，将店铺中的明星产品根据调研的同行数据进行比较，判断产品是否有竞争力，再根据竞争产品的定价制订有竞争力的活动优惠方案，作为主推产品，卖家还需要考虑优化潜力产品和问题产品，将其作为活动利润款。

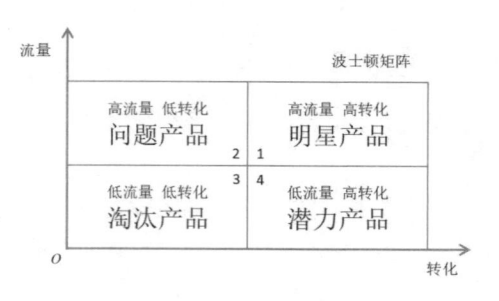

图 6-24　波士顿矩阵分类

6.2.3 确定活动方案

活动方案可以划分为3种，即活动主题、活动内容和流量规划，如图6-25所示。

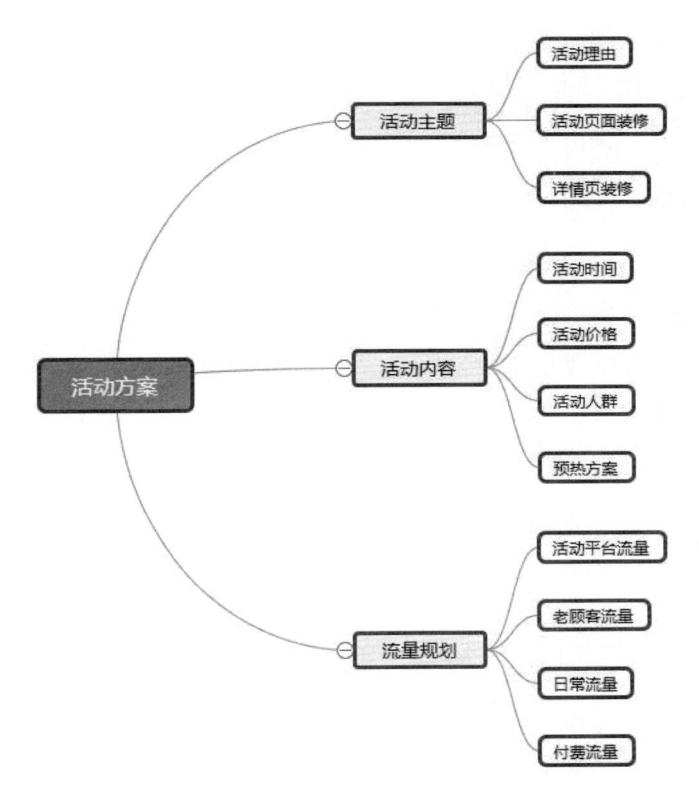

图 6-25　活动方案

1. 活动主题

首先，卖家要制订活动主题，如淘抢购、聚划算、天天特卖的周年店庆与"双十一"大促等。

然后，卖家要根据活动的主题设计活动理由、活动页面装修等相关页面，参与活动的商品也要根据活动主题渲染活动氛围。

2. 活动内容

（1）确定活动时间

卖家根据官方活动要求确定活动的预热时间、开始时间和结束时间。卖家并根据自身情况，决定是否提前推出活动页面，有些爆款日常销售较多，如需强预热，可能会导致2~3天不能销售，最终导致预热时期和活动时期总的销售额与日常销售额差不多，甚至更低，卖家会得不偿失。

（2）规划活动价格

首先是产品的定价，与竞争商品相比，产品的整体定价要有竞争力，同时又要符合卖家的活动目的。其次要规划营销活动玩法，如第2件半价、前1小时减×元等。总之，卖家要综合考虑营销活动的玩法。

（3）确定活动人群

活动既面向新顾客，又面向老顾客。卖家要分析新老顾客的喜好和占比。关注聚划算、淘抢购、天天特卖等活动的新顾客，吸引此类顾客最大的法宝是高性价比的商品。最终确定为当季热卖商品、受众面广的商品、店铺生意参谋及行业数据分析转化率高的商品。复购率高的店铺，由于老顾客成交占比较高，在制订相应活动方案时，卖家要适当考虑老顾客的优惠方案，如定向发送优惠券等。

（4）预热方案

卖家通过前半小时优惠等方式，让顾客提前收藏加购，并通过旺旺、短信等方式告知顾客，活动的进行时间、优惠幅度等。

3. 流量规划

（1）预测活动平台流量

卖家根据竞争商品的流量来源，在营销活动平台查看类似的竞争商品在活动时的流量。例如，销售国产纸尿裤的卖家可以查看其他品牌国产纸尿裤在聚划算上的每片单价及每件单价，聚划算渠道带来的流量可以作为卖家预测活动流量的参考。

（2）规划活动流量

我们在规划活动流量时，可以将流量大致分为 4 类，即活动平台流量、老顾客流量、日常流量和付费流量，如表 6-2 所示。活动平台流量是卖家参加活动时，由活动平台直接带来的流量及参加活动时可能会带来自然流量加权。老顾客流量是卖家在参加活动时唤醒老顾客爆发的流量。日常流量是卖家在参加活动时商品获得的稳定的流量。付费流量是卖家在参加直通车、钻石展位、淘宝客等渠道时的付费流量。

表 6-2 活动流量规划

流量名称	流量来源	预估访客数	预估订单量	预估销售额
活动平台流量	活动平台流量			
	自然流量加权			
老顾客流量	唤醒老顾客			
日常流量	日常所有流量之和			
付费流量	直通车			
	钻石展位			
	淘宝客			
合计				

营销活动流量的规划要满足营销平台的考核目标，如在推演过程中，计算出实际无法达到营销平台的考核目标，卖家应该暂缓报名参加营销平台活动，以防止完不成考核目标被营销平台拉黑。

6.2.4 落实库存与人员分配

1. 美工

（1）制作活动入口图

有些坑位附带一些资源位，由于资源位流量较大，所以卖家要精心制作活动入口图。卖家在制作活动入口图时要考虑竞争环境，如在聚划算、淘抢购、天天特价等活动页面，卖家要考虑不同竞争对手的图片素材的视觉展示（色彩及背景的差异化）、商品卖点及竞争对手的优惠方式。卖家将活动入口图制作完成后，可以通过智钻等工具测试活动入口图的点击率，判断活动入口图是否优质。

（2）制作活动商品主图

卖家在活动商品主图上要呈现促销的优惠信息，如满就减、满就送、限时折扣、秒杀、赠品配送、优惠券等，如图 6-26 所示。并且要营造促销紧迫感，如前 100 名秒杀、最后 1 小时、即将售罄、30 分钟未付款关闭交易等。同时，活动商品的主图要凸显活动需求的卖点信息，如商品功能（功效）、使用人群、不同竞争对手商品的亮点等。

卖家在遇到营销平台节日大促时，营销平台可能会为卖家提供整套的促销标准，其中有活动主图模板，卖家可以自行考虑是否采用。

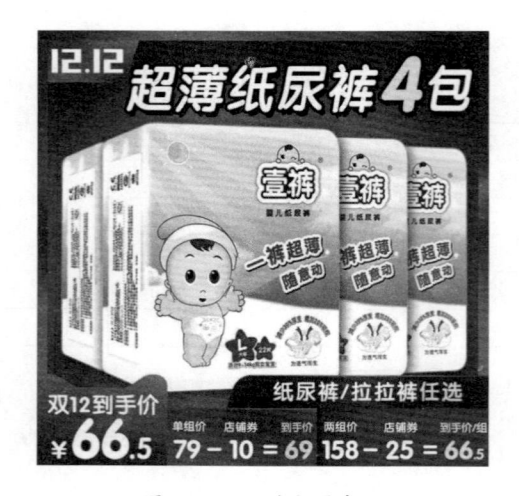

图 6-26 活动主图案例

（3）承接页和店铺装修

卖家可以根据活动类型，决定是否设计活动承接页面，如图 6-27 所示。卖家还可以根据活动主题装修店铺，包括活动的首页、二级页面等。

（4）制作推广图

如果卖家通过付费推广的方式引流，推广图和活动商品图一定要包含促销优惠信息，也要营造促销紧迫感，并凸显活动需求卖点信息，如图 6-28 和图 6-29 所示。

（5）制作详情图

卖家要根据活动时的营销逻辑对详情页面进行重新规划，如图 6-30 所示。建议详情页面的顶部详细介绍优惠活动的详情，营造出紧迫感。同时，卖家可以推荐关联销售的商品，推荐的商品应该为相似的商品和互补的商品。相似的商品，如活动商品是澳洲芒果，可以搭配推荐越南芒果；互补的商品，如活动商品是羽毛球拍，可以搭配推荐羽毛球。卖家这样做的目的是为了提高销售额。

图 6-27　活动承接页面

图 6-28　推广图

图 6-29　活动商品图

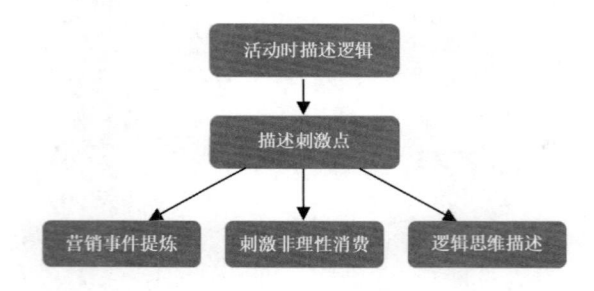

图 6-30　重新规划详情页面的营销逻辑

2. 客服

（1）沟通活动方案

确定活动方案后，卖家需要和各位客服沟通活动方案，对接活动的内容，包括活动价格、营销活动玩法、活动的开始时间和结束时间、参加活动的商品等。

（2）优化客服话术

卖家要与客服沟通活动期间的客服话术，优化接待效率，提高询单转化率，实现活动效果最大化。

（3）增强客服接待能力

如果客服的接待能力不足，卖家可以临时增加客服或者启用店小蜜等 AI 客服，分担客服压力。

3. 仓库

（1）确保库存充足

卖家要确保在参加活动的过程中有充足的库存，防止超卖。

（2）确保发货能力

卖家要预估订单量，如当发货能力不足时，则需要临时增加发货人员。

（3）预包装

卖家可以预包装一些常规商品，减轻活动时的分拣压力和打包压力，加快订单出库的速度。

（4）确保揽件能力

卖家与合作的快递公司沟通预估包裹量，防止出现订单量过大，揽件超时的情况。

4. 推广

卖家需要合理安排推广时间节点和预算，做好直通车推广和智钻推广的计划与预案，并准备好淘宝客资源，以防止活动效果过差时，无补救措施。

6.3 活动实施

6.3.1 活动预热

1. 唤醒买家

活动预热期，卖家可以通过短信、旺旺消息等形式，将活动信息传递给买家，并通过预热方案，如前5分钟半价等，促使买家提前收藏和加购活动宝贝。

2. 付费流量

卖家可以通过钻石展位、直通车等付费推广方式为活动预热引流，如表6-3所示。

表 6-3　活动预热引流表

推 广 项 目	客单价（元）	预计访客数（个）	预计转化率	预计费用（元）	预计销售额（元）
钻石展位	100	30 000	3%	10 000	90 000
直通车	100	10 000	5%	10 000	50 000

3．监测预热方案

卖家可以通过营销活动平台的数据中心查看"预热期"的数据，如图 6-31 所示。如果收藏数据和加购数据效果较差，应及时调整"预热期"的方案。

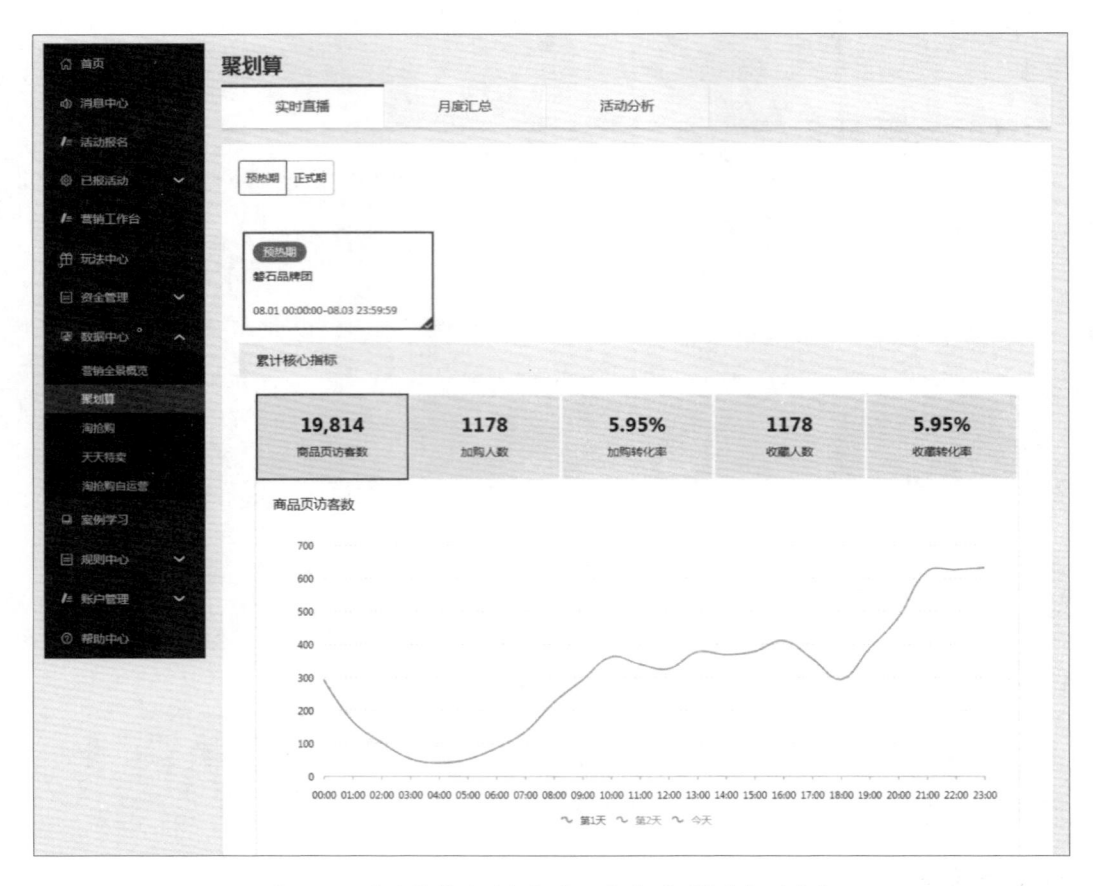

图 6-31　通过营销活动数据中心查看"预热期"的数据

6.3.2 活动中

1. 实时查看商品的转化率数据

在活动中，卖家需要通过生意参谋，实时查看每小时的数据变化，如活动商品销售数量、活动关联商品销售数量、活动销售额、活动商品流量、活动商品转化率及跳失率。卖家要根据数据变化，做出相应情况的分析与应变。

卖家也可以根据营销活动平台的数据中心查看"正式期"的数据，如图 6-32 所示。

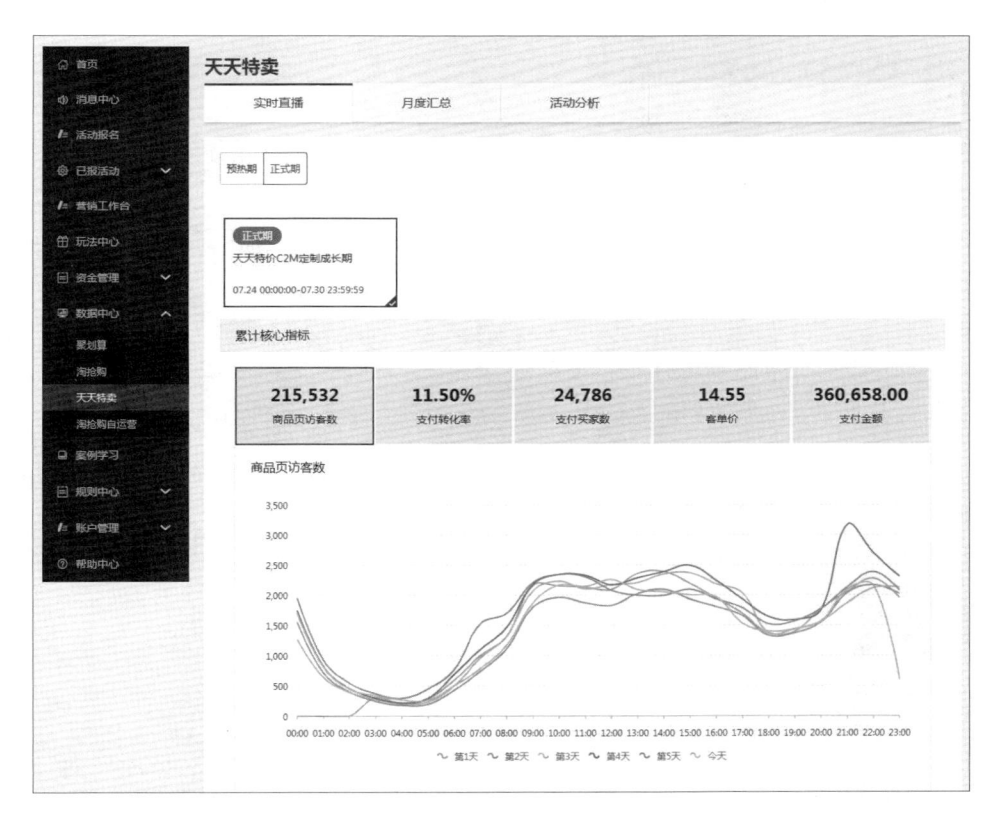

图 6-32 通过营销活动数据中心查看"正式期"的数据

2. 根据活动数据及时调整策略

当出现转化率明显偏低的情况时，卖家要及时查看详情页面与活动内容是否有矛盾，询问客服是否有买家反映异常状况，是否出现竞争力较强的商品，是否出现差评等，并进行相应的优化方案调整。

如果活动流量偏低，卖家要及时根据之前设定的推广预案，通过钻石展位、直通车等付费推广方式进行引流，以防止出现坑产、订单量与售罄率不达标的情况。

6.4 活动复盘

卖家在做完营销活动后，要及时复盘营销活动，总结经验，以供下次参加活动时使用。

6.4.1 整体活动效果评估

卖家可以通过制作活动效果评估表，如表 6-4 所示，对活动的整体效果进行评估。

表 6-4 活动效果评估表

访客数	支付金额	买家数	销售额	销售额爆发系数	支付转化率	销售毛利率
支付件数	客单价	件单价	新买家数	新买家销售额	售罄率（淘抢购）	新增粉丝数

卖家可以通过生意参谋和营销活动平台的数据中心对活动数据进行取数，如图 6-33 所示。

图 6-33 营销活动平台数据中心

卖家根据活动效果评估表，可以查看本场活动是否达到了活动目的。

6.4.2 流量复盘与销售复盘

1. 流量复盘

卖家可以通过生意参谋查看活动时商品的流量来源及转化数据，利用流量复盘表进行记录，如表 6-5 所示，与活动前的流量规划进行对比，并分析其中数据较差的原因，以供下次参加活动时做数据参考，改进活动效果。

表 6-5　流量复盘表

	流量来源	预估访客数	实际访客数	预估订单量	实际订单量	预估销售额	实际销售额	差异原因
活动平台流量	活动平台流量							
	自然流量加权							
老顾客流量	唤醒老顾客							
日常流量	日常所有流量之和							
付费流量	直通车							
	钻石展位							
	淘宝客							
合计								

2. 销售复盘

卖家记录商品在活动中的销售数据与利润情况，指导下一次活动的选品与备货，如表 6-6 所示。

表 6-6　销售复盘表

品名	访客数	转化率	销售件数	销售额	客件数	销售毛利率	净利率

卖家可以通过生意参谋的财务模块（其他第三方财务工具，如 ERP 的财务报表等）计算出本次参加活动的利润率，从中分析活动的利润是否还有提升的空间。

6.4.3 执行人员工作总结

执行人员工作总结包括仓库人员、客服人员、美工人员、推广人员等工作效果，如表6-7所示。

表6-7 活动执行人员评估表

仓库人员	发货速度	发货准确率	发货件数	破损率	包材损耗	仓库正确率	对接时间	交付时间
客服人员	单笔成交件数	成交客单价	转化率	人均成交件数	交付率	旺旺响应速度	对接时间	交付时间
美工人员	平均浏览数	平均跳失	商品转化	静默转化	静默单价	平均访问深度	对接时间	交付时间
推广人员	流量	客单价	销售额	转化率	回购率	关联销售数	对接时间	交付时间

仓库人员从发货速度、发货件数、发货准确率、破损率、包材损耗等方面进行评估，其中以是否在48～72小时内发出货物为重点考核指标。

客服人员从单笔成交件数、成交客单价、转化率、旺旺响应速度等方面进行评估，以客服询单转化率高于同行业为好。

美工人员从平均浏览数、平均跳失、商品转化、静默转化等方面进行考核，以活动图片点击率超过行业平均为好。

推广人员从流量、客单价、销售额、转化率、回购率等方面进行考核，以活动付费流量达到预期计划为好，同时考核ROI。

执行人员评估标准如图6-34所示。

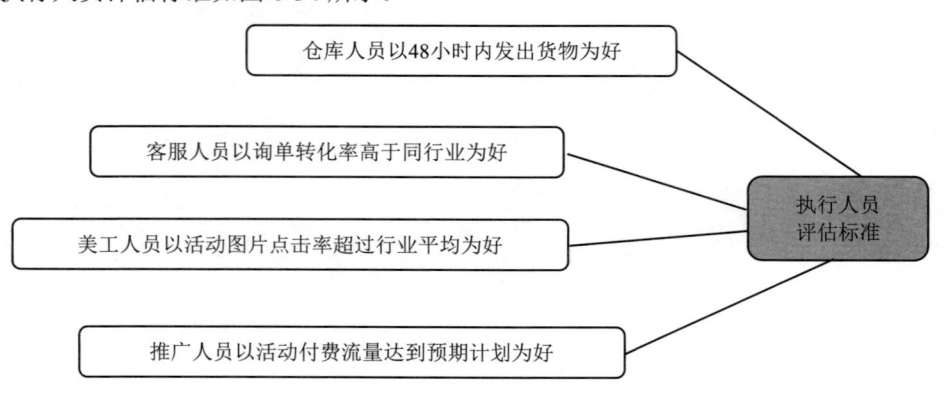

图6-34 执行人员评估标准

本章总结

本章对淘宝营销活动进行了详细描述，并对活动人员需要具备的基本素质、操作流程和技能进行了讲解。一名合格的活动人员要了解活动的规则及常见的活动，以便更好地利用淘宝活动这一引流方法，为店铺带来更多的流量。为了提高活动效果，活动人员需要进行淘宝活动策划、活动实施及活动总结。淘宝活动策划主要包括前期数据采集、数据采集后的策划活动及策划活动后的人员安排。淘宝活动实施主要包括活动实施中预热期的工作及活动中各岗位的工作。淘宝活动总结主要包括淘宝活动分析及评估淘宝活动。总之，淘宝活动人员为了完成工作任务，达成工作目标，需要具备良好的基本工作流程及技能，了解平台的活动规则，熟悉操作流程。

本章习题

1. 淘宝活动报名规则主要对卖家（　　）进行考核。
   A．报名的店铺　　　B．报名的商品　　　C．报名的图片　　　D．报名的标题
2. 淘宝官方的营销活动平台分为免费平台和收费平台，其中（　　）为免费平台。
   A．天天特卖　　　　B．淘抢购　　　　　C．聚划算
3. 当分析行业数据时，下列（　　）属于免费的工具。
   A．直通车—流量解析　　　　　　　　B．生意参谋—竞争
   C．生意参谋—数据作战室　　　　　　D．生意参谋—市场
4. 当活动开始时，监控到流量少并且转化率高，卖家应该（　　）。
   A．对接推广人员，增加流量渠道入口，提高销量
   B．对接运营人员，修改促销策略
   C．对接美工人员，修改关联商品页面
   D．对接客服人员，推荐店铺其他商品
5. 仓库人员在活动时的主要考核指标不包括（　　）。
   A．发件量　　　　　　　　　　　　　B．包材损耗
   C．发货准确率　　　　　　　　　　　D．销售额
6. 卖家在策划淘宝活动时，需要了解（　　）信息。（多选）
   A．行业数据　　　　　　　　　　　　B．竞争对手数据

C. 活动平台数据 　　　　　　　　D. 自身商品数据

7. 活动复盘主要分为（　　　）。（多选）

A. 流量复盘 　　　　　　　　　　B. 销售复盘

C. 执行人员工作总结 　　　　　　D. 重新装修店铺

8. 淘宝官方的营销活动平台有_____、_____、_____。

9. 活动开始之前，卖家根据活动方案，可以通过付费推广工具_____、_____、_____挖掘新顾客，还可以向老顾客发送短信实施引流计划。

第7章 经典案例解析

7.1 打造单品爆款案例

7.1.1 公司基本状况

团队：运营和推广 1 人、美工 1 人、客服 3 人。
店铺规模：中小卖家。
店铺层级：第三层级。
类目：内衣家居服饰。
年销售额：480 万元。

7.1.2 打造单品爆款阶段

卖家通过钻展的单品定向，从单品测试到数据确定核心单品，再到爆款流量放大的过程，打造一个手淘首页流量的案例，如图 7-1 所示为案例逻辑图。

图 7-1 案例逻辑图

1. 商品测试阶段

卖家在日常投放的过程中，首先将所有商品进行测试，然后再持续优化，这一阶段的测试主要是使用钻展的单品定向内容，下面详细介绍设置方法。

- 选品：以测试为主，店铺的商品比较丰富，卖家可以采用批量多测试的方式投放。
- 计划：卖家可以分类目搭建计划，如以文胸、文胸套装、内衣、袜子等类目搭建计划，计划名称以类目进行区分。
- 场景：日常销售。
- 时间：店铺来访高峰期和购买高峰期。

- 地域：新店铺可以进行多地域投放，去掉 15～20 个转化率低的地域，成熟店铺可以选择添加 8～10 个转化率高的地域。
- 单元：一个单元对应一个商品，单元名称以商品 ID、核心词、货号进行区分。
- 定向：初始测试优质定向包括智能定向、智能定向—访客定向、智能定向—相似商品定向、购物意图定向和扩展定向。
- 资源位：手淘首页。
- 出价：智能定向的初始出价可以从市场建议价的 80%开始，其他定向出价=智能定向出价×（1+溢价比例），资源位出价=定向人群出价×（1+溢价比例），初始出价建议为 80%，可以采用下坡法出价，出价过高要及时调整。
- 创意：选择商品的 5 张主图，支持本地上传。
- 标题：标题宜设置为 30～60 个字符，包含核心卖点及排除系统敏感词，可以有适当的吸引点击的字符。

卖家通过计划设置高效测试商品，然后积累商品流量为后面的数据分析提供基础。

2．数据验证阶段

通过设置前面的计划，卖家收集并整理了计划的数据，如图 7-2 所示。

消耗（元）	展现量	点击量	收藏宝贝量	收藏店铺量	添加购物车量
688.45	237,456	967	286	42	684
成交订单金额（元）	点击率	点击单价（元）	点击转化率	收藏加购率	投资回报率
11,625.33	0.41%	0.71	18.30%	100.31%	16.89

图 7-2　钻展单品定向数据图

对于卖家来说，只是通过单独的计划是没有办法区分出潜力商品的，所以，卖家对整个计划中所有的单元商品进行了单独的数据分析整理，首先通过钻展单品进行计划单元下载，然后整理表格，如图 7-3 所示。

卖家需要找出潜力商品，其选择逻辑是由综合评估流量、收藏加购成本、转化率等因素来判断的。

首先，从流量上分析，卖家不会选择流量太少的商品，也就是 UV 太少的商品，排除 C 和 E。

其次，从收藏加购成本上分析，收藏加购成本越低越好，排除 G、D、B。

单元	PV	UV	消耗	CTR	PPC	收藏宝贝量	收藏店铺量	添加购物车量	成交订单量	成交订单金额	CVR	ROI	收藏加购成本
C	7548	12	6.18	0	0.52	2	1	8	0	0	0	0	0.62
A	43693	89	54.75	0	0.62	14	1	47	4	245.35	4.49	4.48	0.90
F	23174	103	68.81	0	0.67	20	3	20	0	0	0	0	1.72
E	15878	22	12.08	0	0.55	2	1	2	0	0	0	0	3.02
G	20964	81	49.59	0	0.61	2	2	13	0	0	0	0	3.31
D	32211	291	191.48	1	0.66	25	3	27	6	359.58	2.06	1.88	3.68
B	46912	117	76.91	0	0.66	8	1	10	1	81.8	0.85	1.06	4.27

图 7-3　钻展单品计划单元图

最后，从转化率上分析，也只有 A 和 B 是优秀的。

所以，综合以上 3 个因素判断，卖家可以将 A 商品作为主推商品。

3．流量放大阶段

当卖家选中了主推商品之后，就是要放大该商品的流量，使其快速成长，作为店铺的主推款。卖家通过增加预算、增加计划布局、扩充定向、增加资源位和溢价快速实现流量的增长，如图 7-4 所示为流量放大逻辑图。

预算放大	计划放大	定向放大	资源位放大
合理增加	计划布局	扩充定向	增加溢价
保持流量增加趋势，实时对比增加预算	多计划布局，分拉新和认知转化；同个宝贝多计划布局	增加购物意图定向、扩展定向、DMP 定向，分拉新和认知投放	手淘首页增加溢价，减少通投的资源位，重点溢价猜你喜欢

图 7-4　流量放大逻辑图

首先，卖家要想增加流量，在初期测试时就要解决选品的问题，这时要保证每天的预算是昨天的 1.2 倍以上的增长，通过预算带动流量的快速增长来带动首页流量的快速入池到爆发。

其次，在早期测试阶段，卖家只做了智能定向，接下来不仅要增加智能定向，还需要增加购物意图定向、扩展定向、DMP 定向。

再次，卖家可以尝试使用不同的场景拉动流量增长，这里场景可以增加拉新、认知转化和老客户召回计划等环节。

最后，卖家不仅要关注手淘首页的流量获取情况，还要关注 PC 端淘宝首页的流量获取情况。

通过以上操作，卖家可以快速提高商品的流量，然后在日常的运营中，需要针对商品进行转化率维护，特别是买家秀与评价的静默转化率维护及动态监控提高客服的工作效率。通过一系列优化之后，卖家发现该商品的手淘首页流量增长明显，在最高峰时，类目第一的手淘首页流量维持了近一个多月。图 7-5 所示为手淘首页流量图，如图 7-6 所示为钻展商品流量图。

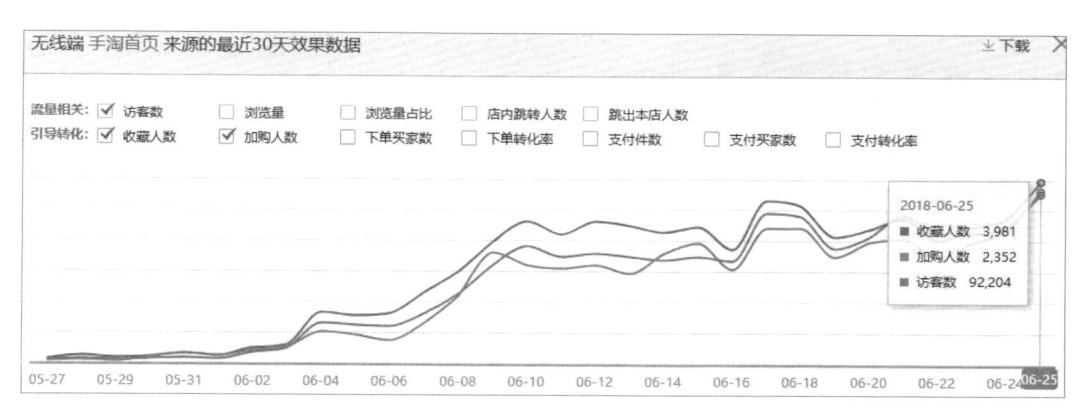

图 7-5　手淘首页流量图

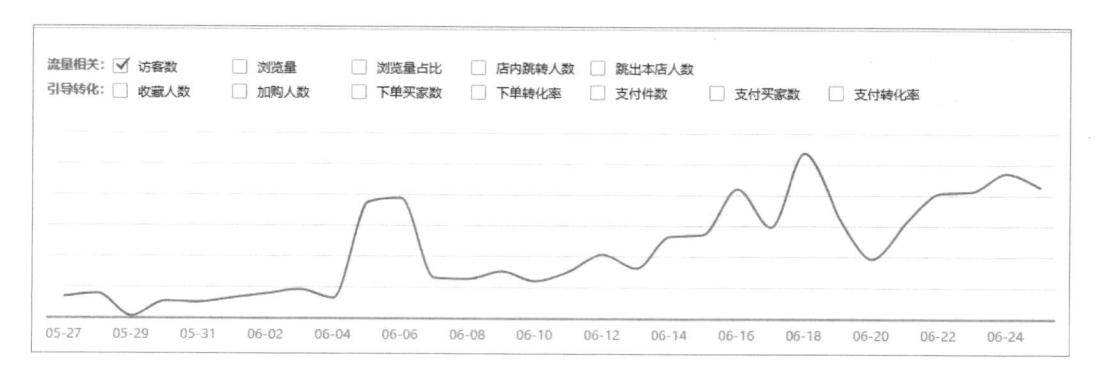

图 7-6　钻展商品流量图

保持手淘首页流量的前提是商品的点击率要高于同行，由于转化率偏低，因此收藏加购率的稳定是保证手淘首页流量的前提，卖家通过付费定向流量提高手淘首页流量的增长。

7.1.3 总结与启发

在日常投放钻展时，卖家需要遵守所有的商品先测试后推广的原则，测试和推广同等重要。

在进行推广时，卖家需要提前做好规划，有目的地进行推广。

对于中小卖家来说，在预算不充裕的情况下，要进行有针对性的投放。当没有爆款时，卖家要选择多商品推广，当有了爆款时，卖家要选择聚焦推广，使得推广效率更高。

7.2 直通车打造小爆款案例

7.2.1 卖家基本情况

某卖家是一家在内衣产业聚集地的小型电商公司，主要做男式内衣。由于公司发展需要，打算进军女式内衣行业。但是，卖家由于没有足够的女士内衣行业经验，因此供应链及行情判断能力较差。2019年，该卖家在女式内衣类目的主要目标是通过较低的推广预算，做起一个小爆款，通过小爆款来切入市场，积累经验，完善供应链。

7.2.2 选品及推广节奏

1．选品

卖家在选品时发现，秋冬季节的女式打底衫类目市场交易指数较高，有大量商品的销量超万笔，甚至有的达到10万笔，行业整体搜索流量较大。有几家做基础款式的纯棉打底衫的卖家，其商品的销售价格极低，贴近成本，但是销量巨大。

根据市场情况分析，卖家决定利用基础款商品来切入市场，这样做的原因有两点：一是基础款商品的生产较简单，供应链不容易出现问题，防止卖家没有足够的经验导致商品出现质量问题；二是基础款商品可以通过低价销售的形式快速提高销量。

由于规模较小，同质化的商品成本没有优势，因此在此基础上，卖家进行了两点改进：一是采用莫代尔面料，虽然莫代尔面料只适合内穿打底，不适合外穿，但是供应商刚好有一批质优价廉的布料，在同类商品中有相当的成本优势；二是卖家通过采用两件装销售的形式压缩每件的快递成本，使得每件莫代尔打底衫的售价低于同行全棉打底衫的售价，从而取得了商品上的竞争优势。

2．推广节奏

卖家通过流量解析查看关键词"打底衫女"的点击指数，如图 7-7 所示，可以发现从 8 月中旬起，"打底衫女"关键词的点击指数开始出现了缓慢上升的趋势，9 月中旬已经有较高的点击指数，10 月初点击指数迅速上升，11 月点击指数达到高峰。

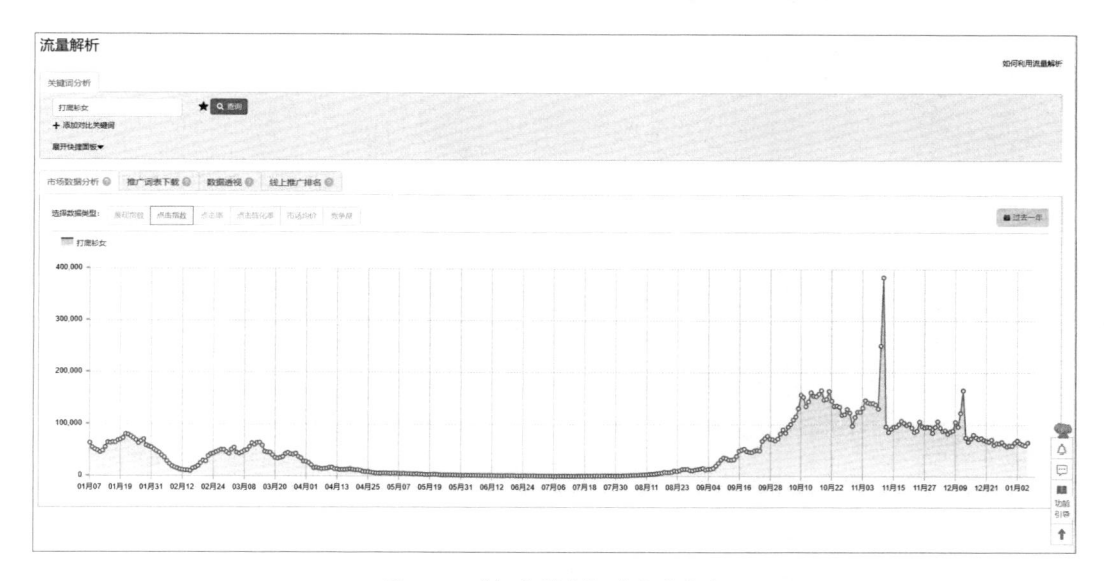

图 7-7　"打底衫女"的点击指数

根据点击指数判断，卖家会在 7 月下旬或 8 月初开始推广商品（随着大盘增长，销售额会迅速提高，因此大型卖家会在大盘上升前抢占搜索排名）。由于卖家的定位是小爆款，推广预算有限，因此决定避开锋芒，选择 9 月初开始推广商品，如果顺利，10 月初商品的权重就会较高（累计一个月的销量权重），还能赶上市场行情较好的时候。

7.2.3 前期准备阶段

1. 选词

卖家通过生意参谋查看主要竞争商品的引流关键词与成交关键词，如图 7-8 与图 7-9 所示。

入店搜索词 引流关键词 成交关键词	淘宝 | 天猫 无线端
关键词	访客数
打底衫女	1,295
打底衫女秋冬	1,000
秋衣女	453
保暖衣女	417
打底衫	234
加绒打底衫女	195
纯棉打底衫女	171
女打底衫	167
打底衣女秋冬	157
打底衫女冬	148
黑色打底衫女	146
黑色打底衫	111
紧身打底衫女	102
打底衣女	93
白色打底衫女	91
保暖衣	83
秋衣	82
保暖衣女加厚加绒	63
打底衫女秋冬2018新款潮	60
白色打底衫	57

图 7-8　竞争商品引流关键词

卖家根据竞争商品的引流关键词与成交关键词判断，该商品的主要词根有"打底衫女""秋衣女""保暖衣女"，成交词中有"冬""黑色""纯棉"等属性词。

卖家结合商品自身的特点，前期选择"打底衫女""秋衣女""保暖衣女"作为搜索关键词进行测试。同时，卖家查看了行业热词，从中筛选了一部分关键词，并结合商品的自身特点加上带"莫代尔"的属性词，确定了一部分适合自己商品的关键词。卖家初步选中的关键词经过后面几天的推广数据测试，从中删除了一些点击率较低的关键词。

入店搜索词	引流关键词	成交关键词		淘宝 天猫 无线端
排名1 关键词				交易指数
打底衫女				928
打底衫女秋冬				762
秋衣女				527
纯棉打底衫女				445
保暖衣女				337
秋衣				313
打底衫				252
打底衫女冬				224
女打底衫				214
黑色打底衫女				203
打底衣女秋冬				193
打底衣女				193
打底衫女薄款				182
白色打底衫				171
打底秋衣女2018新款				159
黑色打底衫				159
打底衣				159
纯棉打底衫女长袖				159
保暖衣				147
棉打底衫女 纯棉				147

图 7-9　竞争商品成交关键词

2．测试创意点击率、地域投放与人群溢价

卖家在测试关键词点击率的同时，也进行了创意点击率、地域投放与人群溢价的推广数据测试。

卖家做了四张不同的主图，如图 7-10 所示，采用轮播的方式进行测试，经过一轮测试，发现第二张图的点击率为 7.8%，第一张图的点击率为 7.5%，第三张图与第四张图的点击率较差，分别为 5.5% 和 4.5%。

由于第一张图的创意点击率接近第二张图的创意点击率。因此卖家决定选用第一张图作为 PC 端的主图，选用第二张图作为无线端的主图。

图 7-10　四张不同的主图

卖家在设置投放区域时，先查询了最精准的关键词"莫代尔打底衫女"，发现云南、湖南、四川等省份的点击率均较高。图 7-11 所示为关键词地域点击率。

省份	点击率
1　云南	9.2%
2　湖南	9.1%
3　四川	9.0%
4　黑龙江	8.9%
5　广西	8.9%
6　河南	8.9%
7　中国其它	8.8%

图 7-11　关键词地域点击率

经过一个星期的投放，卖家通过查看地域报表发现有些地区商品的点击率较低。卖家认为，虽然广东的商品的点击率较低，但是投入产出比较高，因此继续在广东投放商品后续再观察。卖家不需要在商品的点击率与投入产出比均较低的省份（黑龙江、广西等）投放商品，以提高整个推广单元的点击率和投入产出比，如图 7-12 所示为地域报表。

由于该商品是女式服饰，且卖家不确定哪些年龄的买家会喜欢该商品，因此卖家在自定义人群中添加了性别与年龄属性，将女性 18 岁以下、18～24 岁、25～29 岁、30～34 岁、35～39 岁、40～49 岁、50 岁以上，分别溢价 100%，通过后续的推广数据再进行优化。

省市	展现量	点击量	点击率	花费	平均点击花费	投入产出比	点击转化率	操作
广东	4,941	260	5.26%	¥609.74	¥2.35	1.47	11.15%	分日详情
云南	931	55	5.91%	¥111.25	¥2.02	1.34	9.09%	分日详情
广西	3,744	232	6.20%	¥440.32	¥1.90	1.35	8.62%	分日详情
黑龙江	921	58	6.30%	¥97.90	¥1.69	0.30	1.72%	分日详情
福建	7,532	480	6.37%	¥848.29	¥1.77	1.50	8.96%	分日详情
上海市	2,869	187	6.52%	¥397.26	¥2.12	0.66	4.81%	分日详情
山西	4,221	283	6.70%	¥429.44	¥1.52	1.11	5.65%	分日详情
江苏	6,641	453	6.82%	¥974.62	¥2.15	0.67	4.86%	分日详情
辽宁	2,468	170	6.89%	¥295.42	¥1.74	0.61	3.53%	分日详情
北京市	4,815	335	6.96%	¥656.36	¥1.96	1.32	8.66%	分日详情
河北	8,414	593	7.05%	¥989.97	¥1.67	0.99	5.56%	分日详情
湖北	5,220	379	7.26%	¥832.23	¥2.20	0.71	5.28%	分日详情
宁夏	732	54	7.38%	¥90.57	¥1.68	2.27	12.96%	分日详情
陕西	4,458	351	7.87%	¥668.21	¥1.90	0.84	5.41%	分日详情

图 7-12 地域报表

通过一个星期的数据分析，卖家发现图 7-13 所示的几个人群标签，点击率及投入产出比较高，予以保留，删除数据较差的人群标签溢价。

状态	推广人群	溢价	展现量	点击量	点击率	花费	平均点击花费	收藏宝贝数	投入产出比	总成交笔数	点击转化率	总购物车数	总成交金额
暂停	喜欢店铺新品的访客	49%	-	-	-	-	-	-	-	-	-	-	-
暂停	喜欢相似宝贝的访客	49%	-	-	-	-	-	-	-	-	-	-	-
暂停	智能拉新人群	49%	-	-	-	-	-	-	-	-	-	-	-
推广中	18-24	100%	5,720	528	9.23%	¥706.04	¥1.34	16	1.10	26	4.92%	66	¥774.80
推广中	35-39	100%	3,134	171	5.46%	¥249.05	¥1.46	4	0.96	8	4.68%	15	¥238.40
推广中	30-34	100%	3,782	272	7.19%	¥388.67	¥1.43	3	1.07	14	5.15%	24	¥417.20
推广中	25-29	100%	5,976	433	7.25%	¥607.75	¥1.40	11	1.02	21	4.85%	45	¥622.80
推广中	女18	100%	2,609	205	7.86%	¥286.35	¥1.40	8	1.46	14	6.83%	23	¥417.20
合计：汇总			21,221	1,609	7.58%	¥2,237.86	¥1.39	42	1.10	83	5.16%	173	¥2,470.40

图 7-13 人群标签

7.2.4 日常优化

由于卖家的前期准备工作比较充足，创意图、关键词、地域、人群都经过了数据测试，因此商品的直通车整体点击率一直较高，关键词的质量得分很快达到了 10 分，卖家在出价较低的情况下也能够获得足够的流量。

在日常推广过程中，卖家根据自己的推广预算，降低了一部分投入产出比较低关键词的出价，删除了投入产出比很低的关键词，投入产出比较高的人群提高了溢价，较低的人群降低了溢价。通过这些操作，整体计划的投入产出比又得到了提升。

7.2.5 智能推广

由于选取推广的关键词较少，卖家主推的是小爆款，有些长尾的关键词比较难顾及。因此，卖家想到了直通车新出的智能推广计划，智能推广可以进行简便快捷的设置，获取一些标准计划没有覆盖到的流量。卖家在智能计划中设置了出价上限与投放区域，出价上限为标准计划出价的 60%左右，投放区域为标准计划中筛选过点击率和投入产出比较高的区域。由于出价较低，因此卖家获得的流量平均点击花费较低，通过一段时间的投放，根据推广数据显示，智能推广也取得了较高的投入产出比。图 7-14 所示为智能推广计划数据图。

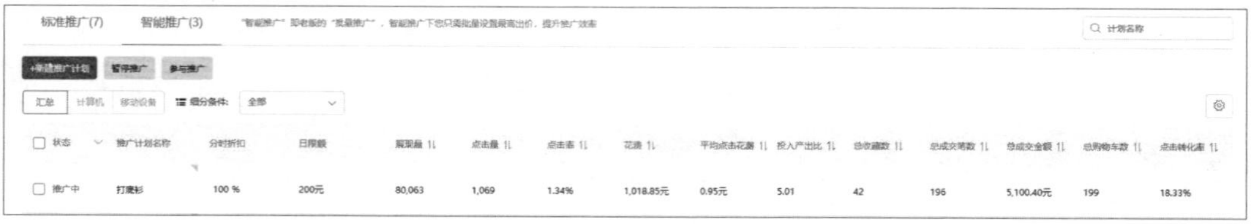

图 7-14 智能推广计划数据图

经过上述一系列的操作，该商品的流量和销售额稳定上升，一个小爆款逐步形成，经过一个月的推广，卖家每天的销售额能够达到 2000 多元。图 7-15 所示为商品销售数据图。

图 7-15　商品销售数据图

7.2.6　总结与启发

选品与推广节奏很重要，商品竞争力决定了商品最终能否获得较好的销售结果。

点击率数据不能仅依靠卖家的主观猜测，而是通过推广数据的检测，从而确保商品能够获得较高的点击率，节省推广费用，同时获得更多的流量以促进销售。卖家要注意查看报表优化人群与地域，提高投入产出比，通过智能推广与定向推广补充直通车流量。

思考：如果卖家要在 2020 年将商品打造成大爆款，与 2019 年相比，卖家应该调整哪些推广？

7.3　淘宝客案例

7.3.1　背景交代

某卖家是美容美体仪器类目的第三层级的中小卖家，由于行业竞争压力大，卖家决定在美容美体仪器类目中，选择切入几个竞争压力小的子类目，作为店铺的主要推广商品。由于对推广过程中的风险把控经验不足，卖家准备先利用淘宝客渠道积累一定的商品销量，再结合直通车对商品进行小幅度的营销策略调整。

7.3.2 推广思路总体规划

在店铺运营过程中，卖家在商品推广之前需要进行推广思路的规划，及时把握好推广节奏，其中就包括商品选择并优化、商品销量累计、推广组合安排、数据监控并优化。

7.3.3 实操步骤

1. 商品选择并优化

卖家准备切入竞争相对较小的子类目，在选择商品时不管行业竞争是否激烈，尽量选择有独特卖点的款式，如有较好的外观设计、拥有独家专利、具备创新功能、拿货成本低、质量过关售后率低等。为了避免同质化竞争，建议卖家在选款期间多花时间思考和比较，选对款式才是成功的第一步。卖家在选择好商品之后还需要进行商品的优化，其优化内容如下。

- 商品标题优化：标题选取对日后流量的获取起到至关重要的作用，如行业热搜词、近期飙升词等，卖家可以利用生意参谋软件进行合理的分析和选取，多与同行标题做对比参照。
- 图片视频优化：图片包括商品主图、详情页，视频包括主图视频、详情视频，卖家需要对这些做好优化工作，对商品的转化均有积极作用。

2. 商品销量累计

商品上架后，卖家的主要任务就是先做好基础的销量累计，试想如果商品的销量和评价为零，买家怎么信任商品的质量好坏。商品销量推荐卖家主动联系已有的老顾客，做一些老顾客优惠的促销活动，尽快做好基础销量和基础评价的累计。以淘宝客推广渠道来说，一般都会要求商品有一定的基础销量和评价才能被安排推广。

3．推广组合安排

由于中小卖家对推广的风险难以做好把控，卖家准备先从淘宝客渠道着手，再结合直通车的推广引流实施推广计划。

淘宝客渠道的推广步骤如下。

首先，了解同行卖家的淘宝客佣金率和券后价格情况，卖家登录淘宝客网站，搜索相关商品关键词，分析其数据，如图 7-16 所示。

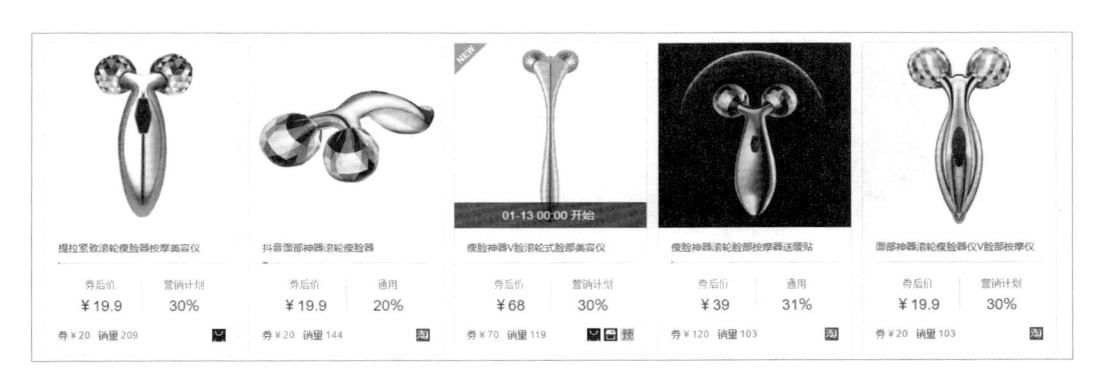

图 7-16 同行卖家的淘宝客佣金率和券后价格

根据相关商品的淘宝客推广情况，卖家需要结合自身成本进行一个综合性的分析，选择设置对自身商品推广有优势的佣金率和券后价格。卖家在初期快速积累销量期间，保证销量才是最主要的，可以考虑适量的亏损，已达到更好的营销效果。由于每个卖家的情况不同，也要根据具体分析而定，切记亏损要有战略意义，并且控制在可承受的范围之内，不要错过时机，也不要胡乱设置造成较大的亏损。

其次，卖家联系淘宝客进行具体推广细节的安排，积累淘宝客资源。注意在和淘宝客沟通过程中，卖家一定要掌握 3 个要素，即佣金率、券后价格、服务费率。卖家与淘宝客洽谈好合作事宜后，就可以通过淘宝客后台建立计划，如图 7-17 所示为卖家建立的一个营销计划。

我们可以看到卖家在第一个周期中将佣金率设置为 15%，在第二个周期中将佣金率设置为 30%，在第三个周期中将佣金率设置为 15%。那么为什么这么做呢？其实在第一个周期中，卖家利用淘宝客渠道积累了一定的商品销量和评价。在第二个周期中，由于基础工作已经做好了，卖家就可以开始进行大量推广了，此时将佣金率设置为 30%，通过高佣金的方式，激励淘宝客积极扩散推广，在这个周期中，卖家务必要注意控制好亏损风险。在第三个周期中，佣金率又被设置为 15%，这时是一个平稳推广期，为了避免不必要的亏损，卖家要结合直通车等推广渠道提升销售流量，如图 7-18 所示。我们可以看到不同时期对应的推广数量也是跟随策略上下浮动的，浮动范围均在预期计划之内，如图 7-19 所示。

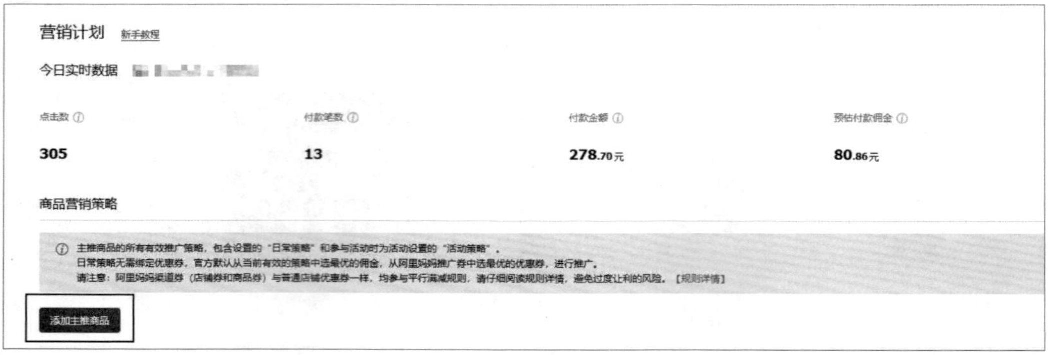

图 7-17　营销计划页面

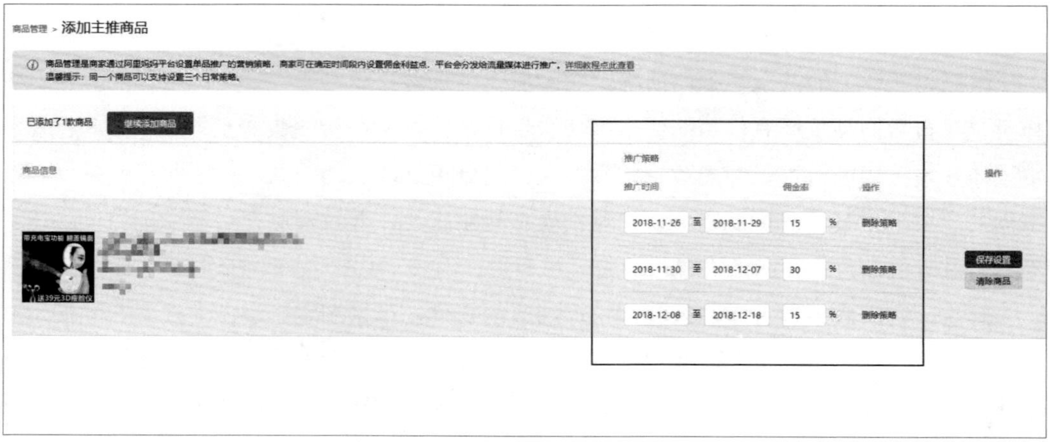

图 7-18　营销计划策略周期

卖家在做好淘宝客初期的快速起量之后，就要结合直通车等推广渠道，进行组合推广获取更多的流量，在接下来的阶段还是属于一个推广成本较高的时期，卖家还是要不断优化数据，控制好推广成本。

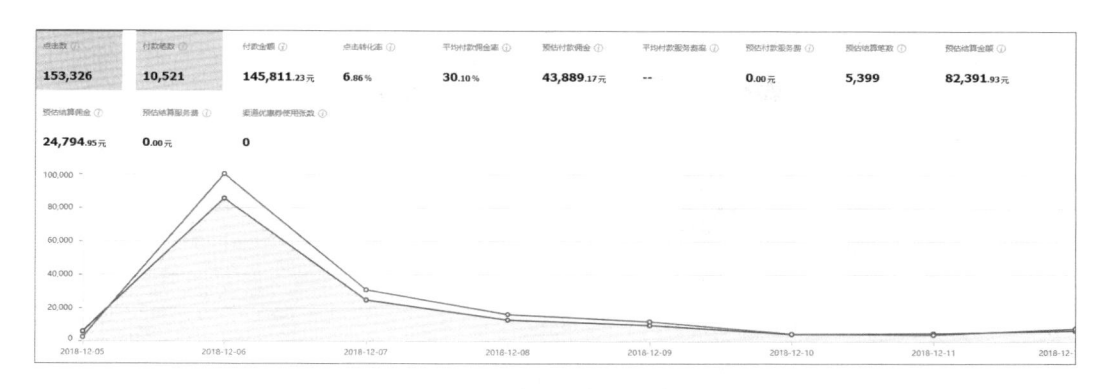

图 7-19　策略周期数据浮动

4．数据监控并优化

由于推广的本质是为了带动商品的日常销售，因此卖家对商品数据的监控优化就显得十分重要，这些数据主要有直通车、钻石展位的数据优化、本店商品的数据优化、同行竞品数据监控等。

卖家要优化好直通车的关键词点击率、平均点击花费、投入产出比等，需要进行多方位的数据分析，如图 7-20 至图 7-22 所示。

图 7-20　直通车不同创意数据分析

卖家只有将数据优化好后，结合推广渠道，才能够使商品获得更多的流量，并减少成本投入。

移动质量分	移动排名	移动出价	展现量↓	点击量↑	点击率↑	花费↑	平均点击花费↑	总收藏数↑	总购物车数↑	平均展现排名↑	总成交笔数↑	点击转化率↑	投入产出比↑
-	-	-	131,655	15,226	11.57%	¥16,484.56	¥1.08	796	2,294	-	1,289	8.47%	2.45
10分	无展现	1.69元	213,827	48,702	22.78%	¥55,085.48	¥1.13	3,829	7,891	2	4,187	8.60%	2.13
10分	无展现	2.05元	68,299	16,453	24.09%	¥19,054.05	¥1.16	742	2,518	2	1,305	7.93%	2.02
10分	无展现	1.59元	51,904	12,332	23.76%	¥12,430.48	¥1.01	674	1,783	2	842	6.83%	1.97
10分	无展现	1.59元	20,570	2,860	13.90%	¥3,107.28	¥1.09	150	380	3	182	6.36%	1.69
10分	无展现	1.96元	13,635	2,763	20.26%	¥3,309.24	¥1.20	154	499	2	271	9.81%	2.55
10分	无展现	1.79元	11,191	2,314	20.68%	¥2,644.98	¥1.14	108	367	1	223	9.64%	2.56

图 7-21　直通车相关数据分析

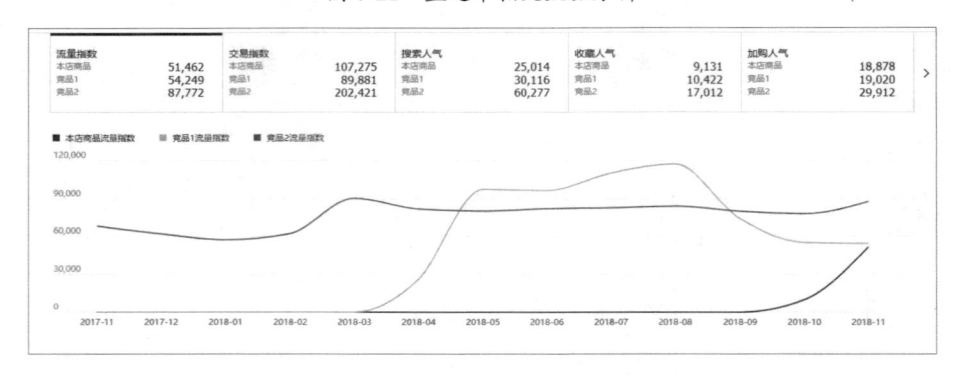

图 7-22　竞争商品相关数据分析

7.3.4　总结与启发

通过该案例可知，卖家在推广过程中数据优化分析的重要性。无论在淘宝客的准备阶段还是在直通车的推广阶段，卖家都要分析商品创意数据的好坏，数据分析是推广过程的基础。除此之外，卖家还可以组合多种推广渠道进行营销，每种推广渠道都有自己的特点，卖家要利用好不同推广渠道的优势，结合自身商品做出一个适合的推广思路总体规划；卖家还要注意在推广之前选品步骤的重要性，只有选择合适的商品，才有可能产生极佳的推广效果。

7.4 内容运营打造店铺案例

零食作为一个相对竞争激烈且商品同质化严重的类目，在过去往往都以价格、品牌为主导。下面我们就来看一个依靠内容运营成功的案例。

7.4.1 零售店铺项目状况

项目启动时间：2014 年。
商品：鸭肉类休闲零食。
营销平台：淘宝。
货源：厂家进货。
品牌情况：自有非知名品牌。

7.4.2 零售店铺选品推广策略

2014 年，以直播为代表的内容带动销售并没有成为电商的热门话题，"内容营销"和"网络零售"的关系也没有现在那么密切，一切都只是在探索中。有几个"吃货"凭借自己对零食的喜好觉得类似鸭脖、鸭架之类的鸭肉食品市场潜力巨大，虽然已经有很多大品牌都涉足了这个行业，并且也不乏以这类商品为主打系列成为品牌，但是中国食品消费市场巨大，还有深度挖掘的机会。本着这样一个简单的想法，小王对鸭肉食品市场进行了进一步的分析，发现几大鸭肉类零食的主要顾客群体极为相似，而且存在大量的重叠顾客，这也就是意味着顾客不断地在几个品牌之间购买，也就是说更多的顾客喜欢这一类食品，而并不在乎食品的品牌。这点也符合鸭肉食品的本身情况，虽然各大品牌之间存在口味差异，但大多数都是各品牌之间的标准口味会有差异，其他常规款并不会有太大差异。在明确了市场情况和顾客行为特征之后，进一步得出一个结论：顾客想要购买零售类商品时，如果看到谁、想到谁、听到谁就会买谁的。因此，不断地让顾客看到、听到、想到就是成功的关键。

2014 年，在付费流量还是主流运营思路的情况下，要达到之前所设想的目的，更多人会采用频繁地参与活动、大额的推广费支出、搜索曝光等方法。但是小王做了一个在当时看来让人摸不着头脑的决定，他花了大量的精力制作了一些有趣的卡通宣传图案，如图7-23所示。

图7-23 卡通宣传图案

诸如此类一系列的内容，除了卡通形象是一只鸭子、谈及的内容与吃的相关，其他完全和销售的商品无关，但是在不到一年的时间里，整个项目的总销售额超过了1000万元。

7.4.3 总结与启发

综上所述"内容营销"的核心动力是内容，是否能够持续、高效、高质量地产出内容是内容营销的关键；内容是否符合目标人群的喜好决定了传播速度和传播范围。所以卖家要做好内容营销，就需要细致分析目标人群，明确目标人群的喜好、习惯，然后持续、高效、高质量地产出内容。